니체가
일각돌고래라면

If
NIETZSCHE
WERE
A
NARWHAL

니체가
일각돌고래라면

저스틴 그레그 지음
김아림 옮김

인간이 만물의 영장이라는
편견에 대하여

타인의사유

내 인생의 동반자이자 배우자이며
가장 친애하는 공모자인
랑케 드 브리스에게 이 책을 바친다.

이 책을 향한 찬사

이 책은 동물의 인지능력이 우리 인류의 정신적인 단점에 대해 무엇을 알려 줄 수 있는지에 대해 눈부실 만큼 멋지고 즐거운 독서 경험을 제공한다. 여러분은 이 책을 한 번 훑어보는 것만으로 끝내고 싶지 않을 것이다. 할 수만 있다면 저자 저스틴 그레그를 저녁 식사에 초대해 그의 명석한 머릿속 세계를 오래 거닐고 싶다. 이 책은 내가 오랜만에 접한 최고의 데뷔작 중 하나이기도 하다. 지능에 대한 기존의 관념을 생각하지 않은 채 이 책을 펼쳐 읽기 시작하라고 감히 권한다.

- 애덤 그랜트Adam Grant(펜실베이니아대학교 교수, 《뉴욕 타임스》 베스트셀러 1위 『싱크 어게인』 저자)

박쥐나 꿀벌, 빈대가 된다는 건 어떤 느낌일까? 이 매혹적인 책에서 저자 저스틴 그레그는 다른 생명체들의 마음을 들여다볼 수 있는 창을 제공하고, 인간 예외주의의 신화를 깨부수고 있다. 저자는 인간의 사고가 복잡할 수는 있어도 결코 우월하지는 않으며, 그것의 독특한 특성은 심지어 우리 종을 궁극적으로 몰락시킬 원인이 될 수도 있다는 도발적인 주장을 한다. 겸손과 함께 경외감을 안겨 주는 책이다.

- 데이비드 롭슨David Robson(인문 및 과학 저널리스트, 『기대의 발견』, 『지능의 함정』 저자)

동물의 마음과 인지 심리학에 대한 최신 연구가 최고의 스토리텔링 솜씨와 만나 탄생한 놀라운 책이다. 독자들이 커다란 질문과 도덕적 문제에 대해 깊이 생각하게 만드는 동시에 거의 모든 페이지에서 큰 소리로 웃음을 터뜨리게 될 희귀한 책이기도 하다.

- 할 헤르조그Hal Herzog(웨스턴 캐롤라이나 대학교 교수, 『우리가 먹고 사랑하고 혐오하는 동물들』 저자)

나는 여러분이 이 책에 흥미를 가질 것이라고 믿는다. 『니체가 일각돌고래라면』은 우리가 누구이며, 무엇을 의미하는지에 대해 매우 심도 있는 질문에 도달할 새로운 방법을 제시한다. 또한 현실적인 동정심과 함께 다소 무거울 수 있는 결론을 부드럽게 매만지는 유머도 보여 주는 책이다.

- 빌 매키번Bill Mckibben(국제 환경 운동가, 『우주의 오아시스』, 『폴터』 저자)

엄청난 깨달음을 주는 책이다! '인간은 과연 최고인가?'라고 물으며 지능에 대한 흥미롭고 짜릿한 관점을 제시한다. 저자는 동물계의 여러 비밀에 대한 상세한 탐험으로 여러분을 현혹시키고 놀라게 할 것이다. 꼭 한 번쯤 읽어 봐야 할 책이다.

- 웬즈데이 마틴Wednesday Martin(작가 겸 사회 연구가, 『나는 침대 위에서 이따금 우울해진다』 저자)

『니체가 일각돌고래라면』은 우리가 그동안 묻지 말라고 들었던 질문들에 답하는 재미있고 통찰력 있는 책이다. 수많은 훌륭한 현자들이 그렇듯 저스틴 그레그는 의식과 정의에 대한 깊이 있는 질문을 다루기 위해 동물의 사례를 이용한다. 그 결과 지능을 가진 축복과 그것 없이도 의식이 (그리고 즐거움이) 완벽하게 존재할 수 있는 현실적 가능성이 뒤섞인 솜씨 좋은 현장 안내서를 탄생시켰다.

- 윌리엄 파운드스톤William Poundstone(칼럼니스트, 『머니 사이언스』 저자)

'정신을 낭비하는 건 끔찍한 일'이라는 말이 있다. 하지만 인간다운 정신 능력을 갖는 게 선물이 아니라 오히려 유해할지도 모른다고 생각해 본 적이 있는가? 저스틴 그레그의 유쾌하고 도발적인 책은 이 질문을 탐구하기 위한 일화와 과학 지식을 뒤섞었다. 이 책을 읽으며 여러분이 가졌던 선입견에 도전하고 겸손함을 배우자. 그것이 여러분에게 도움이 될 수도 있다.

- 조너선 밸컴Jonathan Balcombe(동물행동학자, 『물고기는 알고 있다』 저자)

판지를 오린 조각이나 인간의 털복숭이 버전이 아닌 진짜 동물의 모습을 이해하고 싶다면 읽어 봐야 할 중요한 책이다. 비록 저자가 동물들의 마음이 우리를 쉽게 이길지도 모른다는 좋은 사례들을 보여 주기는 하지만, 동물들은 우리와 결코 경쟁하지 않는다. 인간의 지능이 실패한 진화의 막다른 골목에 불과할 수도 있다는 생각은 우리 인류가 극복해야 할 중요한 숙제를 보여 준다.

- 아리크 커센바움Arik Kershenbaum(동물행동학자, 『은하수를 탐험하는 동물학자의 가이드』 저자)

우리와 지구를 공유하는 많은 존재들의 마음에 대한 반짝이고 재치 있는 여행. 니체는 이 책에서 자신이 일각돌고래나 민달팽이와 함께 다뤄지고 있다는 사실을 안다면 깜짝 놀랄 것이다. 그럼에도 무척 많은 동물들의 인지적 능력에 대한 매혹적이고 상세한 지식이라는 보상을 얻겠지만 말이다.

- 클라이브 윈Clive Wynne(애리조나 주립 대학교 개 과학 공동 연구소 연구원, 『개는 우리를 어떻게 사랑하는가』 저자)

제목만큼이나 놀랍고 색다른 관찰이 가득한 책이다. 과학 지식도 매우 풍부하게 실려 있다. 하지만 이 책은 결코 논문처럼 난해하지 않다. 하나의 거대한 즐거움이다.

- 칼 사피나Carl Safina(뉴욕 주립 대학교 교수, 『소리와 몸짓』 저자)

생명체 전반에 걸친 지능의 본질에 대해 매우 독창적인 접근을 보여 주는 책이다. 저스틴 그레그는 독자들을 생각하게 만들며 유쾌하고 유머러스한 필치로 인간의 예외주의에 대해서 본질적으로 다시 생각하게 이끈다. 이것은 우리가 그동안 인간과 다른 동물의 마음에 대해 가졌던 반가운 뒤집기다.

- 리안다 린 하우프트Lyanda Lynn Haupt(환경 철학자, 『모차르트의 찌르레기』 저자)

저스틴 그레그의 『니체가 일각돌고래라면』은 끊임없이, 그리고 집착적으로 '왜?'라고 질문하며 인과관계를 탐구해 온 인간의 똑똑함이 불러온 역설을 보여 준다.

-《뉴욕 타임스》

『니체가 일각돌고래라면』은 자신의 지성에 매혹당하곤 하는 인간의 인지 능력을 둘러싼 도전적 이야기를 들려준다. 매력적으로 쓰였을 뿐 아니라 그 속의 논쟁적인 주제에 대해서도 진지하게 숙고할 가치가 있다. 이 책에 소개된 인지 개념은 정말 훌륭하다.

- 《월스트리트 저널》

인간의 지능이 한 종으로서 가질 수 있는 최고의 영광이 아닌, 실존적 불안과 갈수록 명백해지는 자멸의 원천은 아닌지 답하고자 한다.

- 《가디언》

『니체가 일각돌고래라면』은 술술 읽히면서도 머릿속에 여운을 남긴다. 이 책을 읽고 나면 다른 종도 지능을 가졌다는 증거를 우리는 왜 존중하지 않는지, 그리고 인간의 지능이 우리에게 어떻게 불리하게 작용하는지에 대해 놀라게 될 것이다.

- 《사이언티픽 아메리칸》

저스틴 그레그는 『니체가 일각돌고래라면』을 통해 프리드리히 니체가 겪었던 절망을 소환해 우리가 가진 지성에 대한 믿음에 질문을 던지며 놀라울 만큼 쉽고 매력적으로 이야기를 풀어 놓는다. 지성과 인지에 대한 매혹적인 연구를 담고 있는 이 책은 동물을 연구하고자 하는 미래의 과학자들, 그리고 야생 속 인류의 동료들이 무엇 때문에 짜증이 나는지를 더 잘 이해하고자 하는 사람들에게 즐거움과 지적 충만감을 제공할 것이다.

- 《퍼블리셔스 위클리》

저스틴 그레그는 인간이 아닌 동물들이 시간이나 미래의 개념을 이해하지 못하기 때문에 오히려 인간보다 우위에 선다고 말한다. 통찰력 가득한 이 책은 이 개념에 대해 생각할 거리를 제공하고 신빙성을 부여한다.

- 《커커스 리뷰》

"단순한 동물들은 결코 이런 행동을 할 수 없다.
진정으로 바보 같은 짓을 하려면 사람이어야 한다."

- 테리 프래쳇Terry Pratchett, 『피라미드Pyramids』
《디스크월드Discworld》 시리즈 7권)

일러두기

- 원문에서 저자가 강조한 부분은 한글을 고딕으로, 영어를 이탤릭으로 구분했다.
- 옮긴이 주는 방주 처리하고 "옮긴이"로 표기했다.
- 본문에서 도서는 『 』, 단편 작품은 「 」, 저널 및 잡지, 신문은《 》, 영화 및 방송 프로그램은 〈 〉로 표기했다.
- 국내에 번역 출간된 도서는 번역 도서명을, 미번역 출간된 도서는 도서명을 직역하고 원 도서명을 병기했다.
- 본문에 언급된 생물명 중 한글 이름이 없는 경우 학명을 음차해 표기하고 영어 이름과 학명을 병기했다.

차례

〰〰〰〰〰

니체 씨, 제 이야기를 들어 보시겠습니까?

프리드리히 빌헬름 니체(1844~1900)라는 인물은 짙은 콧수염을 기르고 동물들과 독특한 관계를 가졌던 사람이다. 한편으로 그는 동물들을 불쌍히 여겼는데, 그가 『반시대적 고찰』에서 썼듯이 동물들은 "다른 목적 없이 (중략) 바보처럼 모든 비뚤어진 욕망으로 맹목적이면서 미친 듯이 삶에 매달렸기 때문"[1]이었다. 니체는 동물들이 자기가 무엇을 하고 있는지, 왜 그것을 하고 있는지 알지 못한 채 비틀거리며 살아간다고 여겼다. 게다가 설상가상으로 동물들에게는 인간만큼 깊은 기쁨이나 고통을 경험할 지능이 결여되어 있다고 믿었다.[2] 니체와 같은 실존주의 철학자에게 이것은 정말 유감스러운 일이었다. 고통에서 의미를 찾는 것이야말로 니체만의 능력이었다. 하지만 그는 동시에 동물들이 불안을 느낄 수 없다는 점을 부러워하기도 했다.

여러분 곁을 지나가며 풀을 뜯는 소들을 생각해 보라. 소들은 어제나 오늘이 무엇을 의미하는지 모른다. 그저 뛰어다니고, 먹고, 쉬고, 소화하고, 다시 뛰어다닌다. 소들은 아침부터 낮까지 매일 뛰어다니며, 순간의 쾌락과 불쾌에 사로잡혀 우울해지도, 지루해하지도 않는다. 이는 인간에게서 보기 힘든 모습이다. 여러분은 인간이기 때문에 동물보다 자기가 더 낫다고 생각할지 모르지만, 이런 동물들의 행복을 부러워할 수밖에 없으리라. [3]

니체는 자신이 소처럼 멍청해서 인간 존재에 대해 생각하지 않기를 바라는 동시에, 소들이 너무 멍청해서 자신의 존재에 대해 사고하지 못하는 것을 불쌍히 여겼다. 이것은 커다란 아이디어를 낳는 일종의 인지 부조화였다. 철학에 대한 니체의 공헌을 꼽자면 진리와 도덕의 본질에 도전하는 것, '신이 죽었다'고 선언했던 것, 무의미와 허무주의라는 문제와 씨름했던 것이 포함된다. 하지만 이러한 작업은 끔찍한 대가를 요구했다. 개인적인 삶 속에서 니체는 심오한 생각이 과하면 말 그대로 두뇌가 망가질 수도 있다는 전형적인 예를 보여 주는, 겉으로는 멀쩡하지만 속은 엉망진창인 사람이었다.

예컨대 어린 시절 니체는 며칠이고 그를 무기력하게 만드는 두통을 겪고는 했다.[4] 그리고 학문적인 성과가 최고조에 달했을 때도 니체는 우울증, 환각, 자살에 대한 충동을 지속적으로 겪었다. 그러던 중 1883년, 39세의 니체는 자신이 '미쳤다'고 선언했다. 그의 가장 유명한 책『차라투스트라는 이렇게 말했다』가 출간된 해이기도 했다. 이후로 니체는 폭발적인 철학적 성과를 냈음에도 정신 상태는 계속 쇠퇴 일로를 걸었다. 1888년에 그는 친구 다비데 피노Davide Fino에게서 토리노 한복판에 있는 작은 아파트를 빌렸다. 정신 건강의 위기라는 고통 속에서도 니체는 그 해에 세 권의 책을 더 집필했다.[5] 그러던 어느 날 밤, 피노는 집의 열쇠 구멍을 통해 니체가 "광기 어린 디오니소스 축제를 혼자서 재현하기라도 하듯 벌거벗은 채 소리치고 뛰어다니며 춤을 추고 있는" 모습을 목격했다.[6] 그는 밤새 깨어 있었고, 잘못 기억한 바그너 오페라의 가사를 크게 외치면서 팔꿈치를 써서 피아노로 불협화음의 곡을 쾅쾅 치곤 했다. 니체는 독창성이 돋보이는 천재였지만 분명히 좋은 사람은 아니었다. 끔찍한 이웃이기도 했다.

동물의 본성에 대한 집착을 고려할 때, 니체가 이후로 결코 회복되지 못한 최후의 정신적 쇠약을 일으켰던 계기는 아마도 어떤 말 한 마리와의 조우였을 것이다. 1889년 1월 3일, 니체는 토리노의 카를로 알베르도 광장을 걷고 있다가 한 마부가 말을 채찍질하는 모습을 보았다. 이 광경에 압도된 니체는 울음을 터

제 이야기를 들어 보시겠습니까?

뜨리며 말의 목에 팔을 두르고는 그대로 거리에 쓰러졌다. 근처 신문 매대에서 일하던 피노가 그런 니체를 발견하고 부축해 아파트로 데려갔다.[7] 이 불쌍한 철학자는 며칠 동안 정신착란 상태에 있다가 이후 스위스 바젤의 정신 병원으로 후송되었다. 그리고 다시는 정신적인 능력을 되찾지 못했다.

토리노의 말은 니체의 연약한 정신 상태에 최후의 일격을 가한 것으로 보인다.[8]

이후 세상을 떠나기 전, 본격적으로 치매를 앓으며 진행된 니체의 정신 질환을 야기한 원인이 무엇인지에 대해서는 그동안 많은 추측이 있었다. 만성 매독균이 뇌를 갉아먹었을 수도 있다. 아니면 뇌 조직이 서서히 위축되어 사망할 때까지 다양한 신경학적 증상을 일으키는 혈관 질환(카다실) 때문일지도 모른다.[9] 의학적 원인이 무엇이든 간에 니체의 정신 의학적 문제들이 그의 천재적인 지성에 복합적으로 영향을 주고받았다는 사실은 의심할 여지가 없다. 또한 그것은 니체의 정신력을 희생시키면서 그 고통 속에서 삶의 의미와 아름다움, 진리를 추구하도록 자극했다.

니체는 필요 이상으로 지나치게 똑똑했던 걸까? 만약 우리가 지능을 진화적인 관점에서 본다면 동물계 전체에 걸쳐 온갖 형태로 나타나는 복잡한 사고는 종종 골칫거리라고 여길 만한 충분한 이유가 있다. 만약 우리가 프리드리히 빌헬름 니체의 고통스러운 인생에서 배울 수 있는 교훈이 하나 있다면, 무언가에 대해 너무 열심히 생각하는 일이 반드시 누군가에게 도움이 되지는 않는다는 점이다.

만약 니체가 토리노의 말이라든지 그가 그토록 불쌍히 여겼거나 부러워했던 소처럼 존재의 본성에 대해 깊이 생각할 수 없는 단순한 동물이었다면 어땠을까? 아니면, 내가 가장 좋아하는 해양 포유류 중 하나인 일각돌고래narwhal였다면? 일각돌고래가 실존적인 위기를 경험하는 부조리적인 상황을 떠올리는 일은 인간의 사고에 대한 잘못된 모든 지식들, 동물의 사고에 대한 올바른 모든 지식들을 이해하는 열쇠다. 일각돌고래가 니체와 같은 정신병적인 무너짐을 겪으려면 자신의 존재에 대한 정교한 수준의 인식이 필요할 것이다. 예컨대 일각돌고래들은 자신이 머지않은 미래에 죽을 운명이라는 것을 알아야 할 필요가 있다. 하지만 앞으로 우리가 이 책에서 보게 될 것처럼 일각돌고래를 비롯한 인간 이외의 동물들이 자신의 죽음을 개념화하는 지적 근육을 가지고 있다는 증거는 희박하다. 그리고 그것은 사실 알고 보면 좋은 일이다.

지능이란 무엇인가?

ㄴㄴㄴㄴ

인간이 세상을 이해하고 경험하는 방식과 다른 모든 동물들이

하는 방식 사이에는 당혹스러울 만큼 큰 차이가 있다. 물론 우리의 두개골 속에서 벌어지고 있는 일이 일각돌고래의 두개골에서는 벌어지고 있지 않다는 사실은 의심의 여지가 없이 당연하다. 우리는 화성에 로봇을 보낼 수 있지만 일각돌고래들은 그렇게 하지 못한다. 우리는 교향곡을 쓸 수 있지만 일각돌고래는 불가능하다. 우리는 죽음에서 의미를 찾을 수 있지만 일각돌고래들은 그럴 수 없다. 그런 기적적인 일을 일구어 내기 위해 우리의 뇌가 하는 그 모든 일. 그것은 분명 우리가 지능이라고 부르는 것의 결과이다.

하지만 불행히도 인간 지능의 예외주의에 대해 우리가 이토록 전적인 자신감을 가졌음에도, 지능이 과연 무엇인지 단서를 가지고 있는 사람은 아무도 없다. 이것은 단지 매끄럽게 작동하는 하나의 정의가 존재하지 않는다는 의미의 단순한 말장난이 아니다. 내가 하고 싶은 말은, 지능이 정량화가 가능한 개념으로 존재하는지조차 확신할 수 없다는 것이다.

인공지능AI 분야를 생각해 보자. 이 분야는 이름에서 알 수 있듯이 지능을 가진 컴퓨터 소프트웨어 또는 로봇 시스템을 만들기 위한 시도이다. 하지만 AI 연구자들은 자신들이 만들고 싶어 하는 대상을 똑같은 방식으로 생각하지 않는다. 다만 최근 AI 분야의 대표적인 전문가 567명을 대상으로 한 설문조사 결과에 따르면 과반수를 살짝 넘는 사람들(58.6%)이 AI 연구자인 페이 왕Pei Wang이 내린 지능에 대한 다음의 정의가 아마도 가장 우수

들어가며 니체 씨,

할 것이라는 데 동의했다.[10]

지능의 본질은 부족한 지식과 자원을 가지고 작업을 하면서 환경에 적응하는 원리이다. 따라서 지능형 시스템은 유한한 처리 용량에 의존해 실시간으로 작업하며, 예상치 못한 일에 개방적으로 대응하고 경험으로부터 배워야 한다. 이러한 실용적인 정의는 '지능'을 '상대적 합리성'의 한 형태로 해석한다.[11]

하지만 바꿔 말하면, AI를 연구하는 과학자의 41.4%는 이것이 지능이라고 전혀 생각하지 않는다. 여기에 대해 수십 명의 전문가들은 《인공 일반 지능 저널》 특별 호에서 페이 왕의 정의에 대해 의견을 밝힐 지면을 얻었다. 그리고 전혀 놀랍지 않은 국면의 전환으로, 저널 편집자들은 "독자가 AI 정의에 대한 합의를 기대했다면 유감스럽게도 실망하게 할 것 같다"라고 결론지었다.[12] AI를 만드는 것에만 전적으로 초점이 맞춰져 있을 뿐, 과학이라는 분야 전반적으로 지능이 무엇인지에 대한 합의는 존재하지 않으며, 앞으로도 없을 것이다. 이것은 다소 우스꽝스러운 상황이다.

심지어 심리학자들은 그보다 더 진전하지 못하고 있다. 지능을 인간 마음의 단일한 속성으로 정의하려 했던 역사는 혼란스러웠다. 20세기 영국의 심리학자 찰스 에드워드 스피어맨 Charles Edward Spearman은 어째서 한 종류의 심리학 테스트에서 좋은

성적을 거둔 아이들이 다른 종류의 심리학 테스트에서도 잘 해
내는 경향이 있는지를 설명하기 위해 일반 지능 인자(g 인자)라
는 개념을 제안했다.[13] 스피어맨의 이론에 따르면 이 인자는 인
간의 마음에 대한 정량화 가능한 속성이 틀림없으며, 다시 말해
어떤 사람들은 다른 사람들에 비해 이것을 더 많이 가지고 있음
을 의미한다. 미국 수학 능력 시험인 SAT나 IQ 검사에서 보여
주는 속성이기도 하다. 이러한 종류의 시험을 전 세계 사람들을
대상으로 실시하면 대상자들의 문화적 배경과 상관없이 실제로
어떤 사람들은 다른 사람들보다 시험의 모든 측면에서 일반적
으로 더 뛰어나다는 사실이 드러날 것이다. 하지만 이러한 기능
의 차이가 사고를 생성하는 마음의 단일한 속성인 g 인자에 기
인하는지, 아니면 g 인자가 뇌에서 자아내는 인지능력의 총체적
수행을 설명하기 위해 사용하는 편의적 약칭인지에 대해서는
연구자들 사이에 합의된 바가 없다. 이러한 각각의 인지능력은
독립적으로 작동하지만 서로 밀접한 상관관계가 있는 것뿐일
까, 아니면 정말 마법 지능 가루 같은 게 있고, 그것이 인지 시스
템 전반에 뿌려져 모든 것이 더 잘 작동하게 하는 걸까? 아무도
모른다. 인간 지능 연구의 근저에는 지금 우리가 언급하고 있는
문제에 대한 완전한 혼란이 자리한다.

　　그리고 우리는 동물에 대해서도 다뤄야 한다. 만약 동물 행
동학 연구자들에게 까마귀가 비둘기보다 더 똑똑한 이유를 설
명해 달라고 요청한다면 여러분은 지능이란 개념이 얼마나 까

다룹고 다루기 힘든지 실감할 것이다. 나와 같은 연구자들은 그런 요청에 대해 "글쎄요, 그렇게 서로 다른 종의 지능을 비교할 수는 없죠"라는 대답을 하곤 한다. 이것은 '지능이 무엇인지, 또 그것을 어떻게 측정해야 하는지에 대해 아무도 모르기 때문에 질문 자체가 말이 되지 않는다'라는 뜻이다.

하지만 만약 이런 논쟁적인 지능 개념이 불가능에 가까운, 말도 안 되는 경계 위에 존재한다는 사실을 마지막으로 못 박고 싶다면 '외계 지적 생명체 탐사the search for extraterrestrial intelligence, SETI'에 대해 살펴보기만 하면 된다. 이것은 1959년에 필립 모리슨Philip Morrison과 주세페 코코니Giuseppe Cocconi가《네이처》에 발표한 논문에서 영감을 받은 운동이다. 코넬 대학교에서 온 이 두 과학자는 외계 문명이 우리와 의사소통을 한다면 전파를 통해 그렇게 할 가능성이 높다고 제안했다. 이 논문은 1960년 11월에 미국 웨스트버지니아주 그린뱅크에서 열린 과학자들의 모임으로 이어졌는데, 이곳에서 천문학자인 프랭크 드레이크Frank Drake는 은하계에서 전파를 발생시킬 만큼 충분히 지능이 높은 외계인들이 이룬 문명의 숫자를 추정하는 유명한 '드레이크 방정식'을 소개했다. 이 방정식은 그 자체로 생명체를 지탱할 수 있는 행성의 평균적인 숫자와 지능을 가진 생명체를 진화시킬 수 있는 행성의 비율을 포함해 거칠게 추정된(다시 말해, 근거가 부족한 채로 끄집어낸) 요인들로 가득 차 있었다.

게다가 SETI와 드레이크 방정식은 지능이 무엇인지에 대한

제 이야기를 들어 보시겠습니까?

정의조차 제공하지 않는다. 우리 모두는 그것이 무엇인지에 대해 이미 아는 것으로 간주된다. 지능이란 어떤 생명체가 전파를 만들어 내도록 이끄는 무엇이다. 그렇지만 이 암묵적인 정의에 따르면 인류는 마르코니가 1896년에 무선통신에 대한 특허를 내기 전까지는 지능을 가진 존재가 아닌 셈이다. 게다가 이후 한 세기쯤 지나 우리가 사용하는 통신이 무선이 아닌 광 전송으로 이루어지게 된 이후에는 더 이상 지능을 가진 존재라 할 수 없다. 이런 터무니없는 측면 때문에 필립 모리슨은 항상 '외계 지적 생명체 탐사'라는 관용적인 표현을 싫어했으며 다음과 같은 말을 남겼다. "나는 SETI가 주제를 오염시킨다는 생각에 줄곧 불만스러웠다. 그것은 우리가 탐지할 수 있는 지능이 아니라 우리가 탐지할 수 있는 통신 방식에 대해 다뤘다. 물론 그것은 지능을 가진 존재를 암시하지만, 그 사실은 너무 당연하기 때문에 차라리 신호를 어떻게 받을지에 대해 논의하는 것이 더 나을 지경이다."[14]

AI 연구자, 인간을 연구하는 심리학자, 동물 인지 연구자, SETI에 참여하는 과학자들이 가진 공통점이 있다면, 그것은 지능 정량화에 관한 합의된 방식이 없음에도 이를 두고 정량화가 가능한 현상이라고 여긴다는 점이다. 지능을 가진 존재를 맞닥뜨리면 우리는 당연히 그 사실을 알게 될 것이라 여겨진다. 외계에서 전파가 왔다면? 그것이 바로 지능을 가진 존재를 뜻한다는 식이다. 까마귀들이 나무에서 개미를 낚기 위해 막대기를 사용한다면? 그렇다, 바로 그것이 지능이다. 〈스타트렉〉에 등장하는 안드로이드인 데이터 중령이 사랑하는 반려 고양이에게 바치는 시를 썼다면? 그렇다, 그것은 확실한 지능이다. 이렇듯 '그것과 맞닥뜨리면 무엇인지 안다'는 지능에 대한 접근법은 미국의 대법관 포터 스튜어트Potter Stewart가 어떤 것이 포르노인지 식별하기 위해 사용했던 유명한 방법과 궤를 같이 한다.[15] 여기에 따르면 우리 모두는 딱 보면 포르노가 무엇인지 안다. 지능에 대해서도 마찬가지다. 둘 다 그것이 무엇인지에 대해 정의하고자 지나치게 시간을 많이 쏟다가는 점점 마음이 불편해지기 때문에, 대부분의 사람들은 여기에 대해 신경을 쓰지 않는다.

지능이 있으면 무엇이 좋은가?

ппп

지능에 대한 이런 논의의 핵심에는 우리가 지능을 어떻게 정의하든, 그리고 그것이 실제로 무엇이든 간에 지능은 '좋은 것'이라는 확고한 믿음이 깔려 있다. 그 마법의 재료를 솔솔 뿌리면 무료한 늙은 원숭이나 로봇, 또는 외계인은 더 나은 존재가 될 것이다. 하지만 생각해 보면 우리가 지능의 부가가치에 대해 그렇게 당연히 여길 이유가 있을까? 만약 니체의 마음이 일각돌고래에 좀 더 가까웠더라면, 다시 말해 그가 임박한 자신의 죽음에 대해 반추할 만큼 똑똑하지 않았더라면 니체의 광기는 완전히 없어졌거나 최소한 덜 강력했을 것이다. 또 니체뿐만 아니라 우리 모두에게도 더 좋았을 것이다. 니체가 일각돌고래로 태어났더라면, 어쩌면 세계는 2차 세계대전이나 홀로코스트 같은 무서운 사건을 치르지 않았을지도 모른다. 비록 니체의 잘못은 아니지만 그가 어느 정도 보탬이 되었던 사건들이기 때문이다.

정신 착란을 일으킨 이후 니체는 독일 예나의 정신병원에서 1년을 보낸 뒤 나움부르크에 있는 어린 시절의 집으로 돌아가 어머니 프란치스카의 보살핌을 받았다. 그는 반-긴장형 정신분열증 상태에 있었기에 24시간 간호가 필요했다. 어머니 프란치스카가 아들을 7년 동안 보살핀 끝에 세상을 떠난 이후에는 여동생인 엘리자베트가 니체를 돌보기 시작했다. 엘리자베트는 항상 오빠의 인정을 받고자 갈망했지만, 니체는 평생 여동생을 무시했다. 남매가 어렸을 때 니체는 엘리자베트에게 라마라는 별명을 지었는데 그 동물이 너무 "멍청하고" 고집이 센 나머지 학대를 받으면 먹기를 그만두고 "죽기 전까지 먼지 구덩이 속에 누워 있을 것"[16]이라는 이유에서였다.

하지만 니체로서는 (그리고 우리 나머지 역시) 불행히도 엘리자베트는 극우 게르만 민족주의자였다. 엘리자베트는 1887년 남편 베른하르트 푀르스터Bernhard Förster를 도와 파라과이에 누에바 게르마니아라는 마을을 세웠다. 아리아 민족의 우월성에 기반을 둔 공동체의 빛나는 본보기가 되기 위해 건설된 새로운 조국이었다. 푀르스터는 한때 유대인들을 "독일인의 몸에 기생하는 기생충"[17]이라고 표현했을 만큼 목소리가 큰 반유대주의자였다. 하지만 누에바 게르마니아는 얼마 되지 않아 실패로 돌아갔다. 이 초기의 아리아족 정착자들은 기근과 말라리아, 모래벼룩 감염증으로 죽어 갔다.[18] 모래벼룩은 반유대주의자들의 신체에서 기꺼이 살아가는 불변태 기생충인 것으로 드러났다.

마을의 실패에 굴욕감을 느낀 베른하르트는 스스로 목숨을 버렸고, 엘리자베트는 독일로 돌아와 이제 무력해진 오빠를 돌보게 되었다. 니체는 반유대주의자가 아니었으며 오히려 반유대주의와 파시즘을 신랄하게 비판하는 글을 썼던 사람이었다.[19] 하지만 니체는 논쟁을 벌일 수 있는 상태가 아니었다. 여동생이 오빠를 돌보기 위해 도착했을 즈음 니체의 몸은 이미 부분적으로 마비되어 말도 할 수 없었다. 1900년 8월에 니체가 사망하자 엘리자베트는 오빠의 사유지를 완전히 손에 넣은 다음 그가 남긴 철학적 저술을 자신의 백인 우월주의 이념에 맞게 개조했다.

엘리자베트는 당시 독일에서 부상하던 파시스트 운동에서 주목받기 위해 니체의 오래된 수첩을 뒤적이다가 『권력에의 의지』라는 제목의 책을 사후 출판했다.[20] 그리고 이 책을 자신의 파시스트 친구들에게 "약한 인종들"의 예속과 박멸을 포함하는 호전적인 이데올로기에 대한 철학적 근거로 내놓았다. 비록 오빠의 철학적 아이디어를 이해하기 위해 오스트리아의 유명한 철학자 루돌프 슈타이너Rudolf Steiner의 개인 교습이 필요했던 데다 슈타이너가 "당신의 생각은 최소한의 논리적 일관성조차 없다"[21]라고 지적했음에도, 엘리자베트는 결국 자신의 오빠를 국가 사회주의 운동의 지적 조상으로 내세우는 데 큰 성공을 거뒀다. 1930년대 초, 나치당의 모든 당원들은 엘리자베트가 오빠의 글을 홍보하기 위해 설립한 바이마르의 니체 기록 보관소를 순례하고는 했는데 그 글의 일부는 엘리자베트가 위조한 결과물이었다.[22] 1935년 세상을 떠날 즈음에 엘리자베트는 나치 정권으로부터 굉장히 각광을 받았고 심지어 아돌프 히틀러가 그녀의 장례식에 참석하기까지 했다.

니체의 철학 사상은 나치당이 스스로를 꾸리고 성공을 거두는 데 필수적이었으며 홀로코스트를 정당화하는 데에도 보탬이 되었다. 비록 니체가 반유대주의를 경멸하고 아마도 나치를 싫어했을 것이 분명한 데다[23] 사람들에게 "반유대주의자들을 이 나라에서 추방해야 한다"[24]라고 충고했음에도 말이다.

일명 보불 전쟁이라고 불리는 프랑스와 프로이센 사이의 전쟁에서 의무병으로 복무한 니체는 자신이 상당히 잔인하다는 사실을 깨달았고 이 점이 이후 그에게 깊은 영향을 미쳤다. 니체는 결코 폭력을 좋아하지 않았다. 니체는 나치와 같은 맹목적인 애국주의적 정치 운동이 활용했던, 국가가 뒷받침하는 폭력을 결단코 거부했다. 비록 '망치로 철학을 한다'[25]라고 선언했지만, 사실 니체는 친절하고 예의가 바르며 온화한 성품으로 유명했다.[26] 이 사실은 당장 확인할 수 있다. 그는 누군가 말을 다치게 하는 모습을 목격한 탓에 정신이 완전히 무너진 사람이었음을 떠올려 보라.

그리고 이것은 인간의 지능이 갖는 커다란 단점을 강조해 드러낸다. 우리는 인간의 지성을 활용해서 우주의 비밀을 캐내고 생명의 연약함과 덧없음을 전제로 하는 철학 이론을 만들 수 있으며 종종 실제로 그렇게 한다. 하지만 동시에 우리는 그 비밀을 이용해 죽음과 파괴를 일으키거나 그 철학을 왜곡해 스스로의 야만성을 정당화할 수 있고 실제로 그렇게 하고는 한다. 세상이 어떻게 만들어졌는지를 이해하면 세상을 깨뜨릴 수 있는 지식도 나온다. 인류는 대량 학살을 합리화할 수 있는 힘과 그것을 수행할 수 있는 기술적 능력을 모두 갖고 있다. 엘리자베트 푀르스터-니체는 600만 명의 유대인을 죽음으로 이끈 세계관을 정당화하기 위해 놀랄 만한 지성에서 태어난 자기 오빠의 철학적 저술을 이용했다.[27] 이 점에서 인간은 일각돌고래와 전혀 다르다. 일각돌고래들은 가스실을 만들지 않는다.

우리 모두 거대한 속임수에 빠진 것은 아닌가?

mm

지능은 생물학적인 실체가 아니다. 인간이 지적으로나 행동적으로 예외적이라는 이러한 생각은 과학적인 근거가 없다. 우리

제 이야기를 들어 보시겠습니까?

는 지능이 진짜인 동시에 좋은 것이라는 사실을 직관적으로 느낀다. 하지만 우리가 인간이 아닌 동물들이 이 지구에서 어떻게 살아가는지를 볼 때, 그리고 그들이 생태학적 문제를 해결하기 위해 고안한 입이 떡 벌어지는 놀라운 해결책들을 볼 때 이러한 직감적인 믿음 중 어느 것도 정밀한 검증을 견뎌 내지 못하리라는 사실은 자명하다. 지능이란 하나의 거대한 속임수인 셈이다.

우리가 인간, 동물, 로봇의 마음을 연구하면서 추구해 온 이 개념은 자연 세계의 현실로부터 우리의 주의를 흩뜨렸다. 자연 선택은 우리가 지능이라 부르는 단일한 개념으로 압축할 수 있는 생물학적 특성에 결코 작용한 적 없었던 것이 사실이다. 다른 많은 종들이 공유하는 인지적 특징이 뒤죽박죽 뒤섞인 결과물에서 탄생한 우리 인간의 지적, 기술적 업적은 사실 우리가 믿고 싶어 하는 것만큼 중요하거나 예외적이지 않다는 게 현실이기도 하다. 동시에 자기 종을 곤혹스럽게 만드는 방식으로 어떻게 잘 살 것인가에 대한 해결책을 생각해 낸 인간이라는 동물 종으로 지구가 폭발하고 있는 것도 현실이다.

이 책은 지능을 둘러싼 문제와 그것이 좋은 것인지, 나쁜 것인지를 다룬다. 내 생각에 우리 대부분은 그 단어가 개인적으로 무엇을 의미하든, 지능이란 본질적으로 좋은 것이라고 여기고 있다. 우리는 항상 인간의 지능이라는 우리만의 프리즘을 통해 세계와 그 세계 속 비 인간 동물들의 가치를 보아 왔다. 하지만 만약 우리가 우리 종족의 예외주의를 외치는 큰 목소리를 진정시키는 대신 다른 종들이 우리에게 하는 이야기에 귀를 기울인다면 어떤 일이 벌어질까? 만약 우리가 때때로 소위 '인류의 성취'라고 불리는 것들이 실제로는 진화적으로 형편없는 해결책이라는 사실을 알게 된다면 어떻게 될까? 그야말로 온 세상이 뒤집어질 것이다. 소나 말, 일각돌고래처럼 그동안 덜 영리하다고 여겨졌던 동물들이 이제는 천재처럼 보일 테니 말이다. 동물계는 생존이라는 문제에 대한 우아한 해결책을 찾아낸, 단순하지만 아름다운 마음들로 갑자기 흘러넘칠 것이다.

인간의 지능이 무슨 소용이 있는가? 이것은 나에게 그랬듯 니체를 괴롭힌 질문이었다. 이제 우리가 이 질문에 함께 대답할 수 있는지 살펴볼 시간이다.

제 이야기를 들어 보시겠습니까?

인간의 지적 우월함은
환상이고 착각인 것 같습니다

인간은 어느 순간부터, 다른 동물들과 비교할 때 한 가지 이상의
존재 조건을 충족시켜야 하는 엄청난 동물이 되었다.
인간은 때때로 자신이 존재하는 이유에 대한 믿음을 가져야 한다.

- 니체[1]

마이크 맥캐스킬Mike McCaskill이 주식 시장에서 그야말로 성공을
거머쥐는 데는 20년이 걸렸다. 하지만 그렇다고 그가 정말 성공
했던 걸까.

마이크는 부모님의 가구점에서 일하는 동안 취미로 한 주
의 가격이 1달러 미만인 투기적 저가주를 거래하며 작은 규모
로 주식을 시작했다.[2] 그러다 마이크는 2007년에 가구점이 문
을 닫으면서 자신의 취미에 전념하기로 결심했다. 먼저 자동차
를 1민 달리에 팔아 치운 마이크는 그 돈을 자신의 거래 계좌에
넣었다. 이후 2년 동안 불안정한 시장에 서브프라임 모기지 위

기가 닥치며 S&P 500의 가치가 절반으로 떨어졌지만, 이런 상황은 마이크 같은 단타 매매자를 흥분시킬 뿐이었다. 그는 시장이 어디로 가고 있는지에 대해 알아낼 수 있는 기회를 기꺼이 즐겼다. 그리고 오바마 대통령 당선 직후 주가가 급등할 것으로 예상해 투기적 저가주로 벌어들인 수십만 달러를 정규 주식 시장에 쏟아부었다.

하지만 마이크의 예상은 빗나갔다.

마이크는 2009년 1월 20일 오바마 취임 이후 다우존스 지수가 계속해서 폭락하는 모습을 지켜봐야 했다. 급기야 3월 5일에는 6,594.44포인트를 기록하며 금융 위기 중 역대 최저치로 급락했다. 이것은 2007년 10월의 사상 최고치였던 14,164.43포인트에서 50% 이상 하락한 수치였으며, 1929년의 대공황을 일으킨 기록적 폭락과 비교해도 불과 3%밖에 차이 나지 않았다. 마이크에게는 분명 좋지 않은 상황이었다. 그의 거래 계좌 잔액은 완전히 날아가 버렸다.

하지만 마이크는 마음을 가다듬고 계좌에 남은 몇백 달러를 긁어모았다. 이번에는 시장이 손해를 보더라도 자신은 수익을 얻을 수 있도록 포트폴리오 전략을 바꿀 계획이었다. 다시 말해 공매도를 할 생각이었다. 이것은 주식을 빌린 다음 나중에 다시 돌려주겠다는 약속과 함께 주식을 매도하는 매우 위험한 전략이다. 주가가 떨어지면 저가에 매수해 돈을 벌겠지만, 주가가 올라도 어쩔 수 없이 주식을 다시 사들여야 하기에 막

대한 손실을 떠안게 된다. 이것은 영화 〈빅쇼트〉의 실존 인물인 마이클 버리Michael Burry와 마크 바움Mark Baum 같은 투자자들이 2007년에 주택 시장을 상대로 베팅을 할 때 썼던 기술이다. 당시 주택 시장은 미국 금융권에서 가장 안전한 투자처 중 하나로 여겨졌던 만큼 값이 떨어지리라는 베팅은 위험할 뿐 아니라 어리석은 것처럼 보였다. 물론, 지금 우리가 알고 있다시피 그들의 예측은 옳았고 그 결과 많은 돈을 벌었다. 하지만 마이크의 경우는 달랐다. 미국 정부가 부실 자산 구제 프로그램을 통해 7,000억 달러를 시장에 쏟아부은 조치가 효과를 내기 시작했고, 4월 초를 기점으로 시장은 반등했다. 그리고 시장이 무너진다는 데 베팅한 마이크는 모든 것을 잃었다. 두 번째 실패였다.

좌절한 마이크는 전업 투자자로 일하는 것을 그만두고 켄터키주 루이빌에 있는 킹 루이 스포츠 종합 운동장에서 10년간 일했고, 배구와 골프 프로그램 담당자 자리까지 올랐다. 그래도 어쩌면 자신을 백만장자로 만들어 줄 수도 있을 매수-매도를 반복하며 계속 주식에서 손을 놓지 않고 베팅했다. 그러다 우연히 발견한 것이 게임스톱이었다.

때는 2020년 여름이었고, 이 회사는 어려움을 겪고 있었다. 게임스톱은 소매 시장이 디지털 중심으로 이루어지는 환경에서 계속 생존하기 위해 애쓰는 재래식 회사, 비디오게임 오프라인 유통사였다. 이런 상전에서 제품을 고르기 위해 쇼핑몰에 가는 사람은 이제 거의 없었다. 대신 사람들은 아마존에서 직접 주문하거나 플레이스테이션으로 게임을 직접 다운로드했다. 웨드부시 증권사에서 비디오게임과 디지털 미디어를 비롯한 전자 기술 분석가로 일하던 마이클 패터Michael Pachter는 게임스톱에 닥친 상황을 얼음이 녹는 모습에 빗댔다. 2020년 1월, 패터는《비즈니스 인사이더》와의 인터뷰에서 "결국 사라질 것이 확실하다"라며 게임스톱이 향후 10년 안에 문을 닫으리라 예상했다.[3] 공매도를 전문으로 하는 시트론 리서치의 유명 투자자 앤드루 레프트Andrew Left는 게임스톱을 "물에 다 잠겨 망해 가는 쇼핑몰 기반 소매상"[4]이라고 꼬집어 말했고, 뒤이어 레프트를 비롯한 많은 투자자들은 대량으로 주식을 공매도하기 시작했다. 2009년에 마이크가 그랬고 2007년에 주택 시장을 대상으로 베팅한 소수의 사람들이 그랬듯, 이 전문가들은 곧 다가올 게임스톱의 붕괴를 이용하기로 결심했다. 적어도 서류상으로 판단하면 이것은 합리적인 결정으로 보였다.

하지만 마이크는 게임스톱이 파산할 운명이라고 생각하지 않았다. 오히려 정반대였다. 그는 게임스톱이 독자적으로 생존할 수 있는 회사일 뿐 아니라, 헤지 펀드 매니저들이 매도 의견을 고수하는 것은 소위 '쇼트 스퀴즈'(주가 하락을 예상하고 공매도했던 투자자들이 손실을 막기 위해 주식을 매수해야 하는 상황-옮긴이)라고 불리는 현상을 야기해 주식 가치가 지붕을 뚫고 오를 수 있다는 의미라고 확신했다. 주가가 오르기 시작하면 쇼트 포지션에 있던 투자자들은 손실을 줄이기 위해 재빨리 주식을 팔아넘기려

1장 인간의 지적 우월함은

할 것이다. 이러한 대량 매도는 주가가 훨씬 더 빠르게 상승하도록 이끌어 압박감을 조성할 테고, 그러면 그 주식이 헐값이었을 때 매수했던 사람들이야말로 현명했다는 사실이 드러난다.

마이크는 곧 쇼트 스퀴즈가 닥칠 것이라 직감했다. 이에 따라 마이크는 스톡옵션을 사기 시작했는데, 이것은 그 주식이 특정 가격에 도달할 때 매수할 것이라는 의미였다. 처음에는 주가가 그렇게 움직이지 않았고 스톡옵션의 기한이 만료되었다. 그럼에도 마이크는 자신의 계좌를 탈탈 털어 투자를 계속했다. 이후 2020년 말, 마이크는 자신이 눈여겨 골라 둔 또 다른 회사인 바이오나노 지노믹스에 주식을 투자해 큰돈을 벌었고, 이 돈을 게임스톱의 주식에 새로 퍼부었다. 그로부터 얼마 지나지 않은 2021년 1월, 쇼트 스퀴즈가 시작되었다. 커뮤니티 사이트인 레딧의 월스트리트 베팅 서브레딧에 속한 수백만 명이 움직인 것을 포함해 일련의 개연성 없고 혼란스러운 사건들이 주식 시장에서 게임스톱의 주가를 빠르게 끌어올렸다. 레딧 회원들은 게임스톱에 공매도가 과도하게 설정되어 있다는 사실을 확인했고, 그에 따라 이 회사의 주식을 대량으로 사들이려는 공동의 노력이 나타났다. 그리고 쉽게 상상할 수 있듯이 이러한 움직임은 취약한 회사의 몰락에 냉소적으로 베팅했던 앤드루 레프트 같은 투자자들을 골탕 먹였고, 레딧 회원들은 이 모습을 지켜봤다. 마이크의 예상은 적중했다. 마이크가 사들이기 시작했을 무렵 주당 약 4달러였던 게임스톱의 주식 가치는 1월 27일이 되자

환상이고 착각인 것 같습니다

347.51달러까지 말도 안 되게 폭등한 일로 유명해졌다. 마이크는 주식을 팔아 현금화했다.

결과적으로 그는 2,500만 달러를 벌었다.

우리는 이것에 대해 어떻게 생각해야 할까? 우리가 얻을 수 있는 교훈은 주가가 왜, 그리고 언제 오를지 정확하게 예측하기 위해서는 여러 해에 걸쳐 주식 시장을 연구하는 오랜 경험과 진지한 지성이 필요하다는 것이 아니다. 월스트리트 주식 시장의 불침번들이 게임스톱의 주가에 벌어진 역사적이고 인위적인 쇼트 스퀴즈를 계획하거나 일으킬 수 있었다는 사실을 마이크는 전혀 알지 못했을 것이다. 마이크가 보여 준 직감에 마법 같은 선견지명은 없었다. 사실 우리가 앞서 보았듯이 그는 주식 시장에서 베팅을 할 때 올바른 판단보다 틀린 판단을 한 경우가 더 많았다. 게임스톱 주식에서 거둔 성공은 단순히 운이 좋았을 뿐이었다.

그러면 이제 이런 행운뿐만 아니라 예상치 못한 주인공이 등장하는 비슷한 이야기를 하나 살펴보자. 2012년, 영국의 일요신문 《옵서버》는 다음 세 팀을 대상으로 투자 대회를 열었다. 어린 학생으로 이뤄진 집단, 세 명의 전문 투자가로 구성된 집단, 그리고 올랜도라는 이름의 집고양이가 참가 팀이었다.[5] 각 팀은 FTSE 지수(영국 《파이낸셜 타임스》와 런던 증권거래소가 공동으로 발표하는 글로벌 지수-옮긴이)에 포함되는 주식에 투자하도록 5,000파운드(당시 환율 기준 약 900만 원-옮긴이)를 지급받았고, 3개월마다 투

1장 인간의 지적 우월함은

자할 주식을 교체할 수 있었다. 1년 뒤, 투자 계좌에 가장 많은 액수를 남긴 팀이 우승하는 대회였다. 고양이 올랜도는 구매 가능한 주식에 매겨진 숫자가 적힌 격자 위에 장난감 쥐를 떨어뜨리는 방법으로 투자할 주식을 '선택'했다. 1년간 투자한 후 어린 학생들은 계좌에 4,840파운드를 남긴 채 나머지 돈은 잃었다. 펀드 매니저들의 계좌에는 5,176파운드가 남아 있었다. 그리고 5,542파운드를 가진 올랜도가 모두를 누르고 우승했다.

아이들이나 펀드 매니저들과는 달리 고양이는 지금 어떤 일이 일어나는지 알지 못한다. 비록 몇몇 동물에게는 보상을 상징적 징표와 바꾸어 임의의 가치를 원래 가치가 없는 대상에 귀속시키는 것을 가르칠 수 있다. 하지만 '주식 시장'은 물론이고 '돈'이라는 추상적 개념은 오직 호모사피엔스의 머릿속에만 존재한다. 투자할 주식을 고르는 올랜도의 기술은 어떤 논점을 증명하기 위해 무작위로 투자 종목을 고르는 연구원들의 영리한 방식과 크게 다를 바가 없었다. 그 논점은 바로 주식 시장에 투자하는 사람들의 행동은 다트 판에 다트를 던지는 일과 같다는 것이다. 어떤 주식이 오를지 집어내려는 것은 전부 거대하고 위험한 도박이다.

나는 고양이 올랜도 이야기를 염두에 둔 채로, 마이크 맥캐스킬이 투자할 주식을 어떻게 고르는지 더 알고 싶어졌다. 그래서 2021년 3월에 나는 그에게 전화를 걸었다. 먼저 나는 마이크에게 내가 인간과 동물의 지능에 관한 책을 쓰고 있다고 밝혔

환상이고 착각인 것 같습니다

다. 그런 다음 올랜도와 펀드 매니저가 대결을 벌였던 이야기를 들려주고, 주식 시장에서는 지식보다는 행운이 큰 역할을 하는 것처럼 보인다고 말했다. 그러자 놀랍게도 주식 시장을 연구하는 데 20년을 보냈고 그곳에서 2,500만 달러를 벌어들인 지 얼마 되지 않았던 마이크가 내 말에 고개를 끄덕였다. "동의해요. 그건 백 퍼센트 운이에요."

마이크가 게임스톱이라는 회사에 대해 조사하고 주가가 곧 쇼트 스퀴즈를 겪을 것이라 추론했던 것은 사실이다. 하지만 앤드루 레프트는 똑같이 조사하고도 쇼트 스퀴즈가 일어나지 않을 것이라 확신했다. 그리고 레프트의 생각은 틀렸다. 2020년까지만 해도 게임스톱이 10년도 되지 않아 사라질 것이라 확신했던 마이클 패터는 2021년 3월이 되자 생각을 바꿔 게임스톱이 "여기 계속 머물 것"이라고 선언했다.[6] 레딧의 월스트리트 베팅 서브래딧 유저들은 게임스톱이 쇼트 스퀴즈로 향하고 있다고 확신했고, 이 생각은 옳았다. 하지만 동시에 이들은 1월 27일에 347.51달러의 최고점을 지나고도 이 스퀴즈가 계속될 것이라 자신하며 사람들에게 주식을 팔지 말고 계속 보유하도록 독려했다. 하지만 그 판단은 틀렸다. 게임스톱의 주가는 마이크가 주식을 팔아 치우고 백만장자가 된 지 불과 며칠 만에 다시 50달러 이하로 급락했다. 마이크는 이때도 운이 좋았다. 그는 주가가 계속 오를 것이며 아마 주당 1,000달러는 넘을 것이라는 레딧 유저들의 의견에 동의했음에도, 일시적인 충동으로

1장 인간의 지적 우월함은

2,500만 달러의 이득이면 충분하다는 판단을 내려 딱 적절한 순간에 주식을 내던졌다. 마이크가 빈털터리에서 부자가 된 사연의 바탕에는 무작위적이고 우연한 사건들의 연속이 자리한다.

경제학자 버턴 말킬Burton Malkiel은 큰 영향을 끼친 저서인 『랜덤워크 투자수업』에서 "인간의 본성은 질서를 선호한다"라고 썼다. "사람들은 무작위성이라는 개념을 받아들이기 어려워하기 때문"이다. 말킬은 주식 시장에서 개별 주식의 움직임은 본질적으로 무작위적이라는 아이디어를 대중적으로 널리 퍼뜨렸다. 말킬에 따르면 어떤 주식이 어째서 그런 추이를 보이는지 알기란 불가능하다. 시장에서 안정적으로 돈을 버는 사람들은 위험을 분산시키는 다양한 투자 포트폴리오(예컨대 주식, 채권, 연금)를 보유한다. 이들은 장기간에 걸쳐 시장의 가치는 결국 상승한다는 보다 포괄적인 원칙을 가졌다. 반면에 개별 종목을 고르거나 특정한 유행에 베팅하는 것은 과학이라기보다는 도박에 훨씬 가깝다. 그렇기에 주식 시장에서 갑자기 큰돈을 벌 가능성은 고양이나 월가의 단타 매매자들이나 비슷하다 해도 별로 놀랍지 않다.

마이크 맥캐스킬은 평생 투자를 하면서 '주가는 왜 오르는 것일까?'라는 단 하나의 단순한 질문을 스스로에게 던졌다. 이렇듯 '왜'라는 의문에 대답을 하려는 특성이야말로 마이크를(그리고 보다 일반적으로 인류를) 인간 아닌 동물과 구별한다. 이것은 마이크의 이야기가 무척 흥미로운 이유이기도 하다. 아이들은 처

환상이고 착각인 것 같습니다

음으로 말을 시작하자마자 '왜'라는 질문을 하기 시작한다. 내 딸은 언젠가 나에게 이렇게 물었다. "고양이는 왜 말을 못 할까요?" 좋은 질문이다. 내가 연구 경력을 바쳐 대답하려 했던 질문이기도 하다. 우리는 나이가 들어도 이런 종류의 질문들을 결코 멈추지 못한다. 우리는 왜 외계 생명체의 흔적을 찾지 못했을까? 사람들은 왜 살인을 저지를까? 우리는 왜 죽을까? 인간이라는 종은 그야말로 '왜'로 시작하는 질문에 대한 전문가들이다. 이것은 인간의 사고방식을 다른 동물들과 구분 짓는 몇 안 되는 인지적 특성 가운데 하나다.

하지만 그럼에도 원인과 결과를 이해하고 말겠다는 이 불타는 열망이 항상 우리에게 도움을 주는 것은 아니다. 앞서 마이크의 투자 이야기에서 알 수 있듯이 '왜'라고 묻는다 해서 그가 헤지 펀드 매니저라든가 다른 누구보다 주가를 더 잘 예측한 건 아니다. 고양이 올랜도의 의사 결정 체계 역시 주가가 왜 그렇게 변화하는지 이유를 모른 채로 인간 전문가들과 비슷한 결과를 낳았다. 그리고 이런 현상은 주식 시장에만 국한된 것이 아니다. 세상에는 언제나 효과적이고 자신에게 유익한 결정을 내리는 동물들이 가득하다. 이들 가운데 세상이 왜 지금과 같은 모습인지에 대해 고민하는 동물은 거의 없다. 이 장에서 살펴보겠지만, 인간이 '왜'라는 질문의 전문가인 데에는 확실한 이점이 따른다. 하지만 더 넓은 시대에 걸쳐 인간을 포함한 여러 생물 종들의 의사 결정에 대해 살핀다면, 나는 우리가 좀 더 도발적으로 전제할 것을 제안하고 싶다. '왜'라는 질문은 과연 우리에게 생물학적인 면에서 이점을 줄까? 어쩌면 답은 '그렇다!'로 명백해 보일 수도 있지만, 나는 그렇게 뻔하다고는 생각하지 않는다. 이 질문에 대한 답을 하려면 다음과 같은 사실들을 고려해야 한다. 비록 우리 종이 심오한 수준에서 사물의 원인과 결과를 파악할 수 있지만, 그럼에도 우리는 지구에 등장한 이후 첫 25만 년 동안은 이 능력을 거의 사용하지 않았다. 이 점은 진화론적인 관점에서 '왜'라는 질문의 가치에 대해 우리에게 중요한 무언가를 말해 준다.

'왜'의 기원

우리가 열기구를 타고 있다고 상상해 보자. 이 열기구는 케냐 서부의 바링고 호수가 내려다보이는 물결 모양 언덕의 지표면을 덮고 있는 무성한 초록색 숲 위를 잔잔히 떠다니는 중이다. 물론 아직 케냐라고 불리지는 않겠지만 말이다. 왜냐하면 이 열기구는 시간 여행 중이고, 지금으로부터 정확히 24만 년 전인 플라이스토세Pleistocene 중기(현재 '지바절Chibanian Age'이라는 정식 명칭으로 불리는 시기)로 우리를 데려갔기 때문이다. 시간은 해 질 녘이고 공기는 습하고 무거워 장마가 시작되었음을 알 수 있다. 지바절

45

에 훨씬 더 습했던 이 바링고 호수 주변은 인근에서 식생이 가장 무성하고 생산성이 높은 곳이었을 것이다. 분지에서 수백 미터 위에 있는 열기구 속 우리의 시선에서는 주변 육지 동물들의 모든 움직임이 눈에 들어온다. 해가 지면서 수목 한계선을 향해 나아가는 동물 무리 둘이 뚜렷하게 보인다.

이들 가운데 한 무리는 즉시 알아볼 수 있다. 침팬지다. 몇몇 암컷이 자기 새끼를 뒤에 데리고 있으며 앞에는 덩치 큰 수컷들이 주변을 정찰하는 중이다. 날이 점점 어두워지자 이들 무리는 나뭇가지를 모아 둥지를 지어 밤을 지낼 작정이다. 또 다른 무리는 우리에게 더 친숙하다. 침팬지 무리와 비슷한 규모의 현생 인류 호모사피엔스 무리다. 사실 규모 말고도 이 무리는 거의 모든 면에서 침팬지들과 비슷하다. 여성이 아이들을 데리고 있으며 남성 무리는 저녁에 야영을 할 숲을 향해 나아가며 주변을 정찰한다. 인간과 침팬지는 둘 다 700만 년 전 아프리카를 배회했던 사헬란트로푸스 차덴시스*Sahelanthropus tchadensis*라는 유인원을 조상으로 둔 후손이다. 전문가가 아닌 사람들이 보기에 서아프리카 출신의 이 고대 유인원은 침팬지처럼 보일 것이다. 이 유인원의 조상은 결국 한쪽 가지에서 오늘날의 침팬지로 진화했고, 다른 쪽 가지에서는 오스트랄로피테쿠스와 호모 에렉투스를 포함한 우리 인류의 친척들로 진화한 것으로 보인다. 여러분도 아마 자연사박물관이나 교과서에서 여기에 대해 설명하는 자료를 숱하게 접했을 것이다. 이들 조상과 친척들을 등장 순서에 따라 일렬로 세워 '인류의 기원'을 보여 주는 이미지는 셀 수 없을 만큼 많은 패러디와 밈의 기초가 되었다. 아프리카에서 700만 년이 흐른 뒤에도 침팬지와 인간은 고대 유인원 조상들과 거의 동일한 환경에서 여전히 매우 유사한 생활 방식으로 살아갔다. 우리는 화석 기록을 통해 인간과 침팬지가 24만 년 전 동아프리카 지구대의 이 지역에서 어깨를 나란히 하고 살았다는 사실을 알고 있다.[7]

시간 여행을 하는 우리 열기구를 이 시대 그리고 이 특정한 장소로 안내한 이유가 있다. 오늘날 과학자들이 현생 인류라 여기는 존재들이 이곳에서 처음으로 출현했기 때문이다.[8] 이들은 신체적으로나 인지적으로, 우리가 떠올릴 수 있는 모든 면에서 여러분이나 나와 거의 같다.[9] 하지만 그럼에도 이들 생활 방식의 어떤 측면도 우리가 21세기를 살아가는 모습과는 닮지 않았다. 나무에서 잠든 침팬지 사촌들처럼 이 초기 인류들은 베리 류가 자라는 작은 땅과 동물의 사체를 찾아 호숫가를 돌아다녔다. 이들은 아마도 보석이나 옷을 비롯해 오늘날 우리가 사용하는 예술적이거나 상징적인 장신구로부터 자유로운 채로 벌거 벗었을 것이다. 하지만 이들의 벌거벗은 겉모습은 침팬지와 몇 가지 중요한 차이점을 드러낸다. 예컨대 모낭의 수가 훨씬 적어 피부가 외부에 더 많이 노출되었는데, 이것은 그들이 뜨거운 태양 아래 돌아다닐 때 땀이 빠르게 증발해서 몸을 시원하게 유지하기 위한 설계의 일부였다. 그뿐만 아니라 인간은 다리가 길고

환상이고 착각인 것 같습니다

하체의 근육이 상대적으로 더 많은데, 이것은 두 발로 걷는 생활 방식을 뒷받침하기 위한 또 다른 적응이다.[10] 그리고 물론 머리도 다르다. 인간과 침팬지의 머리 앞쪽인 얼굴은 꽤 비슷하지만, 명백한 예외가 있다면 바로 턱이다. 인간에게는 턱이 있지만 침팬지에게는 없다. 이상하게도 역사를 통틀어 어떤 호미니드hominid(인간과 유인원, 그들의 조상-옮긴이) 종도 호모사피엔스가 등장하기 전까지는 턱을 진화시키지 못했다. 그리고 놀랍게도 과학자들은 여전히 우리가 턱을 가지고 있는 이유에 대한 명확한 답을 내놓지 못한다.[11] 하지만 이보다 더 놀라운 부위가 있으니 바로 머리 뒷부분이다. 인간의 머리는 둥근 모양으로, 내용물이 가득 찬 물풍선처럼 보인다. 그 여분의 두개 내부 공간은 우리의 침팬지 사촌들보다 세 배나 더 큰 뇌 조직으로 채워졌다.

인간을 다른 동물과 구별하는 몇 가지 행동적 특징들도 있다. 인류는 죽은 코끼리의 고기를 썰어 내는 데 필요한 원시적인 석기를 들고 있다. 나이가 많은 여성은 어린아이가 요리용으로 불을 피우기 위해 오래되고 마른 통나무의 홈에 나무 막대기를 비비는 것을 돕고 있다.[12] 반면 침팬지는 견과류를 깨부수는 돌(날이 날카롭지 않은 돌)만을 손에 든 채 대부분의 시간을 침묵할 뿐이며, 직접 불을 피우는 경우도 확실히 없다. 침팬지들은 이런 것들을 만드는 데 필요한 정신 행위를 수행하지 않는다. 오늘날에도 불을 피우고 날카로운 날을 가진 돌칼을 만드는 능력은 둘 다 이 동물의 인지능력을 넘어선다.

이처럼 불과 돌칼 같은 획기적인 발견을 일군 인지능력의 몇 가지 분명한 차이에도 불구하고 초기 인류와 침팬지는 지바절 대부분의 기간에 걸쳐 상대적으로 비슷한 모습으로 남았다. 그러다 약 12만 6,000년 전, 이 시기가 끝나 갈 무렵에 인류는 긴 근육질 다리를 이용해 아프리카를 벗어나는 악명 높은 여정에 올라 유럽으로 향했다. 그곳에서 그들보다 200만 년 먼저 아프리카를 떠났던 공통 조상으로부터 아시아와 유럽에서 진화해 온 두 인간 종, 네안데르탈인Neanderthal과 데니소바인Denisovan을 만나게 된다. 인간과 마찬가지로 그들은 불, 창, 석기를 사용했고 어느 정도의 언어 능력을 가지고 있었을 것이다. 인간은 이 다른 종들과 짝짓기를 하는 동시에 경쟁을 벌였고 그들의 흔적은 우리의 DNA 속에만 남았다. 그러다 우리가 바링고 호수로 처음 열기구 여행을 다녀온 후 약 20만 년이 지난 뒤에야 우리 인류의 조상들이 이 행성을 접수하도록 이끌었던, 몇 가지 중요한 증거가 동굴벽화에 처음으로 불쑥 나타났다. 그중 하나가 바로 '왜'라는 질문을 던지고 있었다는 증거다.

지금으로부터 약 4만 3,900년 전, 인도네시아 술라웨시섬에 사는 한 무리의 인간들이 섬의 남서쪽 끝에 자리한 동굴로 걸어 들어가 그림을 그리기 시작했다. 이들은 붉은 색소를 사용해 일련의 사냥 장면을 그렸는데, 사람들이 밧줄과 창으로 야생 멧돼지를 쫓는 모습이었다. 하지만 그림에 묘사된 인간들은 어딘가 이상한 점이 있었다. 그들은 동물의 머리를 가졌다. 반쯤 인간

환상이고 착각인 것 같습니다

이고 반쯤 동물인 이런 존재를 반인반수therianthrope(그리스어로 짐승과 인간을 뜻하는 단어를 기원으로 한다)라고 일컫는다. 그로부터 수천 년이 지나 유럽에 살던 한 인류의 조상이 뢰벤멘쉬상을 조각했다. 이는 독일의 바덴뷔르템베르크 근처의 홀렌슈타인-스타델 동굴에서 발견된 석회암 반인 반수 조각상으로, 사자의 머리를 가진 인간을 나타낸 것이었다.

지금으로부터 4만 년 전에 우리 인류의 조상들이 반인반수의 형태로 조각상을 만드는 데 시간을 보냈던 진정한 이유는 딱 하나였다. 그것은 무언가를 상징했다. 인류가 지난 몇천 년 동안 예술 작품으로 표현한 반인반수 조각상을 살펴보면 그것이 전형적으로 종교적 상징과 관련 있음을 알 수 있다. 호루스(매의 머리를 가진 이집트의 신), 루시퍼(흔히 반은 인간, 반은 염소로 묘사됨), 가네샤(코끼리 머리를 가진 힌두교의 신)가 그런 예다. 애덤 브룸Adam Brumm 박사는 자신의 연구팀이 발견한 술라웨시 반인반수상에 대해서 2017년 《뉴욕 타임스》에 이렇게 기고했다. "이 조각상은 인류가 초자연적 대상을 생각할 수 있다는 걸 보여 주는, 전 세계에서 최초로 알려진 증거다."[13] 초자연적인 존재란 무엇일까? 인간이 가진 것 이상의 능력과 지식을 지닌 존재다. 몇몇 전문가들은 이 반인반수상이 영혼의 길잡이이거나 인간에게 도움과 답변, 조언을 주는 대상이었을지 모른다고 주장한다.[14] 이 주장은 우리의 조상들이 초자연적 대답을 요구하는 질문들을 했었다는 점을 가정한다. 그리고 이런 질문들은 분명 모든 종교를

1장 인간의 지적 우월함은

뒷받침하는 질문일 것이다. 세상은 왜 존재할까? 내가 왜 여기 있지? 나는 왜 죽어야 하지? 이 고대의 반인반수상은 우리 조상들의 머릿속에 '왜'라는 질문의 전문가들이 할 법한 생각이 떠돌고 있었다는 데 대한 가장 명확한 증거다.

우리 조상들이 최초의 반인반수상을 만든 지 얼마 되지 않아 또 다른 새로운 기술이 개발되었다는 증거가 고고학적 기록에 나타나기 시작한다. 예컨대 모자가 그렇다. 인류가 모자를 썼다는 최초의 증거는 2만 5,000년 전 빌렌도르프의 비너스상의 모습에서 드러난다. 이것은 구슬이 방울방울 달린 무언가를 머리에 쓰고 있는 여성의 모습을 석회석에 조각한 작품이다. 비록 나는 우리가 어떤 고대의 유물을 발굴하는지는 단지 운에 달렸다고 확신하지만, 인류가 초자연적인 존재를 생각해 냈다는 증거가 모자를 쓰기 시작했다는 증거보다 앞선다는 점은 재미있다고 생각한다. 우리 선조들은 비가 오면 왜 머리가 젖는지보다 인간은 왜 죽는지에 대한 문제에 더 신경을 썼던 셈이다.

인류가 반인반수상과 모자를 만든 이후로 원인과 결과에 대한 이해를 바탕으로 무언가를 창조하는 인간의 능력은 그야말로 껑충 도약했다. 약 2만 3,000년 전의 증거가 이 점을 보여 준다. 이때 오늘날의 이스라엘에 작은 무리를 이루어 살던 사람들은 소규모 농장에서 야생 보리와 귀리를 심어 수확하는 방법을 알아냈다.[15] 사람들이 씨앗의 빌아 원인과 성장기 동안 식물을 어떻게 관리해야 하는지에 대한 지식을 갖추게 됐다는 것은

환상이고 착각인 것 같습니다

정말 굉장한 일이었다. 식량을 얻을 계획을 정확하게 통제할 수 있으니 말이다. 이것은 인류가 식물의 변화에 대한 이해를 발전시킴과 동시에 그 속의 원인과 결과를 이해하면서 따라온 직접적인 결과다. 중력 등에 대한 기초적인 감각을 갖추게 되면서 고대 로마인들은 거대한 수로를 건설할 수 있었고, 물을 먼 거리까지 운반하는 것은 물론 오르막으로 끌어 올릴 수도 있었다. 사람들은 강을 바라보면서 물이 왜 움직여 흐르는지 의문을 품었고 그 질문에 대한 답은 그들이 고대 도시를 건설하는 데 도움이 되었다.

이러한 '왜?'라는 질문은 인류의 위대한 여러 발견을 뒷받침했다. 왜 매년 봄마다 그 별은 항상 같은 장소에 있을까? 이 질문에 대한 답을 하면서 천문학이라는 분야가 탄생했다. 우유를 마시면 왜 자꾸 설사가 날까? 이것은 루이 파스퇴르로 하여금 밤새 잠을 못 이루게 했던 문제였고 결국 저온 살균법을 발견하도록 이끌었다. 왜 맨발을 질질 끌며 양탄자 위를 느릿느릿 걸으면 머리카락이 곤두서는 걸까? 이 질문은 오늘날 우리가 '전기'라고 부르는 현상의 결과로 여겨진다. 왜 세상에는 이렇게 많은 식물과 동물 종이 존재할까? 찰스 다윈은 이 질문에 대해 '진화'라는 훌륭한 답을 내놓았다. 인류가 지적으로 예외적인 존재라는 주장에 대한 사례로 우리가 이야기하는 모든 것, 그리고 우리의 행동을 다른 종의 행동과 구별하는 모든 것들은 이 한 가지 기술에 깊은 뿌리를 두고 있다. 인간의 지성이라는 반짝이는 우산 아래 자리한 여러 가지 중에서도 원인과 결과에 대한 우리의 이해야말로 다른 모든 것들이 샘솟는 근원이다.

지금까지 살핀 것들도 모두 주목할 만한 업적이지만, 실제로 이렇게 '왜?라는 질문의 전문가 되기'가 시작되면 인류의 역사는 과학, 예술 그리고 그 사이 모든 분야의 위대한 업적들로 가득 차게 된다. 하지만 그럼에도 우리는 다음과 같이 물어야한다. 어째서 '왜? 전문가'가 되기까지 그렇게 오래 걸린 것일까? 왜 인류는 그렇지 않은 상태에서 20만 년을 흘려보냈을까?

답은 꽤 간단하다. 우리의 직관이 말해 주는 것과는 달리 '왜? 전문가'가 되는 것은 사실 그렇게 대단한 일이 아니다. 그럼에도 중요하게 느껴진다면, 그건 인간만의 편견이다. 진화의 관점에서 볼 때 '왜? 전문가'가 되는 것은 결코 특별하지 않다. 실제로 모든 동물들은 '왜?'라고 물어볼 필요 없이 잘 살아갔다. 꽤 오랜 시간 동안 인류도 그러했다. '왜? 전문가' 되기의 상대적인 중요성에 대해 다시 생각해 볼 때다. 그것은 저온 살균 우유처럼 논쟁의 여지가 없는 이득을 가져다주기도 했지만, 동시에 우리를 곧 멸종될지도 모르는 처지로 내몬 가장 가능성 있는 원인이다. 하지만 그 어두운 길을 걷기 전에 먼저 '왜? 전문가'가 되는 것은 다른 동물들이 세상에 대해 생각하는 방식과는 어떻게 다른지에 대해 알아보자.

환상이고 착각인 것 같습니다

'왜'를 사랑한 종

지난 가을 나는 친구 안드레아 그리고 안드레아의 반려견 루시와 함께 노랗게 물든 단풍잎이 이루는 수관 아래로 숲속 산책을 했다. 그때 우리 발아래 땅속에서 울려 퍼지는 낮은 굉음에 숲을 감싸던 정적이 깨졌다. 오솔길 위로 오리나무 관목의 잎들이 바스락거렸다. 우리는 곰이 근처에 숨어 있을지도 모른다는 불안감에 제자리에 얼어붙었다. 나는 무슨 일인지 알아보기로 했다. 그러자 곰 대신 오래전에 말라죽은 나무의 커다란 가지 하나가 발견되었다. 이 가지가 언덕 아래로 몇 미터쯤 굴러 내려와 오리나무 관목에 부딪쳐 멈추는 통에 우리 셋을 깜짝 놀라게 만든 소리를 냈던 것이다.

다른 동물들 역시 수백만 년 동안 이런 시나리오를 다뤄 왔다. 자연 선택은 동물들이 갑작스러운 소리를 듣고, 그것이 무엇을 의미하는지 알아내고, 어떻게 반응할지 결정하는 일련의 무수한 반복에 기초한다. 코모도왕도마뱀komodo dragon(사람도 공격하는 것으로 알려진 인도네시아의 거대한 도마뱀) 같은 최상위 포식자라면 덤불 속에서 무작위로 나는 소음을 듣고 호기심을 가질 수도 있는데, 먹잇감이 내는 소리일 수도 있기 때문이다. 반면 다람쥐처럼 먹잇감이 되는 종이라면 갑작스러운 소음은 정반대 의미일 수 있다. 소음의 주인공이 잠재적인 포식자이거나 어서 반대 방향으로 도망쳐야 할 위협이라고 여길 것이다.

갑작스러운 소음이 얼마나 중요한지 동물이 해석할 수 있는 방법은 두 가지뿐이다. 첫 번째는 덤불 뒤에서 나오는 시끄러운 소리가 다른 동물의 출현보다 앞서곤 한다는 사실을 연관성을 통해 배우는 것이다. 두 번째는 소음이 어떤 동물에 의해 발생한다는 것을 추론하는 것이다. 별것 아닌 것처럼 들리지만, 연관성 학습과 인과적 추론 사이의 이러한 차이는 비 인간 동물다운 사고가 끝나고 '왜? 전문가'가 되는 출발점과 이어진다.

굴을 파는 쥐캥거루burrowing bettong를 생각해 보자. 호주 서부에 서식하는 이 별나게 생긴 작은 유대류는 얼굴은 쥐 같고 꼬리 역시 쥐보다 조금 두툼하지만, 몸은 다람쥐와 비슷하게 통통한 미니어처 캥거루처럼 보인다. 쥐캥거루는 한때 호주에서 개체 수가 가장 많은 포유류 중 하나였지만 지금은 겨우 1만 9,000마리 정도만 남아 있다.[16] 이렇듯 쥐캥거루가 거의 멸종했던 이유는 유럽에서 온 정착민들이 이 동물을 죽이는 것으로 악명 높은 집고양이와 붉은여우를 포함한 비 토착종 야생 동물을 풀어놓았기 때문이다. 쥐캥거루는 고양이나 여우에 대해 본능적으로 자연스러운 공포심을 느끼지 않는다. 덩치가 아주 작은 다른 유대류들이 대부분 도망치는 와중에도 쥐캥거루는 그저 태연하게 서 있다. 아니나 다를까 이런 행동 때문에 쥐캥거루는 손쉽게 사냥당하는 먹잇감이 된다. 최근에 이뤄진 실험에서 연구자들은 고양이를 비롯한 포식자에게 노출된 적이 있는 쥐캥거루의 행동과 처음으로 이런 포식자를 마주한 쥐캥거루의 행

환상이고 착각인 것 같습니다

동을 비교했다.[17] 쉽게 예상할 수 있듯, 고양이를 비롯한 포식자와 마주한 경험이 있던 쥐캥거루는 도망친 반면, 이런 포식자와 만난 적이 없었던 쥐캥거루는 굳이 허둥댈 이유가 없다고 생각하는 듯했다. 즉 쥐캥거루는 고양이나 여우가 위협이 된다는 사실을 배워야 했다. 그래서 이 지역의 자연 보호 운동가들은 쥐캥거루가 고양이와 여우를 겁내도록 적극적으로 가르친 다음 다시 야생에 방사해 이 유대류를 멸종으로부터 지키고자 애쓰고 있다. 하지만 결코 쉬운 과정은 아니다. 본능적으로 두려움을 지니지 못했던 쥐캥거루들이 올바르게 연관성 학습을 하려면 위협을 직접 경험할 필요가 있다. 다시 말해 종의 자기 보존을 이루려면 경험을 통한 가르침이 필요하다.

반면에 인간은 직접적인 경험 없이도 이 과정을 우회해서 배울 수 있다. 인간이 지닌 '왜? 전문가'로서의 특성은 쥐캥거루 같은 동물에서 부족한 두 가지 인지적 기술을 제공한다. 상상력과 인과관계에 대한 이해가 그것이다. 영장류 연구자인 엘리사베타 비살베르기Elisabetta Visalberghi와 마이클 토마셀로Michael Tomasello는 인간의 감각이 무엇을 포착하고 있는지에 대해 설명하기 위해 우리가 지닌 마음의 눈이 무한한 '가능성의 망'[18]을 통과한다고 주장했다. 인간은 자전거 타듯 이 망을 휙 지날 수 있다. 비교 심리학자 토머스 서든도프Thomas Suddendorf는 자신의 저서 『갭: 우리를 다른 동물들과 구분 짓는 것들에 대한 과학The Gap: The Science of What Separates Us from Other Animals』에서 이 특정한 능력이야 말로 인

1장 인간의 지적 우월함은

간과 동물이 세상을 이해하는 방식에서 보이는 근본적인 차이라고 말한다. 서든도프는 상상력이 필요한 이러한 기술을 "겹겹이 싸인 정신적 시나리오를 만드는 개방적인 능력"이라고 설명한다.[19] 앞서 이야기했던 내 사례에서도 나는 숲을 산책하는 동안 호저나 스컹크 같은 동물이 오리나무 관목 뒤에서 이상한 소리를 내며 돌아다니는 장면을 상상할 수 있었고, 그 소리가 얼마나 큰지에 따라 소리를 낸 주인공은 곰이 분명하다고 결론을 내렸다. 하지만 나는 동시에 내가 그동안 경험한 적이 없지만 추상적으로 이해할 수 있는 것들(예컨대 내가 SF 소설이나 판타지 시리즈에서 읽은 무언가)을 상상할 수 있었다. 그런 점에서 가능성으로만 따지면 하늘에서 운석이 떨어져 덤불 뒤에 착지했을 경우를 포함해 어떤 일이든 일어날 수 있다. 철학자 루스 개럿 밀리컨 Ruth Garrett Millikan은 이런 상상 속의 지식을 '죽은 사실들'이라고 불렀다.[20] 이것들은 어떤 동물이 일상을 살아가는 동안에는 아무런 쓸모가 없는, 이 세상에 대한 사실들이다. 밀리컨에 따르면 비 인간 동물들은 "일반적으로 실제 활동과 직접적으로 관련이 없는 사실에는 관심이 없으며, 죽은 사실들을 드러내거나 기억하지 않는다." 동물들은 자신의 일상생활과 관련이 있는, 살아 있는 사실들을 쌓아 올린다. 벌들은 싱싱한 민들레가 가득 피어 있는 장소를 기억하고, 개들은 자신이 가장 좋아하는 연못으로 이어지는 숲의 오솔길을 기억하며, 까마귀들은 공원에서 어떤 사람이 자기에게 먹이를 주었는지 기억해 둔다. 하지만 인

환상이고 착각인 것 같습니다

간은 지구에서 달까지의 거리(약 38만 4,400km), 루크 스카이워커의 아버지가 사실은 누구인지(다스 베이더), 키아누 리브스가 출연한 가수 폴라 압둘Paula Abdul의 뮤직비디오가 무엇인지(《러시 러시》 같은 겉보기에 쓸모없는 것처럼 보이는(다시 말해 '죽은') 사실들을 머리에 축적한다. 우리의 머릿속은 현실과 상상 속의 죽은 사실들로 가득 차 있다. 그것들 중 대부분은 우리에게 전혀 쓸모가 없을 것이다. 하지만 이런 사실들은 우리가 직면한 어떤 문제에 대해 우리가 무한한 수의 해결책을 상상하도록 도와준다. 그런 의미에서 이것들은 우리가 좋든, 나쁘든 '왜? 전문가'라는 특성을 가지는 데 혈액처럼 필수적인 역할을 한다.

'왜? 전문가'가 되기 위해 갖춰야 할 두 번째 요소는 인과관계에 대한 이해이다. 인과관계란, 단지 두 사건 사이에 연관성(상관관계)이 있다는 것을 아는 데 그치지 않고(예컨대 '내 고양이가 화장실에 머물다가 떠날 때마다 따끈따끈한 똥이 남는군'), 한 사건이 다른 사건을 일으킨 이유라고 이해하는 것이다('고양이가 똥을 만드는군'). 이것은 자연의 여러 대상들이 어떻게 작용하는지에 대한 보다 완전한 이해가 가능하도록 한다.

인간 외의 다른 동물이 이런 인과적 추론을 할 수 있을지에 대해서는 그동안 오랜 논쟁이 있었다. 예컨대 160종 이상의 다양한 동물들에게 '끈 당기기 패러다임'이라고 불리는 인과적 추론을 발견할 수 있을지 알아보는 유명한 실험이 행해진 적이 있다.[21] 실험은 다음과 같이 설계되었다. 나뭇가지나 단상에 묶인

기다란 끈에 먹이 조각이 매달려 있다. 동물이 먹이를 입에 가까이 가져가서 먹기 위해서는 끈을 당겨야 한다. 여러분이나 나라면 한 손으로 끈을 잡고 가까이 당긴 다음 다른 손이 닿을 거리에 오면 음식을 손에 쥘 것이다. 음식에 손을 뻗기 전에 먼저 끈을 잡고 고정해야 한다는 것이 요령이다.

조류에 대한 글과 연구로 유명한 생물학자 베른트 하인리히Bernd Heinrich가 까마귀를 대상으로 이 실험을 시도했을 때 이 새들은 꽤 빨리 문제를 해결했다. 까마귀들은 끈의 한쪽 끄트머리를 살짝 당기고 한쪽 발로 밟은 다음 나머지 발을 뻗어 먹이를 잡아챘다. 까마귀들이 시행착오를 거치면서 이 해결책에 도달한 것은 아니었다. 이 새들은 몇 초 동안 생각에 잠긴 듯 신중하게 끈을 바라보다가 먹이에 닿을 때까지 끈을 조심스럽게 당기고 끄트머리를 밟았다. 이것은 까마귀가 문제의 본질에 놓인 인과관계(중력이 물체를 아래로 끌어당기며, 끈을 밟으면 그것을 제자리에 고정할 수 있다)를 이해했음을 시사한다. 하인리히는 여기에 대해 "행동에 돌입하기 전에 상황을 잘 들여다보는 것이 이 결과를 설명할 가장 간결하고 군더더기 없는 방법인 것처럼 보인다"라고 결론지었다.[22] 다시 말해 까마귀들은 먼저 문제의 본질에 대해 곰곰이 생각한 다음 마음의 눈으로 여러 해결책을 반복적으로 검토한 끝에 행동에 들어가 목표를 달성했다. 이것은 까마귀들이 우리처럼 '왜? 전문가'라는 사실을 조금이라도 증명하는가? 상당수의 연구자들은 그렇다고 믿는다.

환상이고 착각인 것 같습니다

하지만 한 연구팀이 이 결론에 이의를 제기했다. 이들은 (보통 이 작업의 전문가로 여겨지는) 뉴칼레도니아의 까마귀를 대상으로 앞선 끈 당기기 실험을 조금 변형시켜 수행했다. 연구자들은 판자에 뚫린 작은 구멍에 끈을 매달았는데, 이렇게 하면 까마귀가 끈을 잡아당길 때 무슨 일이 일어나는지 직접 보기가 힘들어진다. 처음으로 이 끈 문제를 맞닥뜨린 뉴칼레도니아 까마귀는 하인리히의 까마귀들과 마찬가지로, 먹이를 얻으려면 끈을 잡아당겨야 한다는 사실을 이해하는 듯했다. 하지만 끈을 한 번 잡아당겨도 먹이가 자기에게 더 가까이 다가오는지 아닌지 볼 수 없자 이 새는 당기는 동작을 멈췄다. 먹이가 주는 시각적인 피드백이 확실히 돌아오지 않자 까마귀들은 지금 무슨 일이 벌어지고 있는지 이해하지 못하는 것처럼 보였다.

이 실험을 진행한 연구자들은 "끈 당기기가 어떤 '통찰력'이나 '연결성'에 대한 인과적 이해보다는 사물의 움직임이라는 반복된 피드백에 의해 매개되는 조작적 조건 형성(특정 행동이 그 행동의 결과들과 연합되어 이루어지는 학습-옮긴이)에 기초했을 가능성을 제기한다"라고 결론지었다.[23] 즉 까마귀들은 지금 무슨 일이 벌어지는지에 대해 인과적으로 이해하고 있지 않으며, 단지 연합 (줄 당기기 = 먹이가 가까워짐)에 의해서 학습할 뿐이기에 결과를 눈으로 볼 수 없으면 무언가를 배울 수 없다는 것이다. 하지만 다른 과학자들은 여전히 동물 160여 종을 대상으로 한 이 끈 당기기 실험의 결과에 대해 논의하는 중이다. 몇몇 연구자들은 동물이

1장 인간의 지적 우월함은

인과관계를 이해한다고 확신하는 반면 다른 연구자들은 그렇지 않다고 주장한다. 동시에 상당수의 연구자들은 이러한 실험들이 애초에 동물의 인과적 추론에 대한 질문에 통찰을 줄 만큼 충분히 잘 설계되지 않았다고 확신한다.

하지만 대부분의 경우 동물이 인과관계를 이해하는지 아닌지는 중요하지 않다. 동물들은 그것과 상관없이 여전히 좋거나 나쁜 결정을 내릴 수 있다. 만약 루시와 같은 개가 덤불 뒤에서 갑자기 들려오는 소리를 듣고, 숲속에서 나는 무작위한 소리가 곰 같은 포식자의 존재와 종종 상관관계가 있다는 사실을 안다면 루시는 당연히 조심스럽게 다가가기로 결정할 것이다. 반면에 내가 어떤 소리를 듣고 그것에 대한 잠재적인 원인(예컨대 운석이나 곰, 동물원에서 탈출한 코모도왕도마뱀)을 상상하기 시작한다 해도 나는 결국 루시와 똑같이 효과적인 결정(조심스럽게 접근하기)을 내릴 것이다. 루시와 나 둘 다 완전히 다른 인지적 경로를 통해 동일한 추론(사물이 어떻게 존재하는지에 대한 결론을 이끌어내는 것)을 할 수 있다. 나는 인과적 추론을 통해, 루시는 연관성에 대한 학습을 통해 그렇게 한다.

이제 여러분이 키우는 개에게 직접 할 수 있는 실험을 소개하겠다. 동물의 추론 능력을 보여 주고, 이들이 인과관계를 이해하지 못해도 그런 추론 능력이 얼마나 유용한지를 알려 주는 실험이다. 개가 좋아하는 간식을 하나 골라 신발 속에 넣자. 이제 몇 초 동안 신발을 흔든 다음 개가 냄새를 맡고 간식을 찾게

환상이고 착각인 것 같습니다

한다. 이제 개가 지켜보지 않는 상태에서 신발 두 짝을 준비해 그중 하나에만 간식을 넣자. 그런 다음 여러분이 신발 두 짝을 흔드는 모습을 개가 지켜보게 한 다음 각각의 신발을 개가 관찰하도록 내밀자. 그러면 십중팔구 개들은 단번에 간식이 든 신발을 찾을 것이다. 왜일까? 그건 개들이 한쪽 신발에서는 소리가 나고(안에서 간식이 이리저리 부딪치고 있으니) 다른 쪽 신발은 그렇지 않는다는 사실을 알았기 때문이다. 이것을 진단적 추론이라고 한다.[24] 진단적 추론은 소리가 간식과 이어져 있다는 사실을 개가 알아내는 데 필요하며 연관성 학습이 발전된 형태다. 하지만 여기서 개는 소리를 유발하는 것이 간식이라는 사실을 이해하지 못한다는 점이 중요하다. 그것을 이해하는 것은 인과적 추론의 단계다. 개는 그러한 추론이 필요 없다. 그럼에도 간식을 찾는 데 성공했다.

물론 여러분이 짐작하듯 진단적 추론에는 한계가 존재한다. 인과적 추론을 가진 우리 인간의 능력이 다른 동물들을 능가한다는 예를 들 수 있다. 지금 내가 신발 두 짝을 들고 있다고 상상해 보라. 하나는 안에 '말랑이'(작은 마시멜로와 비슷한 캔디)가 들었고 다른 하나는 안에 '딱딱이'(조그만 금속 공들)가 들었다. 그런 다음 나는 말랑이와 딱딱이의 사진을 여러분에게 보여 준다. 여러분은 전에 말랑이나 딱딱이를 접한 적이 없고 막 사진을 본것 말고는 그 물건에 대해 아무것도 모른다. 하지만 내가 신발 두 짝을 흔드는 순간 여러분은 어느 쪽에 딱딱이가 들어 있는지 알게 될 것이다. 보다 시끄러운 소리를 내는 신발이다. 여러분이 이렇게 할 수 있는 이유는 보다 깊은 차원에서 사물의 인과적 특성을 이해하기 때문이다. 부드러운 물체는 딱딱한 물체보다 소음을 덜 낸다. 개들이라면 이렇게 하지 못할 것이다. 개들은 이러한 물체가 내는 다양한 소리의 예시를 접한 이후에야 연관성에 대해 학습할 수 있다.

분명 지금껏 밝혀진 바에 따르면 동물은 이런 진단적 추론이나 기본적인 연관성 학습만을 할 수 있다. 동물들은 근본적인 인과관계에 대한 이해나 관심이 없기 때문에, 호모사피엔스가 지금껏 어떻게 그런 성취(불이나 농경, 입자 가속기 등)를 누릴 수 있었는지에 대해 묻지 않을 것이다. 인간은 확실히 그들이 가진 마음의 특성 덕분에 기본적인 것은 물론이고(무엇이 소리를 내는지 알아내기) 복잡한 생존 기술을 습득하는 데(병을 일으키는 바이러스가 무엇인지 알아내기) 다른 동물들보다 굉장한 이점을 가졌다. 우리는 인과적인 이해를 추구하는 데 도움이 되는 '무한한 가능성의 망'과 '죽은 사실들'을 활용할 수 있다. 하지만 이 점은 우리를 원래의 난제로 돌아오게 한다. 만약 인과적 이해가 다른 사고방식에 비해 그렇게 확실한 이점을 제공한다면, 어째서 우리 종은 20만 년이나 지나서야 그 능력을 사용해 현대 문명을 확산시키기 시작했던 걸까? 여기에 대한 대답은, '왜? 전문가'라는 특성이 가끔은 우리의 종을 예상치 못한 터무니없는 무언가로 이끌기 때문이라는 것이다. 그리고 그 무언가는 진화적인 관점에서

환상이고 착각인 것 같습니다

우리 종에게 꽤 나쁜 것이라 어쩌면 우리가 동물들처럼 연관성 학습에만 의존하는 게 더 낫지 않을까 궁금해질 정도다.

예상치 못한 전개

앞서 10만 년 전의 바링고 호수를 떠다녔던 시간 여행 열기구로 돌아왔다고 다시 상상해 보자. 우리는 호숫가에 있는 조금 더 안정적인 캠프에 머무는 사람들을 발견한다. 그리고 열기구라는 높은 위치에서 불행하지만, 당시로서는 흔한 사건을 목격하고 있다. 얼마 전 한 어린 소년이 아프리카에서 가장 치명적인 뱀인 뻐끔살무사puff adder에 종아리를 물렸다. 치료를 받지 않으면 소년은 목숨을 잃을 가능성이 높다. 그래도 다행히 한 여자 어른이 잎이 야자수 같고 열매가 바나나와 비슷한 엔세테ensete라는 커다란 식물의 줄기를 가지고 달려오는 중이다. 어른은 식물의 줄기를 재빨리 두 동강 내고 그 수액으로 독사에게 물린 소년의 상처를 닦는다. 비록 현대의 항균제만큼 효과적이지는 않지만, 이 식물의 수액은 진통제와 소독제의 특성을 가졌다(그리고 오늘날에도 케냐의 특정 지역에서는 뱀에 물린 상처를 치료하는 데 이 식물을 사용한다).[25] 이 선사시대 사람은 어떻게 그런 처치법을 알았을까? 약용식물에 대해 먼 옛날의 인간이 지녔던 지식은 학습된 연관성과 인과적 추론의 조합에 바탕을 두었다. 아마도 바링고에 살던 오래전의 조상이 사냥을 나갔다가 팔을 베었고 피를 멎게 하려고 엔세테속 식물의 잎을 손에 닿는 대로 집어 든 순간이 있었을 것이다. 그리고 며칠 후 그는 자신의 상처가 평소보다 더 빨리 아물었다는 사실을 알아차리고 이런 질문을 던졌던 게 분명하다. 왜지? 이후 그는 이 식물의 잎에 상처를 치유하는 데 도움이 되는 어떤 특성이 있다는 결론에 이르렀을 것이다. 그리고 이 지식은 언어와 문화를 통해 수천 년 동안 전해졌을 테고, 지금 뱀에 물린 소년의 생명을 훌륭하게 구한 치료법으로 이어졌다.

분명 인과적 추론은 '왜? 전문가'로서 우리 조상들이 가졌던 강력한 무기에 다름 아니다. 하지만 우리가 인과관계를 찾아야 할 필요를 느낀다는 점은 이따금 문제를 해결하기보다 더 키웠다. 인과관계라고는 전혀 없는 곳에서 그것에 대한 환상을 만들어 내곤 했기 때문이다.

이게 무슨 말인지 이해하려면 여러분은 다시 열기구 여행을 떠나야 한다. 이번에는 기원후 1000년경의 중세 웨일스로 가보자. 우리는 구불구불한 능선을 이루며 아래로 아일랜드해가 내려다보이는 초록색 언덕 위에 떠 있다. 이곳의 작은 마을에는 사람들이 무리를 지어 살아간다. 이제 한 세기가 지나면 앵글로-노르민족의 한 남자이 이 자리에 요새를 만들고, 이어 일련의 사건이 이어지면서 결국 애버리스트위스라는 해안가의 아

환상이고 착각인 것 같습니다

름다운 마을이 탄생할 것이다. 하지만 지금 이곳은 단지 웨일스어를 사용하는 지역 주민들이 모여 사는 조그마한 마을일 뿐이다. 이들은 앞서 살폈던 선사시대의 씨족과 비슷한 문제에 직면했다. 마을 지도자의 아들인 한 소년이 무성한 풀밭 한가운데서 놀다가 북살무사european adder에 물렸다. 비록 이 뱀은 뻐끔살무사보다는 독성이 덜하지만, 치료하지 않고 방치한다면 어린이에게는 여전히 치명적인 상처가 될 수 있다. 그래도 다행히 마을에 치료사가 한 명 있었다.

소년의 어머니는 아이를 치료사의 집으로 데려갔고 뱀의독이 퍼지면서 종아리의 상처가 부어오르는 동안 아들의 머리를 감싸 안았다. 치료사는 닭장에서 수탉을 꺼내 와 소년에게달려갔다. 그리고 꼬리 부근의 깃털 몇 개를 뽑은 뒤, 그대로 드러난 수탉의 엉덩이 피부를 소년의 상처에 대고 눌렀다. 이 자세를 한 시간 넘게 유지한 치료사는 이제 소년이 치유되었다고선언했다. 하지만 소년은 집으로 옮겨지고 몇 시간이 지나 사망했다. 수탉의 엉덩이는 별 효과가 없었고 소년은 뱀의 독으로심장마비를 일으켰다.

뱀에 물린 상처에 수탉의 엉덩이를 문지르는 이 치료법은그 당시 유럽 전역에서 이런 상처를 치료하는 데 사용하도록 허용된 의학적 해결책 중 하나였다. 14세기 후반의 한 웨일스 의학서에는 다음과 같은 명확한 지침이 실려 있다. "남자가 뱀에물리면 살아 있는 수탉을 환자가 직접 잡아서 물린 상처에 닭의 엉덩이를 대고 그대로 두게 하라. 그러면 낫는다. 만약 여자가 뱀에 물렸다면 같은 방식으로 살아 있는 암탉을 이용하라. 그러면 몸에서 독이 없어질 것이다."[26]

이 중세 웨일스어 필사본에는 숫양의 오줌, 뱀장어의 담즙, 물푸레나무 수액의 혼합물을 귓속에 넣으면 귀가 안 들리는 증상이 사라진다는 식의 다른 여러 의학적 요법이 실려 있다. 이 책에 따르면 염소 똥과 보리를 빻은 가루를 포도주에 넣고 끓여 종양에 문지르면 악성종양이 사라진다고 한다. 그뿐만 아니라 거미에게 물려도 죽을까 봐 걱정할 필요는 없다. 거미는 9월에서 2월 사이에만 위험하며, 설사 이 기간 동안에 물린다 해도 죽은 파리를 으깨어 물린 곳을 닦아 내면 나을 것이다. 이런 치료법은 오늘날의 독자들에게 우스꽝스럽게 들릴 테지만, 중세 의학도 가끔은 효과가 있었다. 순전한 행운이나 우연히 맞아떨어진 인과적 추론 덕분이었지만 말이다. 때로는 현대 의학보다도 낫다. 최근 과학자들은 9세기의 의학 문헌인『볼드의 의학서 Bald's Leechbook』에서 양파, 부추, 마늘, 소의 담즙으로 만든 연고가 항생제 내성 슈퍼박테리아인 MRSA에 대한 치료법이 될 수 있다는 사실을 발견했다.[27]

의학의 역사에는 인과적 추론이 실제로 작동하는 사례가 가득하다. 전문가 공동체는 특정 시간과 장소에서 어떤 질병이 왜 발생하고 사람들이 상처로 인해 어떻게, 왜 죽는지에 초점을 맞춰 밝히고자 했다. 단순한 상관관계가 아니라 인과성을 찾고

환상이고 착각인 것 같습니다

자 했던 것이다. 그에 따라 4체액설이라 불리는 정교한 이론적 패러다임이 발전했다. 처음 들어 본 단어인가? 괜찮다. 오늘날 이 이론에 대해 진지하게 여기는 사람은 거의 없고 여기엔 그럴 만한 이유가 있다.

그래도 4체액설은 거의 2,000년 동안 유럽을 지배하던 의학 패러다임이었다. 서구 문명은 지금은 자취를 감춘, 신뢰할 수 없는 의학 체계를 기반으로 구축된 셈이다. 19세기 이전 서양의 역사를 수놓은 유명한 인물들, 율리우스 카이사르, 잔 다르크, 샤를마뉴 대제, 아키텐의 엘레오노르(프랑스 왕 루이 7세의 왕비였으나 이혼한 후 잉글랜드 왕 헨리 2세의 왕비가 된 인물-옮긴이), 나폴레옹은 아마 4체액설에 대해 알았고 그것을 믿었을 것이다.

이 이론은 기원전 500년경 고대 그리스에 있었던 체액이라는 하나의 개념에서 비롯했다. 체액을 뜻하는 'humor'는 수액을 의미하는 그리스어 'χυμός'의 번역어이다. 이 개념을 널리 퍼뜨려 보급하는 데 가장 큰 영향을 끼친 사람이 히포크라테스 선서로 유명한 그리스의 의사 히포크라테스Hippocrates다. 4체액설에 대한 그의 설명은 이렇다.

"사람의 몸은 피, 점액, 노란 담즙, 검은 담즙으로 이뤄져 있다. 이 체액은 사람의 체질을 구성하고 몸에서 고통이나 건강을 유발한다. 건강이란 주로 이 구성 물질이 강도와 양 모두에서 서로 정확한 비율로 존재하며 잘 혼합된 상태에서 온다. 반면에 이 물질 중 하나가 모자라거나 넘칠 때, 그리고 몸에서 분리되어 다른 물질과 섞이지 않을 때 통증이 발생한다."[28]

2세기에서 3세기 초 그리스의 의사였던 갈레노스Galenos와 10세기 페르시아의 의사이자 박식가였던 이븐시나Avicenna는 이 개념을 확장해, 우리가 시간 여행 열기구를 타고 웨일스를 방문했을 때 유행했던 보다 현대적인 형태의 4체액설을 발전시켰다. 여기서 질병은 체액이 불균형하기 때문이라고 설명된다. 피, 점액, 노란 담즙, 검은 담즙이라는 체액은 뜨겁고, 차갑고, 습하고, 건조한 네 가지 요소들로 이루어진다. 이에 따르면 노란 담즙은 뜨겁고 건조하며, 피는 뜨겁고 습하고, 점액은 차갑고 습하며, 검은 담즙은 차갑고 건조한 것이다. 또 이 네 가지 요소는 불, 물, 공기, 흙이라는 지구의 4원소를 포함한 우주의 모든 것을 형성하는 역할을 한 것이다. 예컨대 불은 뜨겁고 건조한 반면, 물은 차갑고 습하다. 의사는 이러한 상반된 힘에 대한 지식을 활용해 질병을 치료할 수 있다고 여겼다. 열이 있는 사람은 몸이 뜨겁고 건조해 몸속 체액이 제대로 돌아가지 않는 상태이다(이를테면 노란 담즙이 지나치게 많을 수 있다). 이런 열병을 치료하려면 양상추 같은 차갑고 젖은 무언가에 환자를 노출시켜 체액의 균형을 회복시키면 된다.

뱀에 물린 상처에 수탉을 이용하는 치료법의 원리는 이런 4체액설에 뿌리를 두지만, 웨일스어 문헌에 구체적인 설명이 실려 있지는 않다. 하지만 상처에 수탉의 엉덩이를 댄다는 것은 환자로부터 독을 뽑아 수탉에게 옮기겠다는 시도였다. 체액의

환상이고 착각인 것 같습니다

불균형과 각 요소들의 마법적인 조합 덕분에 이런 치료가 가능하다.[29]

4체액설은 전적으로 인과적인 추론을 바탕으로 만들어진 아름답고 복잡한 의학 체계였다. 질병이나 상처가 혈액, 담즙 등을 포함한 우리 몸속 생물학적 흐름을 조절하는 여러 물질을 변화시키고 문제를 일으킨다는 점만큼은 당시의 의사들이 옳았다. 단지 인과관계의 역학에 대해서만 틀렸을 뿐이다. 4체액설은 결국 19세기 중반에 현대 의학으로 대체되었다. 현대 의학은 상관관계와 인과관계의 차이를 알아내는 기본적인 기술을 포함한 과학적 기법에서 태어났다. 바로 임상 시험이다.[30] 이것을 통해 우리는 (몸에서 독을 빼기 위해 닭의 엉덩이를 상처에 문지르는 것 같은) 인과관계에 대한 추론과 검증을 할 수 있다. 예컨대 뱀에 물린 100명의 환자에게 닭 엉덩이 요법을 실시하고, 다른 100명의 환자에게는 위약(마늘빵으로 상처를 문지르는 등의 가짜 약)을 제공하고, 나머지 100명은 치료를 하지 않는 식이다. 만약 그 결과 세 집단 모두 환자가 치료된 비율이 같다면 이제 여러분은 닭의 엉덩이가 (그리고 마늘빵이) 뱀에 물린 상처를 진정으로 치료하지 않는다는 사실을 알게 될 것이다. 또 여기서부터 이제 4체액설의 모든 기본적 가정들을 시험하고 체액이 인체에서 어떻게 작용하는지에 대한 추론이 그동안 전부 옳지 않았다는 사실을 깨닫게 될 것이다.

물론 과학적 방법론과 임상 시험이 항상 정확한 결과를 내지는 않는다. 1984년 배리 마셜Barry J. Marshall과 로빈 워런J. Robin Warren에 의해 헬리코박터 파일로리 균이 위궤양을 일으킨다는 사실을 보여 주기 전까지 사람들은 오랫동안 과학적인 방법을 통해 이 증상의 원인이 스트레스라고 믿어 왔다. 마셜은 위염을 앓고 있는 환자의 위에서 박테리아를 뽑아내 수프에 섞은 다음 컵째 마셔서 이 사실을 알아냈다. 마셜이 3일 뒤에 위염에 걸렸다는 사실은 박테리아가 범인이라는 증거였다. 하지만 불행히도 과학적인 방법이 실제 현상을 찾아내는 데는 시간이 걸리는데, 그러는 동안 우리의 '왜? 전문가'스러운 갈망이 4체액설 같은 엉터리 답변을 이끌어 낸다. '왜 질문들'에 대한 엉터리 답변은 우리에게 불편함만 주지 않는다. 때때로 그 답변은 너무나 유해한 나머지 '왜? 전문가'가 되는 것이 우리 종의 궁극적인 몰락이 되지 않을지 궁금하게 할 정도다.

어쩌다 이렇게까지 어긋나게 되었는가?

인류는 바링고 호숫가에 출현한 순간부터 '왜? 전문가'로서의 능력을 가지고 있었다. 하지만 선사시대의 대부분에 걸쳐 그 능력은 그다지 중요하지 않았다. 우리의 개체 수는 10만 년 동안 침팬지와 비슷했다. 호미니드의 진화라는 측면에서 보면 농

환상이고 착각인 것 같습니다

경—식물이 자라는 이유에 대한 이해의 산물인—과 같은 기술적 진보를 이룬 것은 그렇게 오래되지 않았다(약 4만 년 전). 그에 따라 인류는 한곳에 정착했으며 세대를 거듭하면서 전 지구의 지배자로 거듭날 만큼 수적으로 늘어났다. 다른 한편으로 이런 사실은 인류가 '왜? 전문가'가 되면서 개체 수를 늘릴 수 있었음을 증명한다. 우리는 '왜? 전문가'가 아닌 침팬지 사촌에 비해 터무니없을 만큼 많아졌다.

하지만 이것은 우리의 인간다운 사고방식, 즉 '왜? 전문가'라는 기반 위에 세워진 지능을 가졌다는 점이 과연 실제로 우리를 특별하고, 예외적인 존재로 만들어 주는지에 대한 질문에 대답하지 못한다. 심지어 그런 사고방식이 과연 좋은 것인지도 불명확하다. 침팬지와 인간이 10만 년 동안 비슷한 수준에서 성공을 이루며 동등한 위치에서 바링고 호숫가에서 어깨를 나란히 하며 살았다는 사실은 '왜? 전문가'가 된다는 것 그 자체가 진화적 승리는 아니라는 점을 시사한다. 실제로 비 인간 동물이 거둔 성공에 대한 지식을 토대로 생각해 보면, 동물들은 어떤 일이 왜 일어나는지를 물어볼 필요도 없이 멋지고 쓸모 있는 결정을 내릴 수 있다는 것이 분명하다. 사실 인과적 이해는 세계에 대한 보다 덜 복잡한 사고방식(연관성 학습 같은)에 비해 때로는 열등하다.

인지 행동학자인 크리스티안 슐뢰글Christian Schloegl과 줄리아 피셔Julia Fischer는 동물의 인과적 추론에 대해 광범위하게 연구한

1장 인간의 지적 우월함은

끝에 마지막 장에서 다음과 같이 결론을 내렸다. "진화적인 관점에서 보면 동물이 어떤 작업을 완수하는 한 그 동물이 타고난 행동에 대해 추론하거나, 그것들을 서로 연관시키거나, 다른 식으로 표현할 수 있는지의 여부는 그렇게 중요하지 않다."[31] 그렇다. 어찌 되었든 비 인간 동물들은 이 세상에서 인과관계에 대한 깊은 이해 없이도 그저 잘 먹고 잘 살아가고 있다.

예를 들어 인간은 식물을 약으로 사용할 수 있다는 사실을 알아낸 유일한 종이 아니다. 다른 종들 역시 연관성 학습을 통해 같은 결론에 도달했다. 아프리카에서 '쓴 잎'이라 불리는 베르노니아 아미그달리나*Vernonia amygdalina*라는 데이지과 식물은 이곳 사람들로 하여금 배탈이나 장 기생충에 의한 증상과 말라리아를 치료하기 위해 사용된다. 침팬지들이 이런 식물을 채집해 잎과 바깥 껍질을 벗겨 내고 쓴 열매를 씹는 모습이 관찰되었다. 하지만 이것은 침팬지들이 일반적으로 먹는 식물이 아니며, 아마 인간과 마찬가지로 이 동물에게도 역겨운 맛이 날 것이다. 과학자들이 밝힌 바에 따르면 침팬지들은 장내기생충이 많을 경우에만 이러한 행동을 한다. 이 행동은 실제로 기생충의 양을 줄이는 것으로 보인다.[32] 침팬지들은 이 식물을 먹는 것과 배앓이가 완화된다는 것이 연관된다는 사실을 배웠다. 중요한 것은 이 침팬지들은 식물을 먹는 행동이 왜 효과가 있는지에 대해 신경 쓰지 않고 단지 그렇다는 사실만 알 뿐이라는 점이다. 침팬지들은 인과적 추론이 아닌 학습된 연관성만을 활용해 스스로 치료하는 법을 알아냈다. 배앓이를 낫게 하려고 점토를 먹는 새나 분만을 유도하기 위해 나무껍질을 먹는 코끼리에 이르기까지 침팬지 말고 다른 여러 종들도 이렇게 한다.[33]

학습된 연관성이 갖는 힘을 보여 주기 위해 다음과 같은 질문을 던질 수 있다. 만약 여러분이 유방암에 걸렸다고 의심이 된다면 여러분의 유방 촬영 사진을 누가 판독하기 바라는가? 30년의 암 진단 경험이 있는 방사선과 전문의인가, 아니면 비둘기인가? 스스로의 목숨을 소중히 여기는 여러분에게 내가 비둘기를 추천한다면 어떨 것 같은가? 여러분은 깜짝 놀랄 것이다. 하지만 비둘기는 연관성 학습 능력과 예리한 시각을 갖췄기 때문에 암을 발견하는 데 방사선과 전문의보다 유리한 측면이 있다. 실제로 여기에 대해 실험한 연구가 있었는데 그 결과는 매우 흥미롭다.

연구자들은 고전적 조건화라고 불리는 지루하고 오래된 연관성 학습의 한 형태를 활용해 비둘기가 암에 걸린 유방 조직의 사진을 쪼도록 훈련했다. 비둘기들은 암에 걸린 조직과 그렇지 않은 조직을 시각적으로 구별하는 방법을 며칠 동안 배운 뒤, 암을 진단할 새로운 유방 조직 사진을 한 세트 받았다. 그러자 비둘기들은 암 조직을 85%나 판별해 냈다. 네 마리가 보인 반응을 종합하자 정확도는 무려 99%로 뛰어올랐다. 부리로 암 조직 사진을 쪼는 비둘기 집단의 실력은 같은 과제를 받은 인간 방사선과 의사들보다 더 나았다.[34] 인간과 마찬가지로 비둘기는 암 조직과 양성 조직의 차이를 자세한 부분까지 알아차릴 수 있는 시각적 예리함과 지각 체계를 가지고 있으며, 이 두 가지 유형의 조직을 별도의 개념적 범주로 분류할 인지능력을 지닌다. 이런 종류의 작업에서 인간이 '왜? 전문가'가 된다는 건 그렇지 않은 동물에 비해 그다지 장점이 아니다. 여러분에게 필요한 것은 날카로운 시각 체계와 기본적인 연관성 학습이 전부다. 그렇기에 비둘기는 암 조직을 발견하는 일에서 방사선과 전문의를 능가할 수 있다.

그리고 '왜? 전문가'가 되면서 따라오는 부정적인 결과는 그것이 일반적으로 멋지다고 여겨지는 통념에 의문을 제기한다는 점이다. 배탈을 치료하기 위해 쓴 잎을 사용할 때, 인간이 (침팬지와는 달리) 인과성이라는 문제에 접근하는 방식에서 발생할 수 있는 잠재적인 여파를 생각해 보라. '왜 쓴 잎을 먹으면 증상이 좋아지는가?'라는 질문에 대해 왜 그런지 묻는 인간의 능력이 우리를 어두운 길로 이끌 수 있다는 시나리오는 쉽게 상상할 수 있다. 예컨대 인간은 그 식물에 자비로운 신이 초자연적인 특성을 부여했으리라는 결론을 내릴지도 모른다. 그러면 그 식물은 사회에서 신성한 위치를 차지하고 그것의 마법적 특성을 뽑아내는 의식에 사용될 것이다. 어쩌면 신생아들에게 앞으로 살아갈 인생의 여정에서 초자연적인 회복력을 주기 위해 이 식물을 진하게 우려 아이에게 먹이는 특별한 의식이 진행될지도 모른다. 결과적으로 이 의식에 동원된 많은 아기들이 식물의 농축된 독 때문에 목숨을 잃을 것이다.

우리 인류의 역사는 '왜? 질문'에 대한 이런 종류의 끔찍한 답변으로 가득 차 있다. 19세기 미국의 의사 새뮤얼 조지 모턴 Samuel George Morton에 따르면 왜 세계의 다양한 지역에서 온 사람들이 외적으로 달라 보이는가(예컨대 밝거나 어두운 피부, 크거나 작은 키, 다르게 생긴 코와 눈 생김새)에 대한 답은 다원론polygenism에서 찾을 수 있다. 다원론이란, 현생 인류의 다양한 개체군이 초기 호미니드의 별개 계통에서 따로따로 진화했거나, 신에 의해 각각 창조되었다는 생각이다. 모턴에 따르면 어느 쪽이든 두개골을 보면 이들 집단의 차이를 알 수 있다(그는 5개의 종족으로 뭉뚱그려 분류했다). 백인의 두개골이 가장 크고 둥글기 때문에 뇌를 이루는 구성물을 가장 많이 담고 있고, 그러므로 가장 똑똑하다는 식의 주장. 당연하지만 모턴 자신은 백인이었다! 그의 악명 높은 저서 『아메리카인의 두개골Crania Americana』에 묘사된 바에 따르면 코카서스 인종은 "최고의 지적인 자질을 갖춘 재능을 통해 다른 인종과 구별된다."[35] 물론 오늘날 우리는 이런 주장이 가진 기본 전제가 틀렸다는 사실을 안다. 두개골의 크기(그리고 뇌의 크기)와 지능 사이에는 아무런 관련이 없다. 뇌의 절반을 절제하거나, 두개골 속에 물이 차는 바람에 뇌가 정상적인 다른 사람보다 작은 뇌수종(수두증) 환자라 해도 완전히 정상적인 삶을 영위할 수 있으며 심지어 완전히 정상 범주에 드는 IQ를 갖는다. 이런 사례는 수십 건이 넘는다. 그러니 인간의 경우 뇌의 크기는 인지

능력과 전혀 상관이 없다. 우리가 다음 장에서 보게 될 것처럼 뇌의 크기가 동물의 지능에 대해 아무것도 말해줄 수 없다고 믿는 데는 충분한 근거가 있다.

이러한 종류의 인종 차별주의, 즉 과학적 인종 차별주의는 과거 미국에서 노예제도에 대해 정당성을 부여했고, 수 세기에 걸쳐 수백만 명의 사람들에게 이루 말할 수 없는 고통을 준 백인 우월주의를 부채질했다. 이 모든 것은 기껏해야 순진한 '왜? 질문'에 대해 끔찍한(그리고 완전히 잘못된) 대답이 주어지면서 시작되었다.

하지만 엎친 데 덮친 격으로 '왜? 질문'에 대한 의도치 않은 끔찍한 답변들은 우리 종의 미래를 위협하기도 한다. 내연기관은 작은 폭발을 일으켜 바퀴나 제트 터빈의 축을 돌리는 방식으로 작동하는 놀라운 기계다. 열과 압력이 어떤 원리로 물체를 움직이게 하느냐는 질문으로부터 이 기술은 생겨났다. 그런데 불행히도 우리가 이 기관에서 조그만 폭발을 일으키느라 태우는 연료(나무, 석탄, 석유)는 이산화탄소를 방출하며 이 기체는 대기 중으로 올라가 열을 흡수하고 발산한다. 지난 세기 동안 인류가 수도 없이 많은 내연기관을 가동했던 탓에 오늘날 대기 중에 여분의 이산화탄소가 너무 많이 생겨났고, 지구는 꽤나 빠른 속도로 뜨거워지는 중이다. 기후 과학자들이 오랫동안 경고했듯이 이것은 나쁜 상황이다. 우리 사회의 근간에 균열이 일어나기 시작했고, 글로벌 챌린지 재단에 따르면 인간이라는 종이 한

환상이고 착각인 것 같습니다

세기 안에 멸종할 가능성이 10퍼센트에 달하도록 만든 원인이 되었을 정도로 심각하다.[36] 그렇다. 침팬지는 인간만큼 '왜? 질문'을 할 능력이 부족했기에 석기나 내연기관을 만들 수 없었지만, 진화적으로 말하자면 그들은 우리처럼 자신의 발을 총으로 쏘고 있지도 않다.

인과적 추론을 위한 인간의 능력이 무엇을 만들어 낼 것인지는 진화적으로 아직 결론이 나지 않았다. 우리 종의 미래가 '왜? 전문가'라는 우리의 특성에 어떤 영향을 받을지는 앞으로 지켜볼 일이다. 우리가 스스로 만든 실존적 위협(기후변화 등)에 대한 해결책은 애초에 그것들을 일궈 낸 바로 그 인과적 추론에 바탕을 두고 있을 것이다. 우리가 해결책에 제때 도달할 것인지, 아니면 '왜? 전문가'라는 우리의 속성이 모두를 파멸로 몰고 갈지는 모두 우리에게 달려 있다.

중요한 점은 우리가 성공적인 종이 되기 위해서 '왜? 전문가'로서 인과관계에 대한 이해를 갖출 필요가 없다는 것이다. 아니, '왜? 전문가'가 된다 한들 실제로 목표를 달성할 가능성이 낮아질 수 있다. 그뿐만 아니라 인과관계에 대해 이해하지 못한다 해도 백만장자 주식 단타 매매자가 될 수 있다. 마이크 맥캐스킬은 주식시장 내에서 원인과 결과를 따져 물으며 20년 동안 주식 매입 결정을 내렸다. 하지만 그 결정은 고양이 올랜도가 하는 일종의 무작위적인 도박보다 나을 게 없었다. 마이크는 나에게 이렇게 말했다. "아버지는 내가 도박을 할 뿐이라고 말씀하셨죠. 만약 내가 정상적으로 거래했다면 나는 오래전에 부자가 되었을 거예요."

　여러분은 주식과 채권을 골라 포트폴리오를 구성할 때 여러분이 가진 '왜? 전문가' 추론을 사용할 수도 있고, 고양이가 선택하도록 할 수도 있다. 다만 확실한 사실 하나는 여러분이 '왜? 전문가'로서의 능력을 갖췄기에 고양이보다 지적으로 우월하다는 생각은 환상이고 착각이라는 것이다.

2장

人人人人人人人

인간은 거짓말 때문에
자멸하고 말 것입니다

그렇다면 진리란 무엇인가? 그것은 은유와 환유, 의인화의 고정되지 않은 주인이다. 간단히 말하면 그것은 시적으로, 그리고 수사적으로 강화되고, 이전되고, 장식된 인간관계의 합이며, 오래 사용된 뒤에는 사람들에게 고정적이고 규범적이며 구속력이 있는 것처럼 보인다. 진리란 우리가 그것이 환상이라는 사실을 잊은 환상들이다.[1]

- 니체

샐리 그린우드Sally Greenwood는 2004년 영국 스탠디시 마을에 있는 정골 의학 클리닉에서 러셀 오크스Russel Oakes를 처음 만났다. 이 마을은 폼비 해안 근처에 자리했으며 그림같이 아름다운 말 농장에서 차로 조금 떨어진 곳에 있었다. 정골 의학이란 환자의 관절과 근육을 제자리에 넣어 부상과 질병을 치료하는 분야인데, 오크스가 그린우드의 요통을 덜어 주기 위해 한 일이 바로 그것이었다. 그리고 치료를 하던 도중 오크스는 그린우드에게 놀라운 사실을 하나 알려 주었다. 인간을 치료해 온 자신의 정골 요법이 사실은 동물에게도 쉽게 적용될 수 있다는 것이었다.

오크스의 이야기에 흥미를 느낀 그린우드는 자신의 말을 치료해 달라고 농장으로 초대했다. 결과는 굉장히 성공적이었다. 곧 오크스는 그린우드의 공식적인 말 치료사가 되었다.

두 사람이 만난 지 2년도 안 되어 그린우드는 오크스가 수의학 학위를 받았고 왕립 수의과 대학에 등록했다는 사실을 알게 되었다. 오크스는 자신이 정골 의학 분야의 훈련을 받았던 경험이 있어 수의학 학위를 보다 빠르게 받을 수 있었다고 말했다.[2] 그 말을 들은 그린우드는 오크스에게 자신의 농장을 벗어나 동물 진료소를 새로 열도록 해 주겠다고 제안했고, 오크스는 기꺼이 2006년에 폼비 말 진료소를 개업했다. 그린우드는 오크스의 기술과 지식, 그리고 '천부적인 재능'에 감명을 받았다. 진료소가 문을 열고 얼마 지나지 않았을 때, 오크스는 그린우드가 키우던 말 한 마리의 시력을 지켰고 몸값이 비싼 마장 마술용 말의 다리 문제를 정확하게 진단했다.[3]

하지만 모든 사람들이 다 감명을 받은 것은 아니었다. 당시 랭커셔 인근의 러퍼드 수의사 모임의 말 전문 수의사였던 시머스 밀러Seamus Miller는 오크스가 수의학 자격증을 취득한 속도에 의문을 품었다.[4] 전업으로 접골 의사 일을 하면서 어떻게 수의대를 다녔던 걸까? 밀러는 지역 일간지 《리버풀 에코》와의 인터뷰에서 이렇게 말했다. "수의사 커뮤니티에서 오크스는 스탠디시 마을의 접골 의사로 수의사 커뮤니티에 알려졌습니다. 그런 그가 갑자기 수의학 학위를 딴 것은 앞뒤에 맞지 않아 보였죠."

영국에서 수의학 학위를 취득하려면 5년간의 강도 높은 학업이 요구되었기 때문에 진료소 업무와 병행하기는 현실적으로 불가능했다. 또한 밀러는 오크스가 말과 상호 작용하는 모습을 본 뒤에 그의 수의학적 전문성에 대해서도 의구심을 가졌다. "우리는 그가 했던 작업을 이전에 접한 적이 있다. 그것은 흔히 사람들이 기대할 법한 기준에 못 미쳤다." 밀러는 왕립 수의과 대학에 연락해 오크스의 신원을 조사해 보았지만 별 이상은 없는 듯했다. 대학은 오크스가 제대로 등록한 학생이었고 자격증도 확인되었다고 보증했다.[5]

2008년 2월, 밀러는 오크스가 야기한 긴급 상황을 돕기 위해 에인스데일의 한 농장으로 불려 갔다. 오크스는 농장에서 돈을 받고 루라는 이름의 네 살짜리 웨일스 조랑말을 거세했다.[6, 7] 목격자들의 증언에 따르면 그는 마취제를 만지작거리며 어찌할 바를 몰랐고(약제를 섞는 데만 20분 넘게 걸렸다) 주사를 놓을 정맥을 찾는 데도 어려움을 겪었다. 수술을 할 때가 되자 오크스는 동맥을 절단하는 바람에 조랑말이 걷잡을 수 없이 피를 철철 흘리게 했다. 밀러가 루의 목숨을 구하기 위해 불려 간 것은 바로 이때였다(그리고 성공했다). 밀러는 이 사건을 왕립 수의과 대학에 보고하며 대학에서 오크스에 대해 조사해야 한다고 다시금 주장했다. 그리고 이번에는 밀러의 말이 받아들여졌다.

그 결과 오크스는 수의사가 아닌 것으로 밝혀졌다. 진료소의 벽에 걸려 있던 호주 머독 대학의 학위증은 가짜 졸업장을

자멸하고 말 것입니다

만드는 온라인 회사에서 구입한 것이었다. 이후 지역 경찰은 오크스에 대한 조사를 시작했고, 그렇게 그의 오랜 사기 행각이 밝혀졌다. 정골 의학 진료소에서 오크스는 검사 결과를 조작해 한 나이 든 여성에게 심장과 신장에 문제가 있다고 거짓말을 했고, 알레르기가 있는 다섯 살 소년을 진단하는 과정에서 가짜 혈액 검사를 사용했으며 그에 따라 글루텐이 없는 식단으로 바꾸게 했다. 그 결과 소년은 지나치게 체중이 감소해 병원에 입원해야 했다.[8]

오크스는 경찰에 체포되었지만 사람들이 왜 그렇게 난리인지 이해할 수 없다는 반응이었다. 그리고 경찰에게는 온라인을 통해 받은 수의과 대학의 졸업장이 진짜라고 말했다.[9] 그는 자신이 했던 모든 행동은 인간과 동물 모두의 고통을 덜어 주고자 하는 진심 어린 열망에 동기를 부여받았을 뿐이며 어떤 잘못이든 자신은 결백하다고 주장했다. 이 사건의 수사를 이끈 머지사이드주 경찰의 범죄 수사과 존 볼턴John Bolton 형사는 잡지《말과 사냥개》와의 인터뷰에서 이렇게 말했다. "오크스는 모든 경찰 조사에서 거짓말을 했고 자신이 전혀 후회하지 않는다고 말했습니다. 정말로 자신이 결백하다고 확신하는 것처럼 보였죠."

러셀 오크스는 거짓말을 지나치게 많이 한 데다 거짓말 실력이 무척 뛰어난 나머지 자신을 속일 수도 있었다. 인간의 본성을 생각해 보면 딱히 놀랄 일은 아니다. 여러분과 나, 그리고 오크스는 숙련된 거짓말쟁이라는 자질을 타고났다. 인과적 추론 능력과 마찬가지로 거짓말을 하는 인간의 실력은 우리가 성공적인 생물 종이 되도록 이끈 기둥 중 하나다. 다른 모든 인간의 행동과 마찬가지로 거짓말 역시 동물계에서 그 뿌리와 유사한 능력을 찾을 수 있지만, 우리 종은 터무니없는 정도까지 그 실력을 발전시켰다. 앞으로 이 장에서 살펴보겠지만, 거짓을 꾸며내고 그것을 믿으려는 의지는 우리 종이 중요하게 부각되는 데 도움이 되었다. 하지만 불행히도 그것은 우리를 파멸의 길로 이끌 수도 있다.

거짓말은 어떻게 시작되었는가

호모사피엔스가 어떻게 거짓말하는 능력을 진화시켰는지 이해하기 위해서는 동물계에서 나타난 의사소통의 진화 과정을 보다 폭넓게 살펴야 한다. 생물학자들은 의사소통을 무엇이라고 정의하는가? 여기 한 가지 정의가 있다. 바로 다른 생명체의 행동을 변화시킬 목표를 가지고 참된 정보가 포함된 신호를 다른 생명체에 전달하는 방식이다.

의사소통은 생명이 처음 진화한 이래로 생물 세계의 중심이었다. 민들레의 노란 꽃잎을 떠올려 보자. 이 꽃잎들은 꽃가루를 옮기는 곤충들에게 꽃꿀과 꽃가루의 존재에 대한 정확한 정보를 전달하기 위해 진화했다. 그리고 곤충들은 (꽃과 더불어) 이 정보를 해독하는 능력을 진화시켰다. 이제 꽃은 곤충들에게 먹이가 있다는 신호를 보내고, 그로써 곤충들의 행동을 변화시킨다. 이 통신체계는 관련 당사자 모두에게 유익하다. 곤충은 먹이를 얻고, 곤충들이 꽃에서 꽃으로 날아가는 과정에서 꽃가루가 퍼진다.

동물계의 거의 모든 의사소통은 쓸모 있고 정확한 정보를 전달하면서 이루어진다. 딸기독화살개구리strawberry poison-dart frog 의 몸 색깔이 밝은 붉은색인 것은 다른 동물들에게 자신이 치명적인 독을 갖고 있다는 사실을 전하는 시각적인 신호다. 물론 이 개구리가 의도적으로 이런 정보를 전달하는 건 아니다. 단지 이렇게 태어났을 뿐이며 몸 색깔이 붉다는 것이 무엇을 뜻하는지에 대해서는 전혀 알지 못한다. 반면 뱀과 같은 이 개구리의 포식자들은 붉은색의 개구리를 잡아먹어서는 안 된다는 지식을 본능적으로 갖는다. 다시 말해 시행착오를 통해 배울 필요도 없는, 타고난 지식이다. 그래서 이들은 붉은색 개구리를 보면 물러나서 피한다. 이런 밝은 몸 색깔(딸기독화살개구리)이나 선명하게 색깔이 대비되는 줄무늬(스컹크), 눈부신 푸른색 점을 경계신호aposematic signaling라고 한다. 그리스어로 'apo'는 '어딘가에서 벗어나다'라는 뜻이고 'sema'는 '징후, 조짐'이라는 뜻이다. 우리 인간들 또한 이런 경계신호에 대해 본능적인 두려움을 갖고 태어나는데, 이것은 우리의 진화적인 역사와 관련이 있다. 예컨대 인간은 방울뱀의 가죽에 있는 지그재그 패턴 같은 삼각형 무늬를 경계하도록 뇌에 아로새겨져 있다.[10] 먼 옛날부터 내려온 이 같은 두려움은 뱀, 칼, 바늘처럼 명백하게 위험한 것뿐만 아니라 '날카롭거나 뾰족한 물체(가위나 바늘처럼 뾰족한 것)에 대한 병적인 두려움'[11]인 첨예 공포증의 근본 원인일지도 모른다. 이 공포증이 심한 사람들은 식당 테이블의 뾰족한 모서리를 보는 것만으로도 방울뱀을 마주하는 것처럼 공포 반응을 일으킨다.

하지만 동물들의 의사소통이 전부 신뢰할 만한 것은 아니다. 동물계에는 제대로 된 정보 말고 의심스러운 정보 역시 전달하는 형태학적 특성을 진화시킨 종들로 가득 차 있다. 그래서 여기에 대해 또 다른 용어를 도입할 필요가 있다.

이는 다름 아닌 속임수다. 이것은 다른 생물의 행동을 변화시킬 목적으로 거짓 정보가 포함된 신호를 상대 생물에게 전달하는 방식이다.

생물학에서 이런 기만적인 신호의 전형적인 예는 어떤 종이 다른 물체나 다른 동물인 척 보이려는 현상이다. 이것을 의태mimicry라고 하는데, 대벌레stick bug가 가장 대표적이다. 이 곤충의 몸은 작은 나뭇가지와 꼭 닮았다. 옆구리에 커다란 검은 점이 있는(눈과 비슷하다고 해서 '눈꼴 무늬'라 불린다) 나비고기butterfly fish 역시 그런 예인데, 이 점은 물고기의 몸이 포식자의 머리인 것 같은 시각적인 착각을 일으킨다. 또 무해한 동물이 위험한 다른 동물의 경계신호를 모방하도록 진화한 베이츠 의태도 있다.

자멸하고 말 것입니다

예컨대 말벌딱정벌레wasp beetles는 치명적인 말벌과 비슷해 보이는 검은색과 노란색 줄무늬를 갖고 있지만 그 자체로 해를 끼치지는 않는다. 침을 쏘지 않는 꽃등에drone fly도 침이 있는 꿀벌과 똑같아 보이는 줄무늬를 가진다. 알로바테스 자파로Sanguine poison frog, *Allobates zaparo*는 딸기독화살개구리처럼 몸이 빨갛지만, 독은 없다. 이런 베이츠 의태는 잠재적인 포식자를 저지하기 위한, 진화적 관점에서 값싼 방어 메커니즘이다. 꽃등에가 진짜 독침을 갖도록 진화하려면 수많은 돌연변이를 거쳐야 하겠지만, 줄무늬를 진화시키는 데는 그렇게 많은 돌연변이나 형태 변화가 필요하지 않다. 침을 쏘는 동물이 되는 것은 멋진 방어 메커니즘이지만 여기에 더해 독을 생산하려면 많은 에너지와 세포의 자원이 필요하다. 그래서 꽃등에는 의사소통 신호체계에서 허점을 발견해 독침을 유지하는 데 에너지를 낭비하는 대신 자신이 침을 쏘는 동물인 것처럼 가장했다. 보통은 진짜 신호인 것들(줄무늬가 있으면 독침이 있음)을 훔쳐서 다른 동물을 속이는(줄무늬가 있지만 독침은 없음) 진화적인 지름길을 찾은 것이다.

동물의 의사소통에 대해 설명할 때 속임수 또는 기만이 생물학 분야에서 부정적 의미를 갖지 않는다는 점을 이해해야 한다. 우리는 나쁜 사람들이 사악한 목적을 위해 하는 것이 속임수라고 생각한다. 하지만 동물계에서는 속임수가 단지 부정확한 정보를 제공하는 의사소통의 신호를 의미할 뿐이다. 대부분의 경우 의사소통의 신호 자체는 개구리의 피부색처럼 동물의 형태

2장 인간은 거짓말 때문에

학적 특성으로 드러나기 때문에 그 동물은 자신이 전달하는 정보가 부정확하다는 사실을 완전히 알아차리지는 못 한다. 인간이 아닌 동물의 경우 의태 같은 기만적인 신호는 당사자가 속일 의도가 없거나 그 신호 자체가 남을 속일 수 있다는 사실을 모르는 상태에서 발생한다.

이 점을 러셀 오크스의 행동과 비교해 보자. 그는 자신의 기만적인 의사소통을 의식적으로 통제했고, 자신이 어떤 사람인지를 사실과 다르게 말해 샐리 그린우드를 속이려는 의도를 갖고 있었다. 오크스는 자신이 거짓말을 하고 있다는 것과 그린우드가 자신의 거짓말을 믿을 것이라는 사실을 둘 다 알았다. 이러한 목표를 달성하기 위해 인간은 스스로를 숙련된 기만자로 만드는 몇 가지 인지적 특성을 진화시켰다. 물론 다음 절에서 살펴보겠지만, 다른 사람들을 의도적으로 속이는 우리의 능력은 항상 그렇듯 동물계에 뿌리를 두고 있으며 그 속에서 유사한 무언가를 찾을 수 있다.

분명한 의도를 가진 거짓말

우리가 지금까지 알아봤던 동물의 의사소통은 수동적이거나 비의도적이었다. 다시 말해 그것은 개코원숭이의 거대한 송곳니

91

나 수컷 말코손바닥사슴의 뿔처럼 단지 특정한 메시지를 전달하고자 진화한 동물의 물리적 특성일 뿐이다. 하지만 동물은 여기에 그치지 않고 적극적이고 의도적으로 의사소통을 할 수도 있다. 집고양이의 예를 들어 보자. 고양이는 자신에게 불만이 있다는 사실을 전하고 싶을 때 꼬리를 흔들거나 바닥에 탁탁 부딪치곤 한다. 이런 '꼬리 탁탁 치기'는 고양이가 자신의 감정 상태에 대한 중요한 정보를 다른 고양이들에게 전달하기 위해 진화시킨 신호다. 그리고 이 신호는 정직하다. 고양이의 부정적인 감정 상태와 정확히 관련을 맺고 있다.

하지만 이때 다음과 같은 의문이 생긴다. 고양이가 꼬리를 탁탁 치는 것은 의도적인 행동일까? 만약 동물이 무언가를 성취할 목적으로 의사소통 신호를 보내기로 결정한다면, 우리는 그것을 의도적인 행동이라고 할 수 있다. 동물들이 의도적인 의사소통을 통해 성취하고자 하는 목적은 다른 동물의 행동을 바꾸는 것이다. 그리고 이들은 이 목표를 염두에 두고 있는 만큼 자신의 의사소통 신호가 원하는 효과를 달성하고 있는지 살피기위해 상황을 예의 주시할 것이다. 예컨대 내 고양이 오스카는 내가 자기를 쓰다듬을 때 그만 쓰다듬기를 바라면 꼬리를 바닥에 탁탁 친다. 꼬리 탁탁 치기는 고양이들이 자기가 불만이 있다는 사실을 나타내는 행동 레퍼토리의 여러 신호 중 하나일 뿐이다. 만약 내가 오스카의 의도를 이해하지 못한다면 이 고양이는 조금 더 명확한 또 다른 의사소통 신호로 옮겨 간다. 바로 내

손을 물어뜯는 것이다. 이번에도 역시 오스카는 내가 자기를 그만 쓰다듬게 하려고(즉 내 행동을 변화시키려고) 나를 물어뜯는 행동을 선택한다. 오스카는 자기가 의도한 목표를 달성할 때까지 자신의 부정적인 감정 상태와 관련한 모든 의사소통 신호를 돌려가며 행동에 옮길 것이다(꼬리 탁탁 치기, 물기, 야옹거리기, 할퀴기 등).

오스카의 꼬리 탁탁 치기 신호는 자신의 감정 상태를 정확하게 표현한다는 점에서 정직하다. 하지만 때때로 동물들은 의도가 있지만 정직하지 않은 의사소통 신호를 내보내기도 한다. 이런 경우에 동물들은 마치 그들 자신이나 자신의 감정 상태, 생각에 대한 잘못된 정보를 주어 다른 동물을 속이려는 것처럼 보인다. 예컨대 닭이 그렇다.

『도덕의 계보』에서 니체는 이렇게 썼다. "불행한 사람은 자기를 둘러싸며 그은 선 안에 갇힌 암탉과 같다. 그는 결코 이 원 밖으로 벗어날 수 없다."[12] 인간의 상태에 대한 이 유쾌하지 않은 단언은 닭이 보여 주는 행동과 관련된다. 닭의 몸을 뒤집은 다음 그들 바로 앞의 땅에 선을 그으면(또는 주위를 둘러싸고 원을 그리면) 닭은 꼼짝도 않고 그대로 누워 있을 것이다. 왜일까? 그것은 선을 긋는 것과는 아무 상관이 없다. 여러분이 닭을 뒤집어서 땅에 핀으로 박듯 고정했기 때문이다. 과학자들은 이런 현상을 긴장성 부동화라고 하는데, 풀어 말하면 죽은 척하기의 일종이다.[13] 주머니쥐들은 위협을 받으면 혀를 빼물고 죽은 척을 한다. 이것은 뱀이나 거미, 곤충, 물고기, 새, 개구리에서 볼 수 있는

자멸하고 말 것입니다

흔한 행동이다. 이런 행동이 효과가 있는 이유는 대부분의 포식자들이 (고기가 썩었을 수도 있는) 죽은 동물을 되도록 먹지 않으려 하기 때문이다. 닭은 죽은 척을 함으로써 자신의 부패 상태에 대한 잘못된 정보를 제공한다. 이것은 닭이 잠재적인 공격자를 조종해 자기를 먹지 못하도록 하는 일종의 행동적 속임수다.

지면에 둥지를 트는 여러 종의 새에서도 비슷한 행동이 발견된다. 모래언덕에 둥지를 짓는 물떼새과의 피리물떼새piping plovers는 부러진 날개를 보여 주는 행동을 하고는 한다. 포식자가 이 새의 둥지에 접근하면 어미는 둥지를 떠나 날아가며 꽥꽥거린다. 포식자가 둥지에서 멀어지며 자신을 쫓아오기를 바라는 것이다. 그런 다음 이 새는 놀라운 행동을 보인다. 지면에 내려앉아 날개를 뒤로 끌면서 어색하게 걷기 시작하는 것이다. 마치 날개가 부러진 듯한 모습이다. 다친 새들은 쉽게 잡아먹을 수 있기에 대부분의 포식자들은 이런 새들에 큰 관심을 보이며 열심히 쫓아갈 것이다. 하지만 이건 다 속임수다. 일단 위협이 되는 포식자가 둥지에서 충분히 멀리 떨어지면 어미는 날개 끄는 행동을 멈추고 안전한 곳으로 휙 날아간다.

피리물떼새가 이런 기만적인 행동을 진화시킨 것은 꽤 영리한 계략이다. 어미 새는 자신의 속임수가 효과가 있는지 살피고자 포식자의 행동을 지켜보기 때문에 이것은 의도적인 속임수의 한 예다. 하지만 더 똑똑한 사기꾼들도 있다. 몇몇 종들은 전략적 속임수라고 일컬어지는 행동을 보이는데, 이것은 여러분이 동물계에서 관찰할 수 있는 행동 가운데 인간이 할 법한 거 짓말과 가장 유사하다. 이런 전략적 속임수를 정의하자면 다음 과 같다. "어떤 개체가 자신의 정상적인 행동 레퍼토리에서 '정직해 보이는' 행동을 평소와 다른 맥락에서 활용해, 그 원래 맥락에 익숙한 다른 개체를 속이는 것."[14] 이는 진화 심리학자 리처드 번Richard W. Byrne과 앤드루 휘튼Andrew Whiten이 정의한 것인데, 이들은 개코원숭이를 비롯한 다른 영장류 동물이 보이는 기만 행동을 다루는 일련의 글에서 이 개념을 소개했다. 동물이 다른 동물을 혼란에 빠뜨리기 위해 대부분의 시간 동안 참된 정보를 전달하는 데 사용했던 의사소통 신호를 이용한다는 개념이다. 여기서 '참된 정보'가 앞서 소개한 다른 개념과 다른 중요한 차이점이다. 피리물떼새의 부러진 날개 보여 주기나 닭의 죽은 척하기는 그 행동 자체로 기만적이기에 전략적 속임수의 정의에 맞지 않는다. 동물이 정직한 신호를 기만적으로 사용하기로 결정하고, 수신자가 지금 무슨 일이 일어나고 있는지 잘못 해석하도록 강요하는 경우에만 전략적 속임수가 된다.

연구자들은 그동안 영장류와 개, 조류에서 전략적 속임수의 사례를 발견해 왔다. 하지만 내가 가장 좋아하는 예는 두족류의 한 종인 세피아 플란곤mourning cuttlefish, *Sepia plangon*(갑오징어의 일종-옮긴이)의 행동이다. 두족류라는 촉수를 가진 연체동물 강에는 문어와 오징어가 포함되는데, 이들은 우리가 보통 달팽이나 민달팽이의 가까운 사촌이라고 생각하는 것보다 인지적으로 훨썬 더 많은 것들을 보여 준다는 명성을 자랑한다. 그중에서도 세피아 플란곤은 오징어를 닮았으며 놀라울 만큼 복잡한 사회 생활을 한다. 호주의 동쪽 해안에서 서식하는 이 갑오징어는 커다란 무리를 이루며 사는데 이것은 꽤 인상적인 광경이다. 전자책에서 사용하는 전자 잉크와 약간 비슷한 기능을 하는 색소로 채워진 피부 세포인 색소 세포chromatophore 덕에 몸이 정교한 시각적 디스플레이 장치가 되기 때문이다. 그에 따른 복잡한 패턴과 무늬는 위장과 의사소통 모두에 활용된다. 수컷은 하루 종일 독특한 줄무늬를 보이는 반면, 암컷은 얼룩덜룩한 무늬를 보인다.

짝짓기를 하기 위해 암컷에게 구애할 때 수컷은 근처에 같은 성별의 자기보다 약하고 작은 개체들이 머무는 것을 용납하지 않는다. 이때 과학자들의 관찰에 따르면 몸집이 작은 수컷들은 지배적인 수컷보다 한 수 앞서 의심을 받지 않으면서 암컷과 짝짓기를 할 가능성을 높이고자 희귀하고 교활한 형태의 전략적 속임수를 쓴다.

몸집이 작은 수컷은 지배적인 수컷이 암컷에게 구애하는 모습을 포착하면 둘 사이에 일단 들어간다. 그런 다음 무척 놀라운 일을 벌인다. 작은 수컷은 큰 수컷과 마주 보는 쪽에서는 암컷의 얼룩무늬를 따라 몸 색을 바꾼다. 그리고 암컷과 마주 보는 쪽에서는 평소대로의 색깔 패턴을 유지한다. 그러면 몸집이 큰 수컷은 자신이 두 암컷을 대하는 중이라고 속아 넘어가며, 이제 작은 수컷은 계획대로 암컷에게 구애를 계속할 수 있다.[15] 이것이 보통의 속임수가 아닌 전략적 속임수인 이유는 작은 수컷이 이용한 신호인 얼룩무늬 패턴은 일반적으로 암컷임을 나타내는 정직한 신호이기 때문이다. 이 작전이 교활한 이유는 작은 수컷은 주변에 다른 수컷 한 마리가 있을 때만 이런 행동을 하기 때문이다. 만약 주변에 더 많은 수컷들이 있다면, 다른 각도에서 봤을 때 자신이 무슨 짓을 하는지 드러나기 때문에 이를 시도하지 않는다. 이 전략을 언제 사용해야 할지(다른 수컷이 한 마리인지 여러 마리인지) 분석하는 능력은 그 자체로 주목할 만하다. 작은 수컷은 적극적으로 주변을 살피며 상황에 따라 행동을 바꾼다.

이런 종류의 전략적이고 의도적인 속임수는 동물계에서 매우 드물며, 우리가 동물에서 볼 수 있는 다른 형태의 속임수들에 비해 훨씬 희귀하다. 아마도 여러분이 일상생활에서 동물의 전략적 속임수와 마주할 수 있는 유일한 기회는 개와 상호작용을 할 때뿐일 것이다. 연구자들은 조련사가 먹이를 빼앗아 간다는 사실을 안 개들이 별로 원하지 않는 먹이 보상을 향해 열심히 다가가는 것을 발견했다.[16] 정말로 원하는 먹이를 얻을 기회를 늘리고자 적극적으로 사람을 속이는 것이다.

내가 앞에서 다루었던 동물들의 의사소통 전략(의도적인 의사소통, 의도적인 속임수, 전략적 속임수)들은 모두 거짓말을 하는 인간의 능력을 구성하는 요소이다. 하지만 거짓말 그 자체는 전혀 다른 녀석이다. 그것은 갑오징어 같은 동물계의 가장 전략적인 사

자멸하고 말 것입니다

기꾼들조차 갖지 못한 인지 기술 세트를 필요로 한다. 거짓말을 하는 인간의 능력을 여타 동물들의 속임수 행동들과 구분하는 핵심적인 요인으로 언어를 꼽을 수 있다.

인간의 언어와 동물의 의사소통이 보이는 차이점은 내가 가장 좋아하는 연구 주제다. 나는 여기에 대해 수백 페이지를 늘어놓고 싶지만, 여기서는 하나의 단순한 문장으로 요약해 볼까 한다. 바로 이것이다. 동물의 의사소통은 얼마 되지 않는 대상들에 대한 정보를 전달하는 신호를 포함하지만, 인간의 언어는 어떤 주제든 상관없이 정보를 전달할 수 있다. 이렇게 간결하게 설명하면 인간 언어와 동물의 의사소통 사이의 구조적, 기능적 차이에 대한 기나긴 논의를 피하고 언어가 어떻게 호미니드 조상의 원시적인 의사소통에서 진화했는지에 대한 질문을 건너뛸 수 있다. 결국 핵심은 이것이다. 인간의 마음에는 무한한 수의 대상에 대해 다룰 수 있도록 허락하는, 동물과 다른 무언가가 존재한다.

비 인간 동물의 의사소통은 보통 전달하는 내용이 제한적이다. 즉 그 동물의 감정 상태(화가 났다든지), 신체적 상태(어떤 종인지), 그들의 정체(독특한 휘파람 소리를 듣고 어떤 돌고래인지 알아내는 것 같은), 영역(개가 나무에 오줌을 싸는 행동 같은)을 비롯해 가끔은(그렇게 흔하진 않다) 주변 환경 속 관심 있는 외부 대상의 존재 등을 주변에 알리는 식이다. (예컨대 프레리도그가 가까이 다가오는 포식자의 위치, 크기, 색깔, 종의 정보를 경고성 울음으로 전달하는 것처럼.) 반면 인간은 언어라는 매개체를 통해 말 그대로 어떤 주제에 대해서든 이야기하고 가끔은 거짓말을 할 수 있다. 앞서 1장에서 살핀 것처럼 우리 인간의 마음은 '죽은 사실들'로 가득 차 있기에 말로 전달할 수 있는 주제의 배열은 무한하다.

지난 반세기 동안 연구자들은 동물에게 상징적인 의사소통 체계를 사용하도록 가르치려고 숱하게 시도했다. 수동적인 언어 이해력과 말로 생각을 적극적으로 표현하는 능력 둘 다에 걸쳐 동물이 가진 인지능력의 한계를 시험하는 것이 그 목표였다. 하지만 수십 년간의 노력에도 불구하고 어떤 동물도 가장 기본적인 주제를 넘어서 의사소통을 할 수 있는 기호 체계를 학습하지 못했다. 심지어 고릴라 코코Koko(수화를 사용해 인간과 대화에 성공한 고릴라-옮긴이), 보노보 칸지Kanzi(렉시그램이라는 소통 도구로 의사소통법을 익힌 보노보-옮긴이), 돌고래 아케카마이Akeakamai(인간의 언어를 이해하도록 훈련받았던 돌고래-옮긴이)처럼 언어를 가장 많이 배웠던 동물들도 자신의 생각을 표현할 수 있는 주제는 아주 적었다. 동물들은 그럴 능력이나 관심이 없기 때문에 인간이 하는 것처럼 무한하고 풍부한 표현을 이용해 단어와 문장을 생성하는 기호 체계를 활용하지 못한다.

언어라는 매개체를 통한 무한한 표현력은 인간이 거짓말을 하는 유일한 종이 된 핵심 요인 중 하나다. 다음 절에서 살피겠지만 언어와 함께 사용되어 우리 종을 지구상에서 가장 숙련된 기만자로 거듭나게 한 훨씬 더 근본적인 기술이 있었다.

마음을 조종하는 사람들

ununu

인간이 왜 그렇게 능숙한 거짓말쟁이인지 이해하기 위해서는 먼저 거짓말이 무엇인지에 대해 명확하게 정의해야 한다.

거짓말이란 거짓 정보를 의도적으로 다른 누군가에게 전달하는 방식이다. 그 대상의 행동을 조종하고자 사실이 아닌 것을 믿도록 하는 게 거짓말의 목적이다.

인간은 거짓말을 할 때 수신자의 행동뿐만 아니라 그들의 믿음을 변화시키려는 의도를 가진다. 이것이 인간을 독특한 존재로 만드는 핵심적인 차이점이다. 누군가의 믿음을 조작하기 위해서는 애초에 다른 인간이나 동물이 믿음을 갖고 있으며 생각이나 감정, 욕망, 의도 등으로 가득 찬 마음을 갖고 있다는 사실을 알아야(또는 적어도 그렇게 추측해야) 한다. 인간은 이 조건을 쉽게 충족한다. 그래서 때때로 우리는 마음이 없다고 이미 알고 있는 무생물 대상을 마치 마음이 있는 것처럼 취급한다.

1970년대에 게리 로스 달Gary Ross Dahl은 이런 인간의 별난 심리를 이용해 수백만 달러를 벌었다. 달은 공기 구멍이 뚫린 판지 상자에 짚을 깔고 작은 돌을 넣은 '애완 돌'을 발명했다. 단지 '애완'이라는 말을 붙였다는 이유만으로 사람들은 그 돌이 마치 감정이나 욕망, 욕구를 가진 살아 있는 존재인 것처럼 다루는 반쯤 아이러니한 행동을 보였다. 매우 이상하지만, 몹시 인간다운 행동이다.

우리 인간은 다른 존재들이 왜 그런 일을 하고 있는지, 미래에 어떤 일을 하게 될 것인지에 대해 끊임없이 예측한다. 그것은 '왜? 전문가'이자 인과적 추론을 수행하는 우리의 본성과 밀접하게 연관된다. 이를테면 내가 '우리 집 고양이가 왜 지금 야옹거리지?'라고 자문한다 치자. 답이 뭘까? 고양이는 내가 현관문을 열기를 원하기 때문이다. 이렇듯 우리 집 고양이가 원하는 것이 무엇인지 추측하는 이런 능력을 두고 마음 이론theory of mind, ToM을 가졌다고 하는데, 때때로 마음을 읽는 능력 또는 정신 상태 귀속 능력이 있다고 표현하기도 한다. 우리는 다른 존재의 마음속에서 일어나고 있는 바에 대해 예측하는 이론이나 모델을 만들어 낼 수 있다.[17] 그것은 우리로 하여금 다른 생물이 왜 그런 행동을 하는지를 묻고, 그들의 머릿속을 흘러가는 목표, 욕망, 믿음에 대해서 최선의 추측에 기초해 답을 도출하도록 한다.

마음 이론을 통해 믿음을 조작하면 우리가 다른 존재의 행동을 변화시키고자 할 때 훨씬 더 많은 통제력을 얻을 수 있다. 여러분이 하이에나에게 쫓기고 있다고 상상해 보자. 만약 여러분이 이 하이에나는 배가 고프기 때문에 나를 쫓아온다는 식으로 마음 이론을 활용해 추측했다면, 여러분은 햄 샌드위치를 하이에나에게 던져 볼 수 있다. 그러면 하이에나가 여러분 대신 샌드위치를 먹을지도 모르니 말이다. 하지만 대부분의 다른 동물들은 하이에나가 가진 동기에 대해 생각하지 않기 때문에 이 방안을 고려하지 못한다. 그냥 뛰어가서 숨을 뿐이다.

인간은 지구상의 많은 동물 중에서 마음 이론을 지닌 소수의 종 가운데 하나다(유일한 종은 아니다). 과학자들은 비 인간 동물들이 다른 동물의 믿음과 동기에 대해 무언가를 이해하고 있다는 증거를 찾고자 지난 40여 년 동안 실험을 진행해 왔다.[18] 이 책을 쓰는 지금, 비 인간 동물이 마음 이론을 가지고 있다는 가장 나은 증거는 잘못된 믿음false belief 테스트에서 비롯한다. 이것은 다른 동물이나 인간이 세계가 사실은 잘못되었다는 믿음을 가지고 있는지에 대해, 어떤 동물이 알고 있는지를 알아보는 시험이다. 동물이 이 능력을 가지고 있는지를 가장 잘 뒷받침하는 사례는 우리의 친구 유인원에서 찾아볼 수 있다.

한 유명한 실험에서 몇몇 유인원들(침팬지, 보노보, 오랑우탄)을 대상으로 인간이 사실이 아닌 것을 믿도록 속았다는 것을 이해하는지 시험했다. 유인원들은 창문을 통해 극적인 장면을 지켜보았는데 이것은 그들의 관심을 끌기 위해 특별히 고안된 장치였다.[19] 유인원들은 창문 너머로 두 개의 커다란 건초 더미와 고릴라 옷을 입은 실험자를 볼 수 있었다. 그때 한 인간 배우가 문을 통해 들어갔고, 그 '고릴라'와 마주쳤다(여러분이 유인원이라면 당연히 싸움이 벌어지리라 예상할 만한 장면이다). 고릴라는 인간 배우가 지켜보는 가운데 건초 더미 뒤로 숨었다. 그러자 인간은 고릴라를 후려칠 만한 커다란 막대기를 가져오려고 안으로 들어왔다. 하지만 인간이 자리를 비운 동안 고릴라는 건초 더미에서 기어 나와 도망쳤다. 여기까지 지켜보면 인간은 고릴라가 떠났다는 사실을 보지 못했기에 아직 고릴라가 건초 더미 뒤에 있다는 잘못된 믿음을 가지고 있으리라는 시나리오를 세울 수 있다. 만약 이 장면을 지켜본 유인원이 마음 이론을 가졌다면 인간이 고릴라를 엉뚱한 곳에서 찾을 것이라 기대할 것이다. 고릴라를 마지막으로 봤던 건초 더미 뒤 바로 그곳 말이다. 연구자들은 시선 추적 장치를 사용해서 인간이 막대기를 들고 문밖으로 나올 때 창문 뒤에 있던 유인원이 어디를 보고 있는지 살폈다. 그러자 유인원들은 대부분 고릴라가 도망친 방향이 아니라 건초 더미 뒤로 시선을 향했다. 이는 유인원들이 위치에 대해 잘못된 믿음을 가진 인간의 행동을 예상했기 때문이다. 이것은 유인원들이 마음 이론을 가지고 있다는 강력한 증거다. 이들은 고릴라를 후려칠 막대기를 들고 있는 인간이 이 상황에 대해 무엇을 사실로 믿고 있는지에 대해 경험에서 우러난 추측을 하고 있었다.

다른 존재가 잘못된 믿음을 가질 수 있고, 그에 따라 행동이 좌우된다는 것을 이해하는 능력은 동물들 사이에서 흔하지 않다. 아마 유인원이나 까마귀과의 몇몇 새들(큰까마귀, 까마귀, 어치) 정도에 한정된 능력일 것이다. 다른 사람이 잘못된 믿음을 가질 수 있다는 것을 이해하는 능력은 인간이 어떻게 그렇게까지 거짓말을 많이 하는지를 설명하는 핵심 요인이다. 앞에서의 몇 가지 예외를 제외하고 대부분의 동물들에게 이 기술이 없다는 사실은 인간이 다른 사람의 마음을 예측하고 조종할 수 있다는 점에서 정말로 독특하다는 것을 시사한다.

자멸하고 말 것입니다

대부분의 동물들은 다른 동물이 어떤 행동을 할 것인지에 대해 마음 이론보다는 시각적 단서를 통해 예측한다. 예컨대 여러분이 이빨을 드러낸 개를 발견하면 그 개가 여러분을 물 수도 있다고 예측할 것이다. 이것은 의사소통을 할 때 이빨이 가진 신호와 여기에 뒤따를 가능성이 가장 높은 행동(즉 물어뜯기)에 대해 이뤄진 단순 학습된 연관성이다.

여러분은 개가 화가 났거나, 여러분을 물어뜯고 싶어 하거나, 여러분이 위협적이라고 믿는지 추측할 필요가 없다. 이것을 (마음 읽기와 대비되는) 행동 읽기라고 한다. 지금까지 우리가 비 인간 동물에서 보았던 속임수의 여러 사례들은 그 동물이 의도한 대상의 마음이 아닌 행동을 조작하려는 시도라고 이해할 수 있다. 살면서 마주치는 동물들을 지켜보며, 그 동물들이 여러분의 생각이나 믿음, 느낌에 대해 추측할 수 있어서 여러분과 상호작용하는 것인지, 아니면 단순히 겉으로 보이는 여러분의 행동에 반응할 뿐인지 자문해 보자. 그 차이를 아는 것은 어려울 수 있는데, 바로 그런 이유로 과학자들은 그동안 40여 년에 걸쳐 실험을 하고서도 비 인간 동물에게 마음 이론이 과연 존재하는지 확실한 결론을 내지 못하고 있다.

이와는 반대로 우리의 행동을 지켜보면 인간이 마음 이론을 의사소통 신호의 중요한 일부로 사용하고 있다는 데는 의심의 여지가 없다. 이것은 왜 우리가 그렇게 행동하는지 설명해 준다. 찰리 채플린의 무성영화를 몇 분만 봐도 인간이 동물과 달리 마음 이론을 가졌다는 (그리고 거짓말을 한다는) 증거가 산더미처럼 쌓이는 것을 실감할 수 있다. 예를 들어 채플린은 경쟁자의 빵을 훔치기 위해 그의 주의를 흩뜨린다. 겉보기에는 단순한 속임수지만 이것은 채플린이 경쟁자로 하여금 자신이 들고 있는 빵 말고도 볼 만한 무언가가 있다는 사실을 믿도록 만들어야, 그리고 그럴 수 있다는 사실을 알아야 가능한 일이다. 찰리 채플린의 영화는 마음 이론이 작동하는 장면을 기반으로 구성된다. 그리고 관객들은 채플린의 마음에서 일어나는 일들, 그러니까 무엇을 원하고, 무엇을 믿고, 왜 그런 행동을 하는지 추측할 수 있기에 영화를 즐겁게 감상한다. 무성영화인 만큼 이 모든 장면은 아무 말 없이 진행된다.

하지만 언어가 더해지면 거짓말을 할 수 있는 인간의 능력은 그야말로 날개를 달고 훨훨 날아오른다. 마음 이론이 언어와 함께 작동하면 마침내 러셀 오크스와 같은 전문 거짓말쟁이들이 모습을 드러내기 시작한다. 언어는 속임수를 위한 완벽한 도구다. 실제로 몇몇 진화 생물학자들은 언어가 속임수를 위해 특별히 진화했을지도 모른다고 생각한다.[20] 그것들이 어떻게, 그리고 왜 등장했는지는 상관없이 우리 인간 종은 언어와 마음 이론을 활용해 서로를 끊임없이 속인다. 이어서 살피겠지만, 거짓말을 하는 우리의 능력과 성향은 인간의 근본적인 본성이다. 하지만 동시에 타인이 우리에게 진실을 말하고 있다고 가정하는 성향 역시 본능적이다. 이 기괴한 불일치가 우리 종에게 엄청난 사회적 문제를 일으킨다. 앞으로 살펴볼 이 문제는 인간이란 종의 멸종으로 이어질 수도 있다.

잘 속이고 또 잘 속는 기괴한 불일치

~~~~

레오 코레츠Leo Koretz는 부동산 투자에서 엄청난 수익을 내는 재주를 가진 시카고의 변호사였다.[21] 1917년 당시 코레츠는 바야노 리버 신디케이트라는 회사를 관리하고 있었다. 파나마 정글에 500만 에이커의 땅을 소유한 이 회사는 매년 엄청난 양의 마호가니와 수백만 배럴의 석유를 수출했다. 코레츠 주위의 투자자들은 연간 수익률이 약 60%인 바야노의 주식을 매수하려고 아우성쳤다.

어떤 투자의 수익률이 60%라는 사실은 무척 믿기 힘든 주장이다. 지금도 그럴 테지만 1920년대의 많은 투자자들은 펀드 매니저가 이런 수익률을 약속하는 데 회의적인 반응을 보였다. 찰스 폰지Charles Ponzi가 막 유명해진 시기에 코레츠가 이런 주장을 했기에 특히 더 그랬다. 폰지 역시 높은 수익률을 약속하며 투자자들로부터 수백만 달러를 가로챘다. 폰지의 사기는 우아하고 단순했다. 투자자들은 새로운 투자자들의 돈으로 투자에 대한 보상을 받는다. 그런 만큼 새로운 투자자들이 지속적으로 공급되어야 했다. 그렇지 않으면 기존의 투자자들이 기대하는 이자를 지불할 돈이 생겨나지 않기 때문이다. 하지만 자신의 속임수를 이어가기 위해 가능한 한 많은 사람들로부터 많은 액수의 투자를 부탁했던 것으로 유명한 폰지와는 달리, 코레츠는 사람들을 멀리하는 것으로 유명했다. 자신의 기준에 맞지 않는 투자 희망자들의 수표를 돌려주기까지 했다.

그 결과, 기회를 얻은 소수의 투자자들은 종종 막대한 액수를 투자해 상당한 수익을 올렸다. 이들은 농담조로 코레츠를 '우리 폰지'라고 불렀는데, 이것은 코레츠가 사기꾼이라는 건 말도 안 된다는 사실을 전제한 자기들끼리의 농담이었다. 폰지의 피해자들과는 달리 코레츠의 고객들은 파나마의 송유관이나 유조선처럼 형체가 있는 것들에 투자하고 있었다. 송유관의 설계도와 유조선 구입 계약서를 직접 확인하기도 했다. 이들의 마음속에서 코레츠는 진짜 사업가였다.

그러던 중 1923년 11월, 자기들이 투자한 자산을 직접 보고 싶었던 바야노의 투자자들은 파나마로 가는 증기선에 탑승했다. 이들은 겨울철 시카고의 추운 날씨를 벗어나 새로 발견한 부의 원천인 파나마 유전을 눈으로 보고 싶었다. 하지만 파나마시티에서 바야노 리버 신디케이트의 사무실을 찾아 며칠을 헤맨 끝에 투자자들은 의심을 품기 시작했다. 파나마에서 이야기를 나눈 사람들 중 누구도 바야노사나 레오 코레츠에 대해 들어본 적이 없었다. 마침내 이들은 이 지역에 땅을 소유한 다른 투

자멸하고 말 것입니다

자 회사에서 일하는 같은 시카고 사람 펙C. L. Peck과 만났다. 투
자자들은 바야노사가 파나마에 소유한 땅이라며 코레츠가 제
공했던 지도를 펙에게 보여 주었다. 그러자 펙은 이렇게 대답했
다. "여러분, 유감스럽게도 사기를 당한 것 같군요." 그 땅의 대
부분을 소유한 것은 펙의 회사였다. 더 볼 것도 없었다.

바야노 리버 신디케이트사는 어떤 종류의 투자자산도 갖고
있지 않은 것으로 밝혀졌다. 코레츠는 처음부터 끝까지 거짓말
을 했다. 그는 단순한 폰지 사기를 벌였을 뿐이었다. 하지만 폰
지의 사기 규모가 2,000만 달러였던 데 비해 그는 3,000만 달러
였던 만큼 오히려 폰지보다 뛰어났다. 온갖 경고성 신호는 물론
이고 투자자들이 위험을 알고 심지어 농담까지 했음에도 이들
은 속아 넘어갔다. 어떻게 그럴 수 있었을까?

"우리의 뇌는 사기를 당하기 쉽다." 티머시 레빈Timothy R. Lev-
ine은 저서『사기: 진실-디폴트 이론 그리고 거짓말과 기만의 사
회과학Duped: Truth-Default Theory and the Social Science of Lying and Deception』에
서 이렇게 말했다. 레빈은 버밍엄에 있는 앨라배마 대학교의 저
명한 교수이자 커뮤니케이션학과의 학과장이며, 인간의 거짓말
에 대해 탐구해 왔고 FBI와 NSA의 자금 지원을 받는 연구자다.
레빈의 연구에 따르면 우리는 거짓말을 하는 능력과 성향을 명
백히 타고났음에도 기본적으로 듣는 내용을 진실이라고 여기
도록 설계되어 있다. 레빈은 이것을 '진실-디폴트 이론truth-default
theory, TDT'이라고 부른다. 여기에 대해 레빈은 이렇게 설명한다.

"TDT는 우리에게 들어오는 커뮤니케이션의 내용물을 보통 무비판적으로 진실이라고 받아들여지고 있는데, 대부분의 경우 그건 우리에게 좋은 일이라고 주장한다. 인간이 타인을 믿는 성향은 효율적인 의사소통과 사회적 협동을 가능하게 하는 진화의 적응적 산물이다."[22]

하나의 종으로서 인간은 쉽게 믿는 특성과 거짓말하는 특성을 둘 다 타고났다. 이런 특성의 조합은 스스로를 위험에 빠뜨린다. 거짓말을 하는 능력과 거짓말을 발견하는 능력 사이에 기괴한 불일치가 존재하기 때문이다.

타고난 거짓말쟁이

인간은 남을 속이는 능력에 관한 한 다른 종에 비해 독보적이다. '왜? 전문가'인 만큼 우리는 세상이 어떻게 작동하는지에 대한 아이디어(죽은 사실들)로 머릿속이 흘러넘친다. 이것은 거짓말을 할 수 있는 무한한 주제를 제공한다. 그뿐만 아니라 우리는 이러한 죽은 사실들을 다른 사람들의 마음속에 쉽게 미끄러져 들어가는 단어로 바꿀 수 있다. 의사소통의 매개체인 언어를 가졌기 때문이다. 여기에 그치지 않고 우리는 애초에 다른 사람들이 마음을 가지고 있다는 사실을 이해하는 능력을 지녔다. 그

자멸하고 말 것입니다

마음은 인간으로 하여금 세상이 어떻게 되어 있는지에 대한(즉 무엇이 진실인지에 대한) 믿음을 갖게 하기 때문에 다른 사람이 거짓 정보를 믿도록 속일 수 있다. 또 레빈이 지적했듯, 우리는 잘못된 정보를 발견하는 데 특히 서투른 면모를 보인다. 이것은 우리가 살피게 될 것처럼, 속기 쉬운 희생자들로 가득한 세상에서 헛소리와 거짓말의 전문가로 거듭나면 성공 가도를 밟을 수 있다는 시나리오로 이어진다. 러셀 오크스가 그랬듯이 말이다.

사람들은 평균적으로 하루에 한 개에서 두 개의 거짓말을 한다고 알려져 있다.[23] 하지만 그것은 인구 전체에 걸쳐 추정된 평균치다. 열 명 중 여섯 명은 자신이 전혀 거짓말을 하지 않는다고 주장하며(아마도 거짓말일 것이다), 대부분의 거짓말은 하루 평균 열 개의 거짓말을 하는 병적인 거짓말쟁이들의 작은 하위 집합에 의해 수행된다.[24] 우리는 나이가 들수록 거짓말을 적게 하는데, 이것은 도덕감각의 성숙과는 그다지 관련이 없다. 그보다는 우리가 내뱉는 헛소리를 기억하고 추적하기 위한 정신적 훈련을 어렵게 하는 인지 기능의 퇴화와 더 관련이 있다.[25] 거짓말을 생산하려면 우리는 더 열심히 사고하고 집중력을 유지해야 한다. 그래서 텔레비전에 나오는 형사들이 종종 빠르게 질문을 던져 용의자들이 머리를 굴릴 새 없이 무심코 진실을 말하게 하는 것이다.[26] '인 비노 베리타스in vino veritas(와인 속에 진실이 있다)'라는 문구가 존재하는 것도 같은 이유다. 술을 마시면 알코올이 진실에 대한 면역 혈청처럼 작용해 사람들이 고차원적 사고를 하지 못하고 진정한 감정을 드러낼(그리고 거짓말을 멈출) 가능성이 높아진다는 것이다.

일단 아이가 말을 할 나이(마음 이론을 갖게 되는 때)가 되면 거짓말이 입 밖에 나오기 시작한다. 이 시기는 보통 두 살에서 네 살 사이다.[27] 아이에게 상자에 재미있는 장난감이 있지만 상자 안을 몰래 훔쳐보지 말라고 부탁하고 방을 떠나면 어떤 나라 출신인지와 상관없이 거의 모든 아이들이 상자 안을 뒤져 볼 뿐 아니라 나중에 그러지 않았다고 거짓말을 할 것이다.[28] 수많은 연구에서 드러났듯이 걸음마를 배우는 아이가 거짓말을 하는 것은 인류의 보편적 현상이다. 그리고 사춘기가 시작되어도 거짓말은 계속된다. 미국의 한 연구에 다르면 지난 1년간 부모에게 친구, 술과 약물, 파티, 돈, 데이트, 섹스에 대해 거짓말을 한 십대가 82%에 이르렀다.[29] 그리고 십 대들이 부모의 둥지를 떠나 독립하고 나면 이제 그들은 사귀는 파트너를 향해 거짓말을 하기 시작한다. 대학생의 92%가 잠자리를 같이 하는 파트너에게 자신의 과거 성적 이력에 대해 거짓말을 했다고 인정한다.[30]

이처럼 거짓말이 흔한 이유는 거짓말이 실제로 효과가 있기 때문이다. 대부분의 사람들이 일단 믿는 것을 기본 태도로 하기 때문에 거짓말은 이 세상에서 성공하기 위한 매우 효과적인 방법이 된다.

여기서 더 나아가 보다 성공을 거두려면 거짓말을 다음 단계로 발전시켜야 한다. 바로 헛소리, 허튼소리를 활용하는 것이다. 헛소리를 뜻하는 'bullshitting'은 적법한 과학 용어다. 이 단어는 철학자 해리 프랭크퍼트Harry Frankfurt가 2005년에 출간한 저서『개소리에 대하여』를 통해 대중화되었고, 오늘날에는 증거나 진실에 대한 고려 없이 타인에게 깊은 인상을 주기 위한 의사소통 방식을 묘사하는 말로 사용된다.[31] 헛소리는 거짓말과 다른데, 거짓말은 타인의 행동을 조작할 의도로 고의적으로 거짓 정보를 만들어 내는 것이다. 반면에 헛소리꾼은 자신이 말하는 것이 정확한지 아닌지 알지 못하고 신경 쓰지도 않는다. 대신 이들은 스티븐 콜버트Stephen Colbert가 트루시니스truthiness라고 부르는 것, 즉 꼭 진실이 아닐지라도 진실로 보이거나 그렇게 느껴지는 특성에 더 관심이 있다.[32]

이런 헛소리는 사회에서 벌어지는 일을 망쳐서 혼란과 혼동을 초래하는 부정적인 행동처럼 보인다. 하지만 헛소리가 진화에 의해 선택된 기술일 수도 있다는 증거가 있다. 헛소리를 할 수 있는 능력은 그 사람이 지적이라는 신호를 타인에게 전달할 수 있기 때문이다.《진화 심리학 저널》에 실린 최근 연구에 따르면 자신이 이해하지 못하는 개념에 대해 그럴듯하지만 엉터리인 설명을 만드는 솜씨가 가장 뛰어난 사람들은 인지능력 테스트에서도 가장 높은 점수를 받았다. 그만큼 더 나은 헛소리꾼이 되는 것은 실제로 더 똑똑해지는 것과 관련이 있다. 연구자들은 이렇게 결론을 내렸다. "만족스러운 헛소리를 생산하는 능력은 타인에게 깊은 인상을 주려는 에너지를 효율적으로 사용하는 전략이자, 자신의 지능을 드러내는 정직한 신호로 개인이 사회시스템을 탐색하는 데 도움이 될 수 있다."[33] 다시 말하면 헛소리꾼은 그렇지 않은 사람에 비해 추가적인 이점을 가지는데, 바로 자기 말이 진실인지 걱정하느라 시간을 낭비하지 않는다는 것이다. 그들은 정확성을 기하는 대신 자신의 말을 타인이 믿게 하는 데 모든 에너지를 집중할 수 있다.

심리학자 클라우스 템플러Klaus Templer는 어째서 이런 유해하고 정직하지 못한 사람들, 즉 헛소리꾼이 정직하고 마음씨 좋은 사람들보다 회사 같은 곳에서 정치적인 분위기와 지형을 탐색하는 능력이 더 좋은지 알고 싶었다. 여러분 중 누군가는 헛소리꾼이 사회에서 처벌을 받거나 따돌림을 받을 것이라 예상할지도 모른다. 하지만 실제로는 정반대의 일이 일어난다. 템플러는 몇몇 대기업 직원 110명을 대상으로, 타인과 네트워크를 형성하고 영향력을 행사하는 능력 같은 정치적인 기술에서 자신을 어떻게 평가할 것인지 물었다.[34] 그리고 이 직원들의 상사들도 같은 질문을 받았다. 여기에 더해 템플러는 직원들에게 정직성과 겸손의 정도를 측정하기 위한 성격 테스트를 수행했다. 그결과, 그렇게 놀랄 것도 없이 정직성과 겸손함이 떨어지는 직원들(즉 뻔뻔한 거짓말쟁이라든가 헛소리에 능숙한 사람들)은 자신이 정치적인 기술이 뛰어나다고 평가했다. 그리고 다른 사람들도 이들의 의견에 동의했다. 상사들은 덜 정직한 직원들을 정치적으로 가장 뛰어나다고 평가했다. 하지만 중요한 것은 이들이 정직하고

자멸하고 말 것입니다

겸손한 동료들보다 자기가 더 유능하다고 자평했다는 점이다. 이것은 우리 중에서 헛소리를 가장 잘하는 사람들이 가장 유능한 사람으로 간주되어 승진하거나 높은 권력을 누리는 자리에 뽑힐 가능성이 높다는 시나리오를 만든다. 물론 우리는 그들을 좋아하지 않을 수도 있고 그들이 객관적으로 끔찍한 사람들일 수도 있지만, 그럼에도 우리는 그들의 정치적, 사회적 감각을 존중한다. 템플러는 이 연구 결과에 대해《하버드 비즈니스 리뷰》에 이렇게 썼다.[35] "우리는 때때로 이런 까다로운 성격 유형이 유용할 수도 있다는 점을 기억해 둬야 한다. 훌륭한 관리자들은 이러한 종류의 사람들이 다른 직원들에게 끼치는 피해를 제한하면서 이들을 적재적소에 배치하는 방법을 알아낸다."

이처럼 거짓말과 헛소리는 비즈니스에 도움이 될 수 있다. 하지만 그뿐 아니라 국가를 위해서도 바람직한 경우가 있다. 오늘날 초강대국 가운데 정치적 프로파간다를 만들고 전파하는 데 전념하는 정치적 부서를 두지 않는 나라가 과연 존재할까? 예컨대 러시아의 '인터넷 리서치 에이전시'라는 기업은 2013년부터 온라인에서 허위 정보를 유포해 왔다.[36] 이곳은 1,000명 넘는 직원을 고용해 소셜 미디어에서 가짜 온라인 콘텐츠를 제작해 러시아의 기업과 정부의 이익을 위해 일한다. 이들은 정치학자 낸시 로센블룸Nancy L. Rosenblum과 러셀 무어헤드Russell Muirhead가 '거짓의 소방 호스firehose of falsehood'라고 부르는 방식을 선호한다. 가능한 한 많은 소셜 미디어 계정을 통해 서로 충돌하는 정보를 반복해 제공해서 불협화음이 생기는 인상을 주는 방식이다.[37] 이 에이전시는 2016년 미국 대통령 선거에 불법 개입 활동을 했다는 혐의로 미국 정부에 의해 기소되었는데, 기소장에 따르면 이들은 "후보들과 정치체제 전반에 대한 불신을 확산시켰다."[38] 2021년 1월 6일에 일어난 미국 국회의사당 점거 폭동 사건을 보면 이런 활동은 꽤 효과가 있었던 것처럼 보인다. 또한 과학자들은 2013년부터 시작된 백신 접종 반대 논쟁을 부추기는 지속적인 캠페인을 통해 이 에이전시가 미국 보건 의료 체계에 대한 불신을 얼마나 일으켰는지 지켜보았다.[39] 이 활동 역시 효과가 있었던 것으로 보인다. 2020년 갤럽의 여론조사에 따르면 미국인의 84%가 자녀에게 백신을 접종하는 것이 중요하다고 여겼는데, 2001년의 94%에 비하면 꽤 낮아진 수치였다.[40]

이 거짓의 소방 호스는 헛소리가 작동하는 고전적인 예다. 인터넷 리서치 에이전시에서 일하는 해커들이 백신과 관련한 과학적 지식을 꿰뚫고 있다든지 미국 선거제도의 정확한 세부 내용까지 숙지하고 있을 가능성은 낮다. 하지만 애초에 이들은 그럴 필요가 없다. 단지 헛소리를 온라인에 퍼뜨려 미국 대중을 혼란스럽게 하는 것이 목표이기 때문이다. 이들은 무엇이 진실이고 정확한 정보인지 관심이 없다. 대신 미국 내에 의도적으로 불협화음을 일으켜 그에 비해 러시아가 보다 유능하고 매력적인 국가처럼 보이게 하면 그뿐인 것이다.

워싱턴 대학에서 '헛소리하기'라는 이름으로 강의를 하고 있는 진화 생물학자 칼 버그스트롬Carl T. Bergstrom과 정보과학자 제빈 웨스트Jevin West는 같은 제목으로 강의 내용을 책으로 출간했다. 이 강좌와 책은 어느 정도 가볍지만, "수정 구슬이나 동종 요법homeopathy(질병과 비슷한 증상을 유발해 치료하는 방법-옮긴이)에 빠진 숙모, 아무 생각 없이 인종차별을 저지르는 삼촌에게 그들의 주장이 왜 헛소리인지 비교적 쉽고 설득력 있는 설명을 제공한다"[41]는 것을 목표로 인터넷 시대에 헛소리의 확산이 인류 문명에 미치는 심각한 위협에 대해 강조한다. 이들에 따르면 "적절한 헛소리 탐지 기능은 자유민주주의가 계속 이어지는 데 필수적이다. 민주주의는 언제나 비판적으로 사고하는 유권자에게 의존해 왔지만, 소셜 미디어를 통한 프로파간다 전파라는 수단으로 가짜 뉴스를 비롯해 선거 과정에 대한 국제적 간섭이 일어나는 오늘날처럼 그런 능력이 중요해진 적은 없었다."[42]

핀란드는 거의 지난 10년 동안 이 헛소리 문제에 대해 고민했던 나라다. 러시아에서 오는 가짜 뉴스의 폭격을 받았던 핀란드는 2014년에 학생들에게 미디어 속 거짓말을 알아차리는 방법을 가르치도록 교육 시스템을 재조정했다. 여기에 대해 헬싱키의 프랑스계 핀란드 학교의 교장이자 '유러피안 스쿨'의 사무총장을 맡았던 카리 키비넨Kari Kivinen은 《가디언》과의 인터뷰에서 이렇게 말했다. "우리 교육의 목표는 적극적이고 책임감 있는 시민과 유권자를 기르는 것입니다. 비판적으로 사고하고, 사실을 확인하며 정보를 어디에서 얻든 모든 정보를 해석하고 평가하는 것은 매우 중요합니다. 우리는 이것을 모든 과목에 걸쳐 교육 과정의 핵심으로 만들었습니다."[43]

이것은 효과가 있었다. 사람들이 가짜 뉴스에 얼마나 취약한지를 측정하는 '미디어 리터러시 지수 2019'에서 핀란드는 2위와 크게 차이를 벌리며 1위에 올랐다.[44] 여기서 우리가 얻을 수 있는 교훈이 있다면, 한 사람이나 한 국가가 헛소리를 보다 잘 발견해 대처하려면 우리가 듣는 것을 전부 믿는 기본적인 습성을 극복하기 위해 장기적이고 단합된 노력을 해야 한다는 점이다. 하지만 적어도 그런 노력은 가능하다. 심지어 우리가 수많은 헛소리에 잠식되고 있는 세상에서도 희망은 있다.[45]

이제는 걷잡을 수 없이 커져 버린 것은 아닌가?

많은 동물들이 피리물떼새나 죽은 척하는 닭처럼 속임수 작전을 쓸 수 있다. 그리고 몰래 짝짓기하는 갑오징어처럼 어떤 동물들은 전략적 속임수를 쓸 수도 있다. 하지만 우리의 가장 가까운 영장류 친척들이라 하더라도 인간의 거짓말과 헛소리 실력은 결코 따라잡을 수 없다. 인간은 언어, 마음 이론, '왜? 전문가'라는 독특한 능력을 지녔기 때문이다.

우리는 여기에 대해 어떻게 생각해야 할까? 이처럼 부정직

자멸하고 말 것입니다

성을 드러내는 우리의 능력이 발휘되기 위해서는 예외적인 마음이 작동하도록 여러 힘이 한데 모여야 한다. 헛소리는 우리의 독특한 특성이며, 우리는 솜씨 좋은 거짓말쟁이나 헛소리꾼이 되는 것은 우리 종 안에서 사회적(그리고 경제적) 성공과 관련이 있다는 사실을 알고 있다. 하지만 보다 큰 그림에서 보면 특히 헛소리를 하는 인간의 능력은 장점을 넘어서는 어두운 측면을 가지고 있다. 예컨대 국가가 지원하는 거짓말과 헛소리를 통해 의심스럽거나 혼란을 일으키는 거짓 정보가 퍼지면서 수백만 명이 사망한 예가 있다. 니체가 살던 시대에 퍼져 나가던 나치의 반유대주의 프로파간다라든지 오늘날 백신 반대 운동의 메시지를 퍼뜨리고 있는 러시아의 인터넷 리서치 에이전시에 이르기까지 헛소리가 퍼져 나가면 자칫 사람이 목숨을 잃기도 한다.

우리는 헛소리가 최소화되기를, 우리 사회와 의사 결정자들이 무엇이 진짜이고 무엇이 그렇지 않은지에 대해 올바르게 판단할 수 있는 세상을 갈망한다. 핀란드는 아이들에게 그런 세상을 만들도록 교육하는 일을 훌륭하게 해냈다. 칼 세이건은 1995년에 출간된 책, 『악령이 출몰하는 세상』의 '헛소리 탐지기'라는 장에서 헛소리를 발견하고 없애는 자신만의 기술에 대해 설득력 있는 글을 남겼다. 최근 사회 심리학자 존 페트로첼리John Petrocelli는 오늘날의 헛소리를 식별하고 대응하는 방법에 대해 『우리가 혹하는 이유』라는 책에서 다뤘다. 헛소리를 발견하고 제거하는 도구는 항상 그 자리에 오랫동안 존재했다. 오늘날 문제는 대부분의 사람들이 이 도구를 골라서 사용하는 데 별로 관심이 없어 보인다는 것이다.

그 이유는 간단하다. 인간은 진화적으로 거짓말쟁이로 설계되었기 때문이다. 다만 기묘하게도 거짓말에 취약한 거짓말쟁이들이긴 하지만 말이다. 이것은 우리 종족 특유의 문제다. 우리는 단지 남을 속일 수 있다는 특성만으로는 예외적인 존재가 아니다. 앞서 살폈듯 곤충에서 갑오징어에 이르는 여러 종들이 거짓 정보를 포함하는 의사소통 신호를 만들어 낸다. 몇몇은 심지어 의도적으로 다른 개체를 속이려 한다. 하지만 우리 종은 타인의 믿음을 조작해 거짓말을 하려는 의도를 사회에 대한 우리 인식의 기본 구조로 함께 엮었다. 우리는 아이들이 거짓 정보의 확산에 예민해지고 그것이 일으키는 피해를 줄이도록 가르칠 수 있다. 하지만 우리는 직립보행 능력을 우리 자신으로부터 제거할 수 없는 것처럼 거짓말을 할 수밖에 없고, 마찬가지로 그것을 믿는 능력 또한 없앨 수 없다. 우리는 원래 그런 존재이기 때문이다.

헛소리나 해로운 거짓말을 아예 없앤 세상을 상상하려면 SF 소설 속으로 들어가야 한다. 우리 종족이 마음 이론, 언어, '왜? 전문가'에 대한 능력을 가지고 있는 한 계속해서 거짓말과 헛소리를 하고, 말을 꾸며내 조랑말을 거세하는 존재로 남아 있을 것이다. 이것은 우리가 가진 인지적 재능의 불가피한 결과들이다. 우리는 과학적 사고에 호소함으로써 피해를 최소화할 수 있지만, 과학에 몰두하는 사람들조차도 역시 인간이기에 헛소리를 하기 쉽다.

동물들은 속임수가 의사소통 체계의 작은 부분 집합으로만 존재하는 세상에 살고 있다. 속임수가 아닌 정직이 보통이라고 균형이 잡힌 채로 말이다. 동물들이 거짓말을 할 때 그 결과는 갑오징어나 최면에 걸린 닭, 절뚝거리는 물떼새처럼 재앙을 일으킨다기보다는 귀여운 편이다. 반면에 인간은 자기들끼리 속고 속인다. 이런 유해한 조합은 오늘날 우리를 매우 어두운 길로 몰아넣고 있다. 그래서 핀란드 같은 나라들은 전 국민을 대상으로 하는 교정 작업을 적극적으로 추진하는 중이다. 반면에 동물들은 이런 교정이 필요하지 않다. 자연선택은 이미 동물에게서 헛소리를 최소화하는 의사소통 체계를 만들어 냈다.

우리 인간들은 타인의 말을 쉽게 믿으려는 경향을 타고난 데 더해, 스스로 만들어 내는 자기 파괴적인 문제들에 대한 새로운 해결책을 고안해야 한다. 우리가 처한 문제를 한 문장으로 정리하자면 다음과 같을 것이다. 우리는 '거짓의 소방 호스'가 지구라는 행성에서 우리 종족을 씻겨 내기 전에 스스로를 구할 수 있을까?

3장

~~~~~~~~

인간은 죽음에 대해
너무 많이 알고 있습니다

2018년 7월 24일, 탈레쿠아Tahlequah가 딸을 출산했을 당시 나이
는 20세였다. 아기는 임신 기간을 다 채웠음에도 태어난 지 얼
마 되지 않아 사망했다. 정상적인 상황이라면 사망 원인을 판정
할 전문가가 곁에 있었을 것이다. 하지만 당시는 그런 상황이
아니었다.

아기가 죽고 난 직후 탈레쿠아는 세상을 놀라게 할 행동을
했다. 가는 곳마다 죽은 아기를 데리고 다녔던 것이다. 탈레쿠
아는 몇 주에 걸쳐 이렇게 했고, 목격자들으 그 과정을 '슬픔의
여행'이라고 불렀다.[2] 이 기간 동안 탈레쿠아는 거의 먹지 않았

고, 잠을 잘 때면 다른 구성원들이 번갈아 가며 죽은 아기를 안고 다녔다. 그 전체 여정을 지켜본 제니 앳킨슨Jenny Atkinson은 이렇게 말했다. "탈레쿠아의 가족들이 이 기간 동안 책임을 분담하고 있다는 게 보였습니다. 항상 아기를 데리고 다니는 게 아니라 교대로 안고 다니는 듯했으니까요."[3]

탈레쿠아의 애도 과정을 취재하기 위해 국제 뉴스 매체들이 워싱턴주 시애틀을 방문했다. 그러자 전 세계에서 동정의 소리가 터져 나왔다. 사람들은 탈레쿠아에 대한 시를 썼고 그녀가 아기를 안고 있는 그림을 트위터(현 X)에 올렸다. 작가 수전 케이시Susan Casey는 이 어머니가 슬퍼하는 모습을 보면서 대중이 느낀 집단적 고통을 어떻게 해야 가장 잘 처리할 수 있을지에 대해 《뉴욕 타임스》 사설란에 글을 썼다.

17일이 지난 2018년 8월 12일, 탈레쿠아는 마침내 아기를 놓아주었다. 아기의 시신은 태평양 바닥에 가라앉았다. 며칠 뒤, 워싱턴 프라이데이 하버에 있는 고래 연구 센터의 과학자들은 탈레쿠아가 아기에 대한 미련을 버리고 산후안 제도의 해안에서 연어를 사냥하며 살아가는 모습을 발견했다. 이전의 생활로 돌아간 듯했다.

여러분이 아직 눈치채지 못했다면 이제는 밝혀야 할 것 같다. 탈레쿠아는 사실 사람이 아니다. 돌고래 종 가운데 덩치가 가장 크다고 알려진 범고래다. 제니 앳킨슨 또한 단순한 목격자가 아니라 워싱턴에 있는 고래 박물관의 관장 자격으로 이 전례 없는 사건을 면밀하게 관찰했다. 과학자들의 피어 리뷰를 거친 논문에는 돌고래류의 이러한 행동에 대한 많은 사례가 실려 있다. 어미들은 새끼의 사체를 부리에 올려 수면을 향해 계속해서 밀어 올리곤 한다. 돌고래들은 원래 병들거나 아파하는 가족 구성원을 수면 가까이 떠받들어 호흡을 돕는 등 비슷한 방식으로 돌본다. 하지만 새끼의 사체를 떠받드는 행동은 통상적으로 몇 시간밖에 지속되지 않는다. 그런 만큼 탈레쿠아가 17일 동안 애도했던 행동은 매우 특이했다. 그리고 그 기간이 너무 긴 나머지 건강에도 영향을 미쳤다. 몇 주 동안 먹이를 먹지 않고 새끼의 사체를 물속에서 밀어 올리는 데만 집중해 눈에 띄게 야윈 것이다. 동물의 행동을 냉정하게 관찰하도록 훈련받은 과학자들도 크게 동요했다. 워싱턴 대학교 보존 생물학 센터의 연구자 데버러 자일스Deborah Giles는 이렇게 말했다. "저는 그 모습을 보면서 흐느꼈어요. 아직도 자기 새끼를 계속 데리고 다닌다는 걸 도저히 믿을 수 없었죠."[4]

많은 신문기자들은 탈레쿠아의 행동을 동물도 슬픔을 느끼며 애도 행위를 한다는 반박할 수 없는 사례로 묘사했다. 이들이 작성한 기사에는 밤낮없이, 장례식 같은 단어가 잔뜩 등장했다. 보통 동물이 아닌 인간이 죽음에 대해 이해하고 반응하는 것과 밀접한 관련이 있는 개념들이다. 하지만 일부 동물 행동 전문가들은 슬픔으로 인해 세끼를 들어 올리는 행동이 나타났다고 설명하는 것은 동물에게 인간과 같은 감정과 인지를 부당하게 귀속시키는 의인화에 불과하다고 주장했다. 동물학자 쥘 하워드 Jules Howard는 《가디언》에 이러한 의견을 밝혔다. "우리는 과학적 엄격함 없이 다른 동물들에게 인간과 같은 감정을 거리낌 없이 부여합니다. 하지만 그 결과 실제적이고 강력하며 관찰 가능한 인간의 감정이 희석되곤 하죠."[5]

하지만 나는 이 장을 이런 의인화의 함정에 대해 고발하는 데 쓰고 싶지 않다. 대신 나는 인간 아닌 동물들에게 죽음이 무엇을 의미하는지에 대한 구체적 문제를 다루고자 한다. 동물에게도 죽음은 의미가 있기 때문이다. 탈레쿠아에게도 그랬다. 하지만 그게 어떤 의미일까? 이 질문에 답하는 게 이 장의 목표다. 그리고 이 장을 마무리할 즈음에는 이런 질문을 던지고자 한다. 비록 슬픔이나 애도 같은 단어를 사용할 정도로 우리 인간 종이 탈레쿠아를 비롯한 다른 동물들보다 죽음에 대해 보다 더 깊은 수준에서 이해하는 것이 분명하다 해도, 죽음에 대해 보다 잘 이해한다는 이유만으로 과연 인간은 다른 종들보다 더 나은 존재인가?

죽음에 대한 지혜

лллл

동물들은 죽음에 대해 무엇을 아는가? 다윈 자신도 여기에 대해 궁금해했고, 『인간의 유래와 성선택』에서 이런 물음을 던졌다. "죽어 가거나 죽어 있는 동료를 둘러싸고 바라보는 소들이 무엇을 느끼는지 누가 알 수 있을까?"[6] 그로부터 거의 150년 후 인류학자 바버라 킹Barbara J. King은 저서 『동물은 어떻게 슬퍼하는가』에서 분류학적으로 다양한 스펙트럼에 걸쳐 동물들이 사회적 파트너나 가족 구성원들에 대해 탈레쿠아와 비슷한 방식으로 반응하는 수많은 사례를 실었다. 여기서 킹이 드는 예는 우리가 일반적으로 지능이 있다고 여기는 돌고래 같은 동물에서부터 그렇지 않다고 여기는 동물들까지를 아우른다. 킹에 따르면 "닭은 침팬지, 코끼리, 염소 같은 동물들처럼 슬픔을 느끼는 능력이 있다."[7]

동물들이 죽음에 대해 무엇을 알고 있는지(그리고 어떻게 슬퍼하는지)에 대한 질문은 죽음에 대한 동물들의 지식을 이해하려는 과학적 탐구인 '비교 죽음학'의 일부다.[8] 비교 죽음학을 연구하는 학자들은 어떤 동물이 무언가가 죽었는지 살았는지 여부를 어떻게 아는지, 또 동물에게 죽음이 무엇을 의미하는지에 대해 알고자 한다. 예컨대 개미는 죽은 개체에서 부패가 시작될 때만 방출되는 화학물질인 네크로몬necromone 때문에 그 개체가 죽었다는 사실을 안다. 개미가 죽은 개미에게서 네크로몬 냄새를 맡으면 그 사체를 운반해 둥지 밖으로 버린다. 그러므로 어떤 개미―죽지 않은―에게 네크로몬을 뿌리기만 해도 이러한 사체 운반 행동을 촉발시킬 수 있다. (싫다고 반항하는 그 개미를 다른 개미들이 둥지 밖으로 옮기는 모습을 볼 수 있다.) 이것은 개미들이 죽음에 대해 특별히 정교한 지식을 가지지 않으며, 죽음을 인식하는 방식이 매우 제한되어 있음을 암시한다.

하지만 우리가 즉시 알아볼 수 있는 방식으로 죽음에 반응하는 동물들도 있다. 새끼의 사체를 옮기는 행동은 돌고래에만 국한되지 않는다. 대부분의 영장류에서도 흔하게 관찰되는 행동이다. 어미들은 한 번에 며칠, 또는 심지어 몇 주 동안 새끼의 사체를 실어 나른다. 그에 따라 종종 인간이 보기에 슬픔을 느끼는 것처럼 보이는 행동이 동반된다. 이 동물들은 사회적 활동을 그만두고 슬픔에 젖은 듯한 소리를 내며, 바버라 킹에 따르면 "먹거나 자지도 못한다."[9] 하지만 우리가 목격하는 이런 행동이 실제로 슬픔이라 해도 그것이 죽음에 대해 이해한다는 의미는 아니다.

빈 수의과 대학에서 연구하는 수사나 몬소Susana Monsó 박사는 동물의 죽음에 초점을 맞추는 철학자다. 몬소에 따르면 "슬픔이 반드시 죽음에 대한 개념을 지녔다는 신호는 아니다. 그보다는 죽은 개체에 대한 강한 감정적 애착을 나타낸다."[10] 이것은 죽음에 대한 동물의 이해 측면에서 또 다른 수준의 정교함이 추가되는 시나리오를 보인다. 가장 기본적인 것은 '죽음에 대한 최소한의 개념'이라 불리는데, 이것은 대부분의 동물은 아니더라도 상당수의 동물이 가지고 있는 죽음에 대한 지식의 일종이다. 몬소는 동물이 죽음에 대한 최소한의 개념을 갖기 위해서는 다음 두 가지 단순한 속성만 인식할 수 있으면 된다고 주장한다. "하나는 비 기능성(죽음은 모든 신체적, 정신적 기능을 정지시킨다)이고 다른 하나는 비가역성(죽음은 영구적인 상태이다)이다."[11] 동물들은 선천적으로 이것을 알고 태어난다기보다는 주변 상황에 노출되면서 죽음에 대해 배운다.

몬소가 나에게 설명한 바에 따르면, "동물이 '죽음에 대한 최소한의 개념'을 발전시키기 위해서는 먼저 주변의 존재들이 일반적으로 어떻게 행동하는지에 대한 기대를 가져야 한다." 예컨대 돌고래 새끼는 태어나자마자 얼마 안 되어 주변 동물들이 행동하는 방식을 재빨리 배울 것이다. 이 돌고래 새끼는 다른 돌고래들이 물속을 헤엄치고 물고기를 쫓아가 잡아먹으며 휘파람이나 딱딱 소리를 많이 내는 동안 꼬리지느러미를 위아래로 퍼덕일 것이라 기대한다. 하지만 그러던 어느 날, 죽은 돌고래와 처음 맞닥뜨린 돌고래 새끼는 이러한 행동 중 어떤 것도 보이지 않는다는 사실을 알아차린다. 그렇게 돌고래 새끼가 사체를 충분히 오랫동안 관찰한다면 이것이 영구적인 어떤 상태라는 사실을 배울 것이다. 그러면 이 돌고래 새끼는 머릿속에서 살아 있는 것들과 더 이상 살아 있지 않은 것들로 외부 세계를 분류할 수 있다. 몬소에 따르면 '죽음에 대한 최소한의 개념'은 "상대적으로 획득하기 쉬우며 자연에 상당히 널리 퍼져 있다." 이것은 특별히 복잡한 인지 기능을 요구하지 않는다. 따라서 슬픔은 사회적 파트너나 가족 구성원의 영구적인 비 기능성에 대한 다소 직접적인 감정적 반응으로 나타날 수 있다.

그렇지만 돌고래가 죽음을 인식할 수 있다고 해서 자신의 죽음을 이해한다는 의미가 아니라는 점이 중요하다. 살아 있는 모든 생명체가 언젠가 죽는다는 사실을 이해하지도 못한다. 이것은 인간 아닌 동물들에게는 결여된 두 가지 부가적인 이해 단계다. 몬소에 따르면 "어떤 개체의 사망에 대한 개념이 아주 정교한 수준에 이르면 필연성, 예측 불가능성, 인과관계에 대한 개념을 필요로 한다. 이런 개체는 죽음에 대한 경험을 쌓은 결과, 자신이 죽을지도 모르지만 어쩌면 죽지 않을 것이라 생각할 수 있다. 그리고 이러한 생각은 아마 인간에게만 국한되어 나타나는 듯하다."

죽음에 대한 동물과 인간의 인식, 특히 '죽음을 피할 수 없다는 사실' 자체에 대한 인식에는 근본적인 차이가 있다는 데 과학자와 철학자들은 의견을 같이한다. 킹은 『동물은 어떻게 슬퍼하는가』에서 "동물과는 달리 우리 인간만이 죽음의 불가피성을 온전히 예측하고 받아들인다"라고 설명한다. 이것은 '죽음의 현저성mortality salience'이라고 불리는데, 여러분을 비롯한 모든 사람이 언젠가는 죽을 것임을 아는 능력을 가리키는 과학 용어다. 나는 이보다 '죽음에 대한 지혜'라는 문학적인 용어를 선호하지만 말이다.

내 딸이 여덟 살이었을 때, 아이의 침대맡에서 책을 읽어 주고 잘 자라고 인사한 지 얼마 되지 않아 울음소리가 들렸다. 가

보니 딸은 무척이나 우울한 표정으로 침대에 앉아 있었다. 아이는 죽음에 대해 생각하다가 나 자신도 언젠가는 눈을 감고 다시는 눈을 뜨지 않을 거라 상상했다고 말했다. 더 이상 아무것도 보지도, 생각하지도, 느끼지도 못 하게 되는 것 말이다. 아이는 두려움과 동시에 자신이 새롭게 느낀 일종의 실존적 두려움에 대해 설명했다. 나는 여러분도 이런 감정을 알고 있으리라 생각한다. 자신이 언젠가 죽는다는 현실을 생각하면 압도적인 슬픔에 질식할 듯한 기분이 든다. 이것은 내 딸이 이전에 이야기하거나 경험한 적이 있는 기분이 아니었다. 그런 아이를 지켜보고 있자니 마음이 아팠다.

여기서 우리는 이런 질문을 던질 수 있다. 죽음에 대한 이런 깊은 이해를 가능하게 하는, 비 인간 동물은 가지고 있지 않고 인간만이 가지고 있는 인지능력의 정체는 무엇일까?

넓고 깊은 시간에 대한 이해

수사나 몬소에 따르면 동물이 가진 죽음에 대한 개념은 "시간에 대한 명료한 개념도, 정신적인 시간 여행이나 일시적인 예지 능력도 필요로 하지 않는다." 이것들은 죽음에 대한 지혜를 갖는 데 필요한 인지적 요소들이며 아마 인간의 마음만이 가진 독특한 것들

너무 많이 알고 있습니다

이다. 이제 나는 차례로 이것들을 다룰 예정이다. 그러면 우리 종에게 죽음에 대한 깊은 이해를 주는 것이 무엇인지 알 수 있을 것이다. 먼저 '시간에 대한 명료한 개념'부터 시작해 보자.

먼저 시간에 대한 명료한 개념을 가졌다면 내일이 올 것이고 그다음 날, 또 그다음 날이 있을 것이라는 사실을 이해할 수 있다. 이러한 지식은 단 몇 시간, 며칠, 몇 년, 수천 년의 미래까지 확장될 수 있다. 우리가 의식적으로 분석할 수 있고, 따라서 개념적으로 이해하고 사고할 수 있다는 점에서 이 개념은 명료하다. 이렇게 시간이 계속해서 이어진다는 명료한 개념을 갖추면 미래를 계획할 수 있다는 큰 이점을 누릴 수 있다.

여기에 비해 동물은 비록 완벽하고 존중할 만한 생활을 하고 있더라도 지금이 몇 시이거나 '미래'가 무엇인지에 대한 진정한 이해를 필요로 하지 않는다. 예컨대 집고양이는 배고프면 먹고 피곤하면 잠을 자지만, 내일 무슨 일이 일어날지에 대해서는 전혀 관심이 없다. 그런데 니체는 이 점 때문에 동물이 인간에 비해 우월하다고 생각했다.

"동물은 역사적인 방식으로 살지 않는다. 왜냐하면 동물은 현재에 속해 있기 때문이다. 마치 곤란하게 딱 떨어지지 않는 소수가 남지 않는 숫자와 같다."[12]

니체는 동물들이 과거의 지식에 대한 부담이 없고, 그들의 미래가 어떻지 전혀 모르기 때문에 인간에 비해 고통을 덜 받는다며 인간의 처지를 애통하게 여겼다. 니체에 따르면 동물은 아이들과 마찬가지로 "과거와 미래의 울타리 사이에 있는 행복한 맹목 속에서 노닌다."

동물들이 현재에 갇혀 살아간다는 관념은 오늘날에도 널리 퍼져 있지만, 과학자들에게는 오랜 논쟁거리다. 이제 우리가 살필 몇 가지 사례를 제외하고는 실제로 많은 동물 종들이 인간을 기준으로 했을 때 우리만큼 시간에 대한 명료한 개념을 가지지 않은 듯하다. 물론 동물들이 미래에 대해 곰곰이 숙고하지 않는다 해도 시간은 여전히 그들에게 의미가 있다. 동물은 시간이 개념적으로 무엇인지에 대한 명료한 이해를 갖지 못했을 수 있지만, 거의 모두가 DNA에 새겨진 시간에 대한 암묵적인 개념을 지니고 있다.

일주기 리듬의 전문가이자 레이크헤드 대학교 생물학과 교수인 마이클 카디널-오코인Michael Cardinal-Aucoin에 따르면 "모든 동물의 생리학적, 생화학적, 행동학적 생활은 24시간 전후를 주기로 꾸려진다. 동물들은 정해진 시간에 맞춰 생활하며 주기적으로 일어나는 반복적인 사건들을 머릿속에서 예상한다."

포유류인 우리는 특히 단 한 가지의 주기적인 사건에 큰 영향을 받는다. 바로 일출이다. 내가 이 글을 쓰는 오늘의 길이는 23시간 59분 59.9988876초로 예상된다. 그리고 달은 하루에도 계속 지구로부터 점점 멀어졌다가 가까워진다. 이것은 지구에 대한 달의 중력이 일정하지 않다는 것을 의미하며, 그에 따라 지구의 자전 속도는 항상 유동적으로 변한다. 이런 이유로 지구에서 '하루'는 정확하게 24시간인 경우가 거의 없다. 게다가 달은 지구로부터 매년 평균 약 5cm씩 멀어지고 있어서 지구의 '하루'는 수천 년에 걸쳐 천천히 늘어나게 된다. 지금으로부터 7,000만 년 전에는 하루가 23시간 30분에 지나지 않았다.[13]

하지만 하루의 길이가 이렇게 변한다고 해도 세상의 거대한 흐름 속에서 그 변동량은 미미하기 때문에 많은 종들은 해가 뜨고 지는 것을 자명한 것으로 여기고 행동 패턴을 진화시킬 수 있었다. 예컨대 인간은 우리 몸속의 시계를 보정하기 위해 자연광을 활용한다. 상당수의 다른 포유류가 그렇듯 우리는 해가 지면 잠을 잔다. 하루가 끝날 무렵 자연광이 희미해지면 송과선pineal gland은 우리의 뇌에 이제 잠잘 시간이라는 신호를 주는 호르몬인 멜라토닌을 생산한다.[14] 이러한 흐름은 아데노신이라는 화학물질이 하루 동안 뇌에 천천히 축적되는 것과 동시에 해가 지고 나면 아데노신의 축적은 곧 임계 수준에 도달하고 이에 따라 잠자리에 들도록 졸음이 유발된다. 반면 야행성인 박쥐를 비롯한 종들은 밤에 활동하기 때문에 이와 반대인 수면 유도 체계를 갖고 있다. 이 동물들은 해가 뜨면 졸음이 온다. 두 경우는 모두 태양이 시간의 흐름을 알려 주는 믿을 만한 지표 역할을 한다.

그뿐만 아니라 모든 생물의 세포에는 빛이 관여하지 않으면서도 시간을 기록하는 더 오래된 시스템이 존재한다. 카디널-오코인이 내게 설명한 바에 따르면 "우리 세포에는 시간의 흐름을 기록하는 분자 메커니즘이 있다." 이 내부 시계 시스템은 우리의 DNA에 있는 시계 유전자clock gene에 의해 조절된다. 이 유전자들은 일단 활성화되면 PER 단백질이라 불리는 물질을 생산하기 시작하며, 이 단백질은 밤에 세포로 흘러 들어간다. 결국 이 단백질이 충분히 생산되어 임계치에 도달하면, 시계 유전자가 단백질 생산을 멈춘다. 이후에 PER 단백질이 천천히 분해되어 최저치에 도달할 만큼 줄어들면 시계 유전자가 다시 켜져서 단백질을 만들기 시작한다. 이 전체 과정은 거의 정확하게 24시간이 걸린다. 지구가 한 바퀴를 완전히 자전하는 데 걸리는 시간이다. '전사-번역 피드백 루프transcription-translation feedback loop, TTFL'라 불리는 이 세포 속 메커니즘은 식물에서 세균, 인간에 이르기까지 대부분의 생물에서 발견된다. 이 메커니즘은 어두운 동굴이나 빛이 투과하지 않는 해저에 사는 동물을 포함해 지구상의 모든 생물들이 어째서 24시간이라는 태양 주기에 민감한지를 설명하는 데 도움이 된다. 제프리 홀Jeffrey C. Hall, 마이클 로스배시Michael Rosbash, 마이클 영Michael W. Young은 1980년대에 이 시계 유전자를 발견한 공로로 2017년 노벨 생리 의학상을 수상했다. 이들의 발견 이전에도 과학자들은 인간(그리고 다른 동물들)이 태양을 통해 스스로 보정할 필요가 없는 신체 내부의 시계를 가졌다는 사실을 알고 있었지만, TTFL이 밝혀지면서 비로소 우리의 세포가 어떻게 그렇게 했는지에 대한 설명이 가능해졌다.

하지만 시간의 경과에 대한 세포 내부의 오래된 반응을 비롯해 우리가 밤과 낮의 주기 가운데 어디에 있는지를 알려 주는 태양의 외부 신호가 반드시 '시간에 대한 명료한 인식'으로 이어지지는 않는다. 예컨대 고양이가 인간과 똑같은 방식으로 시간에 대해 생각할 가능성은 무척 낮다. 내가 기르는 고양이 오스카는 다른 집고양이들과 마찬가지로 어스름한 시간에 활동한다. 즉 새벽과 해 질 녘에 가장 활동적이다. 그리고 다른 포유류처럼 이 고양이의 세포는 TTFL을 활용해 신체 내부 시계를 조절하며, 뇌에서는 호르몬 분비를 통해 약간의 햇빛을 사용해 아침이나 저녁의 활동을 유도하거나 억제한다. 이 고양이는 시간의 흐름에 민감하다. 하지만 그렇다고 '다음 해 겨울'이나 '내일' 같은 추상적인 시간 개념이 어떤 의미인지는 오스카의 지식으로 번역되지 않는다. 이러한 종류의 명시적 지식은 수사나 몬소가 "인간이 지닌 죽음에 대한 지혜"라고 언급한 바 있는 인지능력, 다시 말해 정신적인 시간 여행이나 삽화적 예견 능력을 필요로 한다.

요람에서 무덤까지 시간 여행을

어젯밤을 떠올려 보라. 여러분은 저녁으로 무엇을 먹었는지 기억하는가? 여러분의 기억에 식사는 맛이 있었는가? 식탁에서 어디에 앉아 있었는지 기억나는가? 아마 여러분은 이중 꽤 상당수를 기억할 수 있을 것이다. 여러분은 저녁에 무엇을 먹었는지에 대해 마음속에 각인된 사진처럼 강력한 시각적 기억을 가졌을 수도 있다. 어쩌면 그 기억은 요리와 재료의 이름 등을 언어로 바꾸어 저장되었을지도 모른다. 어쩌면 즐거움이나 역겨움 같은 감각을 통해 기억이 떠오를 수도 있다.

내일 밤의 저녁 식사를 상상해 보자. 가장 가까운 친구 집 거실 바닥에 앉아서 볼로냐 소스를 곁들인 스파게티를 한 접시 먹는다고 말이다. 여러분은 포크나 숟가락이 없어서 스파게티를 손으로 먹는다. 그리고 여러분의 친구는 1997년에 나온 영화 〈타이타닉〉의 주제가인 '마이 하트 윌 고 온'을 부르고 있다. 이것은 아주 독특하고 이상한 시나리오다. 나는 우리의 상상력이 얼마나 특별할 수 있는지를 설명하고자 이 예를 들었다. 우리는 결코 일어나지 않을 수도 있는 무언가를 상상할 수 있으며, 그것을 다른 것들에 비해 뒤지지 않을 만큼 생생하게 상상한다.

이처럼 과거를 회상하고 미래를 생각하는 능력을 '정신적 시간 여행'이라고 한다. 심리학자 토머스 서든도프와 마이클 코발리스Michael Corballis는 이 개념을 다음과 같이 간결하게 정의했다. 그것은 "인간이 어떤 사건에 대해 시간을 거슬러 다시 경험하거나 앞으로 미리 나아가 살아 보기 위해 정신적으로 자신을 투영하는 능력"[15]이다. 또한 이것은 정신적으로 자신을 미래에 투사해 상상된 사건과 잠재적인 결과를 시뮬레이션하는 '삽

너무 많이 알고 있습니다

화적 예견 능력'이라는 또 다른 인지능력과 밀접하게 관련이 있다.[16] 우리는 스스로를 중심에 배치하는 상상 속 시나리오의 무한한 배열에 접근이 가능하다. 여러분은 스스로에게 '만약 내가 손으로 스파게티를 먹는다면 무슨 일이 일어날까?'라는 질문을 하고 여러 가능한 결과—무서운 결과를 포함한—를 상상할 수 있다. 예컨대 이런 시나리오 중 하나에서 여러분은 덜 익은 스파게티에 목이 막혀 죽을 수도 있을 것이다.

동물이 인간과 같은 죽음에 대한 지혜를 가지려면, 그들 역시 이런 삽화적 예견 능력을 필요로 할 것이다. 하지만 대부분의 종에서 그들이 그런 능력을 지녔다는 증거는 거의 없다. 언뜻 생각하기에 조금 이상하다. 만약 동물들이 예견 능력을 통해 상상 속의 자신을 떠올릴 수 없다면 어떻게 미래를 계획할 수 있을까?

이 문제에 대한 이해를 돕기 위해 클라크잣까마귀Clark's nutcracker의 엄청난 미래 계획 능력에 대해 한번 알아보자. 까마귀, 큰까마귀 등과 함께 까마귀과에 속한 이 작은 새는 1800년대 초에 로키산맥을 넘는 악명 높은 탐험을 하던 윌리엄 클라크William Clark(미국에서 메리웨더 루이스와 함께 '루이스와 클라크의 탐험'으로 유명한 탐험가)에 의해 발견되어 이런 이름이 붙었다. 비록 클라크가 이 새를 발견한 공을 인정받기는 했지만, 당연히 그가 이 새를 처음 본 것은 아니었다. 예를 들어 쇼쇼니족 사람들은 클라크가 이곳에 도착하기 이미 1,000년쯤 전에 이 새를 알고 '투코치tookottsi'

라는 이름을 붙였다.[17] 그러니 여기서 나는 보다 일반적으로 통용되는 클라크잣까마귀보다는 쇼쇼니족이 붙인 이름을 사용할 것이다.

투코치의 주된 식량은 소나무의 씨인데 이것은 가을에는 풍부하지만 겨울에는 거의 구할 수 없다. 그래서 투코치는 저장 기술의 달인이 되었다. 가을이면 이 새는 솔방울에서 씨를 골라 내 32km나 떨어진 자기 영역 전체에 숨긴다. 그래야 겨울이 왔을 때 씨를 찾아 먹을 수 있다. 투코치는 다람쥐나 다른 새들이 씨를 찾기 힘들도록 땅을 몇 인치 파고 들어가 구멍 하나에 씨를 열 개쯤 묻는다. 이렇게 투코치는 한 계절에 10만 개의 씨를 1만여 개의 분리된 저장고에 숨길 수 있다.[18, 19] 놀라운 점은 이 새가 저장고 대부분의 위치를 최대 9개월 동안 기억한다는 점이다.[20]

이렇게 보면 투코치는 겨울에는 먹이가 부족하며, 굶주림을 피하려면 씨를 저장해 두는 게 최선의 방책이라는 사실을 아는 듯하다. 다시 말해 미래를 계획하는 능력이 있는 듯 보이기도 한다. 겨울철에 자기가 어떤 처지가 될지 상상하는 삽화적 예견 능력을 활용하는 것처럼 보이기 때문이다. 하지만 사실은 그렇지 않다. 봄에 태어난 투코치는 씨가 부족한 겨울철을 경험한 적이 없어도 씨를 저장하는 과정을 거친다. 이 새는 자기가 제대로 알거나 *상상할 수 없는* 미래를 계획하는 듯하다. 이처럼 투코치의 마음속에서 먹이 저장을 주도하는 메커니즘은 진화적

너무 많이 알고 있습니다

역사에 뿌리를 두고 있다. 이것은 이 새가 미래의 시나리오에서 자기가 어떤 모습일지 상상할 필요도 없는 저장 본능 때문이다. 겨울을 나기 위해 꿀을 모으거나 생산하는 벌, 알을 낳으려고 둥지를 만드는 까마귀처럼 동물들이 미래를 계획하는 것처럼 보이는 거의 모든 예는 '정신적 시간 여행' 때문이 아닌 이런 본능적인 충동에 기인한다고 볼 수 있다.

독일의 심리학자 도리스 비쇼프-쾰러Doris Bischof-Köhler는 한때 인간만이 자신이 상상할 수 있는 방식으로 정신적 시간 여행을 떠나는 능력이 있으며, 그에 따라 현재 동기부여 상태와 충돌하는 미래의 동기를 위해 계획을 세울 수 있다고 주장한 것으로 잘 알려졌다.[21] 하지만 이런 일을 할 수 있는 것처럼 보이는 다른 여러 동물 종이 존재하며 이들 종은 비 인간 동물이 정신적 시간 여행을 할 수 있다는 좋은 사례에 다름 아니다. 흔한 사례로 우리와 제일 가까운 친척인 침팬지의 경우를 살펴보자. 이 예를 제대로 이해하려면 우리는 이 동물의 행동에 대해 중요한 한 가지를 알아 두어야 한다. 여러분은 침팬지가 화가 났을 때 자신의 배설물을 포함한 각종 물건을 던지는 모습을 영화나 텔레비전 드라마에서 본 적이 있는가? 흠, 그건 사실이다. 이런 '똥 던지기'에 대해 제인 구달 연구소에서는 다음과 같이 설명한다.

자연 서식지에 머물던 침팬지가 화가 나면 일어나서 팔을 흔들며 나뭇가지나 돌멩이를 던지곤 한다. 그리고 자기 손에 넣을 수 있는 근처의 모든 것을 던진다. 포획된 침팬지들은 자연에서 찾을 수 있는 여러 사물이 없는 상황이기에 가장 쉽게 내던질 대상은 자신의 똥이다. 게다가 똥을 던지면 사람들로부터 꽤 강한 반응을 얻는 경향이 있기에 침팬지들의 이런 행동은 강화되고 반복될 가능성이 높다. 이 장면을 담은 유튜브 영상이 그토록 풍부한 것도 이런 이유에서일 것이다.[22]

이제 여러분에게 분노의 물건 던지기로 전 세계적으로 유명세를 얻은 침팬지 산티노Santino를 소개할까 한다. 1978년에 태어난 산티노는 스웨덴의 푸루비크 동물원에 사는 수컷 침팬지다. 이 침팬지는 오랫동안 자기 울타리 근처의 지정된 관람 구역에 모인 방문객들에게 돌을 던지는 행동으로 유명했다. 그러던 1997년의 어느 날, 동물원 사육사들은 산티노가 며칠 동안 비정상적으로 많은 수의 발사체를(대부분은 대변이 아닌 돌멩이였다) 던진다는 사실을 알아차렸다. 어떤 상황인지 알아보려고 울타리 안으로 들어간 사육사들은 방문객들의 관람 구역을 따라 길게 늘어선 해자의 초목 아래 숨겨진 곳에서 돌을 비롯한 다른 여러 물건들을 발견했다. 그 가운데는 산티노가 울타리 건너편에서 끌어온 콘크리트 조각도 있었다. 나중에 연구자들이 밝힌 바에 따르면 산티노는 동물원이 문을 열기 몇 시간 전부터 돌을

너무 많이 알고 있습니다

모으고 숨겨 던질 준비를 했다고 한다.[23, 24]

우리가 투코치의 사례에서 살폈듯이 물건을 숨기는 행동이 반드시 삽화적 예견 능력과 함께 정교한 미래 계획이 가능하다는 증거는 아니다. 하지만 산티노의 행동이 보다 특별한 이유는 이 침팬지가 돌을 던지는 발작적인 분노에 휩쓸리기 훨씬 전부터 비축물을 준비했다는 점 때문이다. 모든 사람들의 증언에 따르면 산티노는 비축물을 모으는 동안 침착해 보였다. 이것은 이 침팬지가 (비록 그 순간에는 분노를 느끼지 않았지만) 화가 날 것이라 예상되는 미래를 준비하고 있었음을 암시한다. 투코치와는 달리 산티노는 마음속으로 시간 여행을 하며, 미래의 시나리오 속에서 자신을 상상하는 데 그 기억들을 사용하는 것처럼 보였다.

이처럼 산티노는 자신이 지금 느끼는 것과는 다른 미래를 상상하고 있었던 것으로 보이는 만큼, 이것이 인간만의 특성이라는 비쇼프-쾰러의 가설을 반박한다. 산티노의 행동을 연구하는 연구 책임자인 마티아스 오스바스Mathias Osvath는 여기에 대해 이렇게 말했다. "데이터가 상당히 누적된 만큼, 이것은 삽화적인 인지 체계가 인간만이 가진 특성이라는 생각에 심각한 의문을 던진다."[25]

비쇼프-쾰러의 가설에 도전하는 또 다른 사례는 캘리포니아덤불어치western scrub jays의 행동이다. 이 새는 까마귀, 큰까마귀, 투코치와 함께 까마귀과에 속한다. 그리고 까마귀과의 다른 새들과 마찬가지로 캘리포니아덤불어치 역시 식량을 저장한다.

한 유명한 실험에서 이 새는 두 개의 새장 중 하나에 하룻밤 동안 가두어졌는데, 한 새장에는 아침으로 개 사료가 주어졌고 다른 새장에는 아침으로 땅콩이 주어졌다. 새들은 밤에 자기가 어떤 새장에 들어갈지, 그래서 아침으로 무엇을 먹게 될지 결코 알지 못했다. 실험을 위해 새들은 낮 동안 원하는 만큼(더 이상 배고프지 않을 때까지) 먹이를 먹을 수 있었고 이후에 땅콩이나 개 사료가 주어졌으며, 밤을 지낼 새장에 둘 중 하나(또는 둘 다)를 숨길 수 있었다. 그러자 새들은 땅콩이 아침 식사로 주어지던 새장에는 개 사료를 저장해 두었고, 개 사료가 아침으로 주어지던 새장에는 땅콩을 더 많이 저장했다. 즉 밤사이에 어느 새장에 갇히게 되더라도 잠에서 깨면 땅콩과 개 사료 모두 포함된 아침 식사를 맞이하도록 계획을 세웠던 것이다.

여기서 우리가 기억해야 할 중요한 사실은 이 새들이 음식을 저장하는 동안 배가 고픈 상태가 아니었다는 점이다. 대신 이 새들은 자기가 처하게 될 시나리오를 상상하고 있었다. 이 연구 논문의 저자 중 한 명인 니콜라 클레이턴Nicola Clayton은 이렇게 설명한다.[26] "캘리포니아덤불어치가 보인 행동은 식량이 부족해지는 사태를 막고 식단의 다양성을 높이는 데 관심이 있다는 사실을 보여 준다. 이 새들은 현재의 동기부여 상태를 참조하는 대신 자발적으로 내일을 계획할 수 있었다. 이는 그것이 인간 고유의 능력이라는 생각에 도전한다."[27]

이런 사례들은 동물이 삽화적인 예견 능력을 가지고 행동

너무 많이 알고 있습니다

한다는 점을 시사하는 가장 좋은 예들이다. 하지만 이 예들이 무척 인상적인 만큼이나 우리가 주목해야 할 두 가지 중요한 사실이 있다. 첫째, 만약 동물들이 인간처럼 삽화적인 예견 능력을 지니고 있다 해도 그 능력은 동물 종 전반에 특히 널리 퍼지지 않은 것처럼 보인다. 둘째, 이 종들은 인간과 같은 정도로 정신적 시간 여행 능력을 활용하지는 않는 것으로 보인다. 이런 동물들의 사례는 삽화적인 예지 능력이 비 인간 동물의 마음에도 존재한다는 사실을 틀림없이 우아하게(내 생각이다) 보여 주고 있기에 과소평가할 생각은 없다. 그렇지만 어떤 이유에서인지 동물들이 먹이 획득(그리고 동물원 방문객들을 공격하는 것) 외에는 이 기술을 사용할 수 없는 것처럼 보인다는 점에서 동물들이 지닌 예견 능력의 한계를 보여 주기도 한다.

그렇다면, 이것은 동물들이 가진 죽음에 대한 지혜, 혹은 죽음의 감각에 관해 무엇을 말해 주는가?

우리가 알고 있는 사실은 다음과 같다. 대부분의 동물들은 죽음에 대한 최소한의 개념을 가진다. 이들은 죽음이란 이전에 살아 있던 생명체가 영구적으로 기능하지 않게 되었음을 뜻한다는 사실을 안다. 그리고 우리는 자연선택 덕분에 동물들이 시간에 대한 명료한 개념이라든가 정신적인 시간 여행, 삽화적인 예견 능력에 의존하지 않고도 본능적인 행동을 통해 계획을 세우는 능력을 지닐 수 있다는 사실을 알고 있다. 그리고 우리는 투코치 같은 대부분의 동물 종들이 삽화적 예견 능력 없이도 미래를 잘 준비할 수 있다는 사실을 안다. 그뿐만 아니라 일부 종(예컨대 침팬지나 캘리포니아덤불어치 등)이 삽화적인 예견 능력을 가졌다는 증거가 있기는 하지만, 비 인간 동물들이 자신의 죽음을 포함해 무한한 수의 미래 상황에 대해 생각하거나 계획할 수 있다는 과학적 증거는 없다. 이 점은 인간과 극명한 대조를 이룬다. 죽음에 대한 지혜를 가진다는 것은 우리 종의 영역으로 보이며, 아마 인간만이 가진 능력일 가능성이 높다. 그렇다면 이제 이런 질문을 던질 수 있다. 그게 좋은 걸까, 나쁜 걸까? 자연선택이라는 관점에서(그리고 우리 종만이 분별력이 있다는 관점에서) 죽음에 대한 지혜를 가진다는 건 이득인가, 저주인가?

어쩌다 평생을 죽음의 고통 속에 살게 된 것인가?

2018년에 처음 등장한 새로운 학문 분야인 진화론적 사망학evolutionary thanatology은 (인간을 포함한) 동물이 죽음에 대해 어떻게 이해하고 그와 관련한 행동적 반응을 어떻게 진화시켰는지에 연구의 초점을 맞춘다.[28] 여러분도 잘 알다시피 오늘날의 현생 인류는 다른 동물 종이 하는 방식으로 우리의 죽음을 처리하지 않는다. 대신 우리는 정교한 문화적 규칙과 의식을 가지고 있다. 고왕국(기원전 2686년~2125년) 시기의 고대 이집트인들은 사회 엘리트 구성원들의 시체를 미라로 만들고 그들의 장기(위, 창자, 간, 폐)를 카노푸스의 단지라는 장례용 항아리에 넣은 뒤 시체를 리넨 붕대로 감아 보존한 것으로 유명하다. 이때 심장은 그대로 방치되었고 뇌는 제거된 뒤 버려졌다. 최근 한국에서는 시신을 화장한 뒤 유골을 압축해 반짝이는 구슬로 만들어 장신구로 활용할 수 있도록 하기도 한다(모 기업에서 '봉안옥'이라는 이름으로 유골 보석을 제작하고 있다-옮긴이). 북아메리카의 장례식장에서는 유족들이 차안에 머물며 망자의 관 옆을 지나도록 하는 드라이브 인 옵션을 제공하기도 한다.

진화론적 사망학은 이러한 인간의 장례 관행이 문화적으로 어떻게 진화했는지 뿐만 아니라 시간이 지남에 따라 죽음에 대한 우리의 심리적 이해와 반응이 어떻게 진화했는지 이해하려 한다. 동물의 경우, 지난 수백만 년 동안 죽은 종들의 심리를 조사하는 것은 다소 어려울 수 있는 만큼 현존하는 우리의 가장 가까운 친척인 침팬지를 연구하는 게 보다 쉬운 시작점이리라. 심리학자 제임스 앤더슨James Anderson은 진화론적 사망학이라는 분야에 대해 탐구하는 일련의 논문을 통해 침팬지가 가진 죽음에 대한 이해와 관련해 우리가 얼마나 아는지(그리고 얼마나 모르는지)를 다음과 같이 정리했다.

침팬지가 과연 모든 생물이 언젠가 죽을 것이라는 사실(죽음의 보편성)을 이해하는지는 다소 덜 명확하지만, 최소한 다른 생물이 죽을 수 있다는 사실은 안다고 간주하는 게 합리적일 것이다. 이런 지식을 통해 침팬지는 아마 자신의 죽음이 필연적이라는 사실은 깨닫지 못하더라도, 자신의 취약성에 대해서는 알아차리고 있으리라 추정한다.[29]

죽음의 필연성에 대한 이해는 죽음과 관련한 인간의 심리와 동물의 심리를 구분하는 핵심적 요소다. 즉 인간은 우리의 죽음이 불가피하다는 것을 안다. 반면 침팬지는 어쩌면 그 사실을 이해할지도 모르지만, 앞서 살핀 과학적 증거에 따르면 아마도 이해하지 못할 공산이 크다. 이것은 우리가 침팬지와 공유했던 공통 조상으로부터 호모사피엔스로 진화하는 동안 죽음을 상상하는 능력을 갖췄는지의 여부에 따라 가장 가까운 유인원 친척들과 차이를 보이게 되었음을 뜻한다. 우리 조상의 뇌와 마음에서 죽음에 대한 최소한의 개념을 완전한 죽음에 대한 지혜로 발전시킨 무언가가 일어났다.

이제 유전체에서 유전자 돌연변이가 발생해 죽음의 불가피성을 알게 된 첫 번째 인간 아기가 탄생한 순간을 상상해 보자. 이것은 단순한 가상의 시나리오가 아니라, 지난 700만 년 동안 어딘가에서 일어난 실제 사건이다. 물론 한 번의 돌연변이로 '죽음에 대한 지혜 유전자'가 툭 튀어나왔을 가능성은 낮다. 아마도 그것은 정신적인 시간 여행이나 삽화적 예견 능력과 마찬가지로 진화하는 인지적 기술의 집합을 기반으로 해서 수천 년

147

동안 이루어진 자연선택 과정이었을 것이다. 하지만 그럼에도 우리 종의 역사에서 부인할 수 없을 만큼 중대한 시점이 있었다. 바로 죽음의 현저성을 충분히 인식하는 호미니드 아기가 그럴 만큼의 능력이 결여된 부모에게서 태어난 순간이다. 지구 생명의 역사상 처음으로 아이의 마음에 죽음에 대한 지혜가 꽃을 피우게 된 순간이었다.

이 안쓰러운 아이가 아프리카의 어딘가에서 자라고 있다고 상상해 보자. 그리고 아이의 이름을 카산드라라고 하자. 사춘기를 지나면서 그리고 가족 구성원들과 주변의 동물들이 죽는 것을 목격하며 죽음에 대해 알게 된 이후로 카산드라는 죽음에 대한 지혜에 사로잡히는 최초의 고통을 느꼈다. 마치 내 딸이 여덟 살 무렵 그랬던 것처럼 말이다. 만약 카산드라가 그 당시 자신의 종족이 가지고 있던 언어능력을 활용해서 부모에게 자신이 사로잡힌 불안의 본질을 설명하려고 했다면 부모는 아예 이해하지 못했을 것이다. 카산드라는 자신이 겪고 있는 경험을 아무도 이해할 수 없는, 정말이지 지구상의 아무도 내 고통을 이해하지 못하는 실존적 불안과 자기만의 지옥에서 살았을 것이다.

이 새로 생겨난 지식이 이 어린 여자아이에게 어떤 도움을 주었을까? 죽음에 대한 지혜가 그렇게 어린 시절에 터져 나왔다면 이 아이가 정상적으로 살아갈 수 없을 정도로 많은 트라우마를 일으켰으리라 충분히 짐작할 수 있다. 적어도 진화론적으로 볼 때 이 지식이 진화적으로 카산드라의 적합도fitness(개별 유전형질이나 유전자가 다음 세대로 전달되는 정도-옮긴이)를 높였을 거라 생각할 수는 없다. 카산드라의 부모와 형제자매들은 우리 선사시대 조상들이 그랬듯 생계를 유지하는 데만도 이미 충분히 고군분투하고 있었다. 이들은 두려움 속에서 살아갔다. 그런 상황에서 카산드라의 지식—자신이 언젠가 죽는다는—은 어떤 이점이 되었을까? 누가 봐도 이 여자아이는 자신의 유전적 혈통을 곧장 끝낼 수 있을 정도의 트라우마를 겪었을 것이다.

하지만 그런 일은 벌어지지 않았다. 대신 카산드라의 유전자 혈통이 지배하게 되었다. 이렇듯 가족과 부족 안에서 카산드라가 거둔 개인적인 성공은 죽음에 대한 지혜를 종 전체로 확산시키는 것으로 이어졌다. 그리고 마침내 이 카산드라가 지녔던 유전적 조성에서 호모사피엔스가 탄생했다. 호모사피엔스는 마지막으로 등장한 유인원 종일뿐만 아니라 이 행성을 걸어 다녔던 포유류 종들 가운데서도 단연코 최고의 성공을 거뒀다.

카산드라가 이걸 어떻게 해냈을까? 의사인 아지트 바르키 Ajit Varki는 저서 『부정 본능』에서 생물학자인 대니 브라워Danny Brower와의 대화를 통해 이 카산드라의 문제를 해결하는 과정에서 인간 마음의 기원에 대한 한 가지 가설을 세웠다.

그러한 동물은 이미 생명을 위협하는 위험한 상황, 그리고 그 상황이 일으키는 두려움 반응에 대해 (내장된) 반사 메커니즘을 가지고 있을 것이다. 하지만 이 무의식적인 두려움은 이제 의식적인 것이

149

될 테고, 내가 언젠가 죽으며 그 사건이 언제 어디서나 일어날 수 있다는 사실을 아는 건 지속적인 공포가 될 것이다. 이 모델에서는 자신의 죽음을 부정하는 능력을 갖춘 동시에 완전한 마음 이론을 달성한 개체만이 자연선택에서 유리하다. 하지만 그 조합은 매우 드문 사건일 것이다. 심지어 이것이 행동학적으로 현생 인류의 종 분화를 결정했던 바로 그 순간이었을 가능성도 있다. 우리 인간이 건너왔다고 여겨지는 돌아올 수 없는 루비콘강인 셈이다.[30]

『부정 본능』에 실린 이 주장은 만약 카산드라와 같은 동물이 죽음에 대한 지혜를 이끄는 인지적 기술들(앞의 인용문에서 '완전한 마음 이론'이라고 언급된 것)의 조합을 갖고 태어난다면 "극도로 부정적이고 즉각적인 결과"[31] 때문에 살아남지 못할 것이라는 추측과 맞닿는다. (과연 어린 시절에 살아남을지의 여부는 차치하고 말이다.) 정신이 온전치 못하게 되고 자식을 전혀 낳지 못할 것이기 때문이다. 이처럼 카산드라 같은 동물은 자신의 죽음에 대한 생각을 따로 구획화해 분류하는 능력(바르키가 '부정 본능'이라고 부르는 것)을 진화시켜야만 제정신을 유지하고 번식할 수 있을 것이다.

그렇다면 죽음에 대한 지혜가 갖는 진화적 이익은 무엇일까? 그것을 부정하는 능력을 통해서만 그것의 존재를 설명할 수 있을 정도로 잠재적인 골칫거리라면 죽음에 대한 지혜는 어떻게 카산드라가 지배적인 유전자 계통에 올라설 만큼 도움이 되었는가? 이 질문에 대한 답은 다음과 같다. 죽음에 대한 지혜는 세상이 어떻게 돌아가는지 이해하는 능력에 크게 보탬이 되는 인지적 기술들(예컨대 정신적인 시간 여행, 삽화적인 예견 능력, 시간에 대한 명료한 지식)에 의존하기 때문이다. 왜 그런 일이 벌어지는지 자문하고, 그에 따라 사건의 진행에 변화를 줄 예측과 계획을 세우는 능력은 우리가 1장에서 살폈던 '왜? 전문가' 자질의 일부다. 삽화적 예견 능력은 확실히 이 과정에 관여하는 인지능력의 일종이다. 그리고 죽음에 대한 지혜는 삽화적 예견 능력에 따르는 피할 수 없는 연쇄효과이기 때문에 우리는 '왜? 전문가'로서의 자질을 죽음에 대한 지혜와 분리할 수 없다. 자연선택 원리에 따르면 '왜? 전문가' 자질은 우리가 번성하는 데 도움을 주었다. 삽화적 예견 능력과 여기에 따라오는 죽음에 대한 지혜도 마찬가지일 것이다. 즉 죽음에 대한 지혜가 갖는 분명한 이점은 그것이 다른 인지능력들에 관련되어 있거나 어쩌면 그것들로부터 비롯했기 때문에 발생한다. 이런 인지능력들은 우리 종이 다른 모든 호미니드 조상들과 대부분의 포유류들을 능가해 지구라는 행성을 지배할 수 있게 해 주었다.

그뿐만 아니라 죽음에 대한 지혜는 공유된 사회성에 대한 우리의 능력을 강화해 우리 종이 번성하도록 도왔을 수도 있다. 죽음에 대한 지혜는 시스템상의 버그나 원치 않는 연쇄효과와는 거리가 멀며, 실제로는 하나의 특성일지도 모른다. 『죽음의 부정』으로 퓰리처상을 수상한 심리학자 어니스트 베커는 이 책에서 인간 행동과 문화의 상당 부분이 우리 자신의 죽음에 대한

너무 많이 알고 있습니다

지식에 의해 생성된다고 주장했다. 그것은 또한 우리가 죽은 뒤에도 계속 남아 의미와 가치를 가질 무언가를 창조하려는 이후의 시도에 의해서도 생성된다.[32] 인간은 믿음과 법, 과학으로 이루어진 체계를 만들어 낸다. 그런 만큼 우리 인간 종은 베커가 "기본 가치, 우주적 특수성, 무언가를 만들어 내는 것의 궁극적 유용성, 흔들리지 않는 의미"라고 묘사했던 것들을 스스로 찾아낸다. 또한 우리는 "지속적인 가치와 의미를 지니며 죽음과 부패를 넘어서 더 오래 이어지는 것들, 인간과 그들의 생산물이 중요시하는 것들을 인간 사회에 만들어 내려는 희망으로" 사원과 마천루를 짓고 다세대 가족을 이룬다.

어니스트 베커는 우리가 죽음에 대한 지혜로부터 영감을 받아 사라지지 않을 수많은 프로젝트를 진행한다는 좋은 예를 보여 준다. 그중 일부는 문화를 통해 미래 세대로 전달되는 과정에서 우리의 진화적 적합도에 이득을 줄 수 있다. 과학 그 자체가 그렇다. 과학은 지식에 대한 순수한 애정의 산물인 만큼 명예를 얻으려는 개별 과학자들의 열망에 의해 주도된다.

내 생각도 베커와 같다. 죽음에 대한 지혜가 인간이 처한 상태에 가치(그리고 의미)를 더하는 아름다운 것들을 만들어 낸다는 사실을 부인할 수는 없다. 문화적으로 불멸의 것을 만들려는 시도. 이 같은 프로젝트를 중요하게 여기는 우리의 믿음은 종종 최악의 결과를 초래하곤 한다. 그런 프로젝트가 가치에 대한 우리의 감각에서 절대적으로 중심적인 역할을 차지한다는 생각도 마찬가지다. 불멸로 향하는 길의 본질에 대한 사상들이 경쟁하면서 이른바 성전(聖戰)이 발발한다.

콩고에서 레오폴드 2세(벨기에의 2대 국왕-옮긴이)가 기독교 선교사들과 협력해서 주도한 집단 학살은 (신학뿐만 아니라 경제적 의미에서) 영원한 신의 이름으로 자행됐다. 지구상의 어느 도시든 거닐다 보면 온갖 잘못된 이유로 악명을 얻고자 인생을 바친, 그래서 우리가 여전히 정확하게 기억하는 역사적인 인물들의 조각상을 마주하게 될 것이다. 예컨대 이오시프 스탈린(소비에트 연방의 2대 최고 지도자-옮긴이), 네이선 베드퍼드 포레스트(남부연합의 장군, 초대 쿠 클럭스 클랜의 지도자-옮긴이), 세실 로즈(대영제국령 케이프 식민지의 총리-옮긴이)를 기리는 동상이 그렇다. 이런 조각상들 중 상당수는 전쟁이나 살인, 인류에 대한 정복을 통해 명성을 얻은 개인들의 삶을 기념한다. 죽음에 대한 지혜는 예술과 아름다움을 창출해 우리가 불멸을 추구할 원동력을 제공하지만, 아이러니하게도 죽음 그 자체를 우리에게 제공하기도 한다.

진화론적 관점에서 보면 죽음에 대한 지혜에는 또 다른 부정적인 결과들이 따른다. 앞서 살폈던 확실히 잘못된 불멸 프로젝트(예컨대 집단 학살)들을 제외한다 해도, 죽음에 대한 지혜에는 일상적으로 부정적인 결과물이 따르기 마련이다. 우울증이나 불안, 자살 같은 것들이 그렇다. 비록 기분 장애가 일광 노출이나 출산처럼 호르몬 수치의 변화 같은 원인이 복잡하게 얽혀 발생할 수 있기는 해도, 죽음에 대해 사색할 수 있는 우리의 능력이 기분에 부정적인 영향을 줄 수 있다는 건 의심의 여지가 없다. 그만큼 허무주의나 절망감, 죽음에 대한 생각은 우울증 진단으로 이어지며 자살의 잠재적 원인이 된다. 오늘날 전 세계적으로 우울증을 앓는 환자들은 2억 8,000만 명이나 된다. 그리고 올해만 해도 70만 명이 넘는 사람들이 자살로 세상을 떠났다. 자살은 5세에서 29세 사이 인구의 사망 원인 중 4위를 차지한다.[33] 죽음에 대한 지혜 자체가 이러한 우울증 환자들과 자살률의 원인은 아니지만, 적어도 어느 정도 관련되어 있다는 데에는 의심의 여지가 없다. 어쩌면 허무주의라는 철학적 문제와 씨름하는 동시에 평생 우울증을 앓아온 니체 자신도 대표적인 사례일 것이다. 이것들은 분명 냉혹하게 연결되어 있다.

하지만 나는 인생 전반에 걸쳐 나의 죽음을 생각하는 데 많은 시간을 보내지 않는다. 가끔은 내 딸과 마찬가지로 밤늦게 죽음이라는 현실이 마음속에 살금살금 파고들어 나를 두려움에 빠뜨리기도 한다. 그렇지만 이런 생각들은 곧 지나가고 머릿속에는 노래 가사나 내일 해야 할 일의 목록이 자리를 잡는다. 내 생각에는 대부분의 다른 사람들도 아마 이럴 것이다. 단지 우리가 스스로의 죽음에 대해 숙고할 수 있다고 해서 실제로 그런 생각에 지나치게 많은 시간을 소비하라는 법은 없다. 그렇다면 이것이야말로 죽음을 부정하는 우리의 능력을 통해 우리가 제정신을 유지하는 방법일 것이다. 그 능력은 우리가 적어도 빨래를 마치는 동안에는 이러한 병적이며 마음에 거슬리는 생각들을 무시하고 넘어가도록 해 준다.

삽화적 예견 능력과 '왜? 전문가'로서의 자질은 죽음에 대한 지혜가 일으키는 부정적인 결과들을 상쇄하고 우리가 정신적으로 균형 상태를 유지하도록 도와준다. 전 세계 80억 명의 사람들이 자신의 죽음을 숙고해 왔다는 사실만 봐도 죽음에 대한 지혜 자체는 우리가 감당할 만하다는 것을 알 수 있다. 진화적으로 보아도 죽음에 대한 지혜는 우리 종의 번성에 나쁜 영향을 줄 만큼 문제가 되지 않는다. 하지만 죽음에 대한 지혜가 우리에게 일으킨 일상적인 결과만큼은 정말 지독하다. 아마 우리 종보다 동물들이 죽음과 더 좋은 관계를 유지하는 듯하다.

이 장에서 살폈듯 상당수의 동물들은 자신이 죽을 수 있다는 사실을 안다. 죽음이 무엇인지 아는 것이다. 동물들은 앞서 인용했던 글에서 니체가 말했듯 "과거와 미래의 울타리 사이에 있는 행복한 맹목 속에서 노닐지" 않는다. 그 정도로 동물들이 무지하지는 않다. 하지만 이렇듯 어느 정도 지식을 갖췄음에도 동물들은 자신의 죽음을 상상할 수 없기에 우리만큼 고통을 받지 않는다. 일각돌고래는 니체가 그랬던 것처럼 죽음의 망령에 대해 한탄하지 않을 것이다. 그리고 만약 니체가 일각돌고래였다면 허무주의가 일으킨 두려움에서 자유로웠을 것이다. 또 내가 만약 일각돌고래였다면 딸의 침대 머리맡에 앉아 내 딸이 죽음에 대해 생각하며 울먹이는 모습을 지켜볼 필요가 없었을 것이다. 딸의 머릿속에서 죽음에 대한 지혜가 불러온 저주를 없앨 수만 있다면 내가 사랑하는 불멸 프로젝트들과도 기꺼이 맞바꿀 것이다.

4장

ィィィィィィィィ

인간이 만든 도덕성은
날 선 칼이 되어 돌아왔습니다

우리는 동물을 도덕적인 존재로 생각하지 않는다.

하지만 반대로 동물들은 과연 우리를 도덕적인 존재라고 여길까?

동물이 말을 할 줄 안다면 이렇게 이야기했으리라.

"인간성이라는 편견은 최소한 우리 동물들을 고통으로부터 지켜 준다."

- 니체[1]

아이헤이 하시즈메는 일본 도사번 6번대 소속 군인이었다. 1868년 3월 8일, 하시즈메의 사단이 오사카 근교의 해안 마을 사카이에 주둔하던 중 프랑스 군함 뒤플렉스가 가까이 다가왔고 군인들이 상륙했다. 당시는 일본에서 메이지유신이 시작된 지 불과 1년 남짓이 지난 시점이었고, 쇼군이 통치하는 봉건 체제에서 중앙집권적 제국주의로 전환되어 수백 년 만에 처음으로 서양인들이 일본 땅을 밟아도 좋다는 허락이 내려진 때였다. 사카이 사람들이 외국인을 본 것은 그때가 처음이었지만, 프랑스 군인들이 마을의 신사를 아무 생각 없이 어슬렁거리며 동네 처녀들에게 추파를 던지자 사람들은 상당히 실망했다. 프랑스 군인들의 행동은 19세기에 바닷가에서 휴가를 즐기던 서양인 선원들이 충분히 할 법한 것이었지만, 일본인들은 그것을 품위가 떨어지는 역겨운 짓으로 여겼다. 그래서 하시즈메와 그의 부하들은 프랑스 군인들이 그들의 배로 돌아가도록 설득하라는 명령을 받았다. 하지만 언어의 장벽 때문에 그렇게 하기란 거의 불가능했다. 명령을 수행할 수 없게 된 일본 군인들은 대신 프랑스 군인들의 손을 잡고 제지하는 몸짓을 했다. 그러자 이것이 싸움의 시작이라고 여긴 프랑스 군인들은 자기 배를 향해 도망쳤으며 가는 길에 수병 한 명이 일본 군기를 훔쳤다. 기수이자 소방관이었던 우메키치가 그것을 보고 군기를 도둑질한 수병을 쫓아 달려가 도끼로 프랑스군 수병의 머리를 찍었다. 프랑스군은 이것에 대한 보복으로 우메키치에게 권총을 쏘기 시작했다. 이에 하시즈메와 동료 군인들도 소총을 들고 반격했다. 사실 프랑스군은 원래 수적으로 꽤 열세였고 화력도 모자랐던 터라 그저 마을을 이리저리 탐험할 (그리고 동네 여자들에게 말을 걸) 예정이었다. 이들은 전투 준비가 전혀 되어 있지 않았다. 결국 짧은 총격전 끝에 일본군은 프랑스군 16명을 사살했다.

외교관들은 양국의 관계가 새로 맺어진 터라 여전히 불안정하다는 점을 고려해 더 이상의 유혈 사태를 막기 위해 상황을 빠르게 진정시켰다. 이후 프랑스 측은 일본군이 자국 군인의 사망에 대해 책임을 져야 한다고 주장했다. 그래서 일본의 공식적인 사과와 15만 달러의 보상금을 비롯해 학살에 책임이 있는 일본군 20명의 처형을 요구했다.

사건에 연루된 73명의 군인은 전부 심문을 받았고, 그중 29명은 무기를 발사했다고 인정했다. 29명의 군인은 모두 덴노의 명예를 지키고자 기꺼이 처형을 받아들이겠다고 했다. 하지만 프랑스 외교관들이 20명만 요구했기 때문에 군인들은 누가 죽을지 결정하기 위해 신사에 가서 짚으로 만든 제비를 뽑았다. 하시즈메는 처형을 당하는 제비를 뽑았다. 그리고 처형 제비를 뽑지 못한 9명의 군인들은 좌절했다. 그들은 하시즈메를 비롯한 동료 군인들과 함께 처형당하겠다고 요구하며 자신들의 운명을 받아들이지 않았다. 하지만 그들의 요청은 거부되었다.

바로 이 지점에서 올바른 도덕적 방향이 무엇인지에 대한 질문은 전적으로 여러분의 문화적 배경에 좌우된다.

하시즈메와 다른 처형 대상자들은 자신의 운명을 (심지어 기꺼이) 받아들였지만, 군법을 위반했다는 데는 동의하지 않았다. 먼저 발포한 것은 프랑스군이었다는 것이 이유였다. 그래서 이들은 처형을 당하는 대신 일본의 의례적인 자살법인 할복을 택하고자 했다. 이는 일종의 변형된 처형 방식으로, 이렇게 해야 그들은 모든 보병의 궁극적 목표인 사무라이 지위로 격상될 수 있었다. 결국 이 요청은 받아들여졌는데, 일본 당국으로서는 손해 볼 게 없는 거래였기 때문이다. 프랑스군에게 은밀히 굴욕을 안기고 사형수들에게 징벌이 아닌 명예를 줄 수 있는 기회였으므로.

1868년 3월 16일, 하시즈메를 포함한 사형수 20명은 의례에 사용되는 복장인 흰 하카마와 검은 하오리를 갖춰 입고 멋진 가마를 탄 채 수백 명의 다른 군인들이 따르는 가운데 절로 향했다. 이들은 생선과 사케로 차려진 마지막 식사를 대접받았다. 할복이 거행되는 곳 맞은편에는 양국의 고위 인사들이 앉아 있었다. 이들 중에는 아벨 니콜라 조르주 앙리 베르가세 뒤 프티투아르Abel-Nicolas Georges Henri Bergasse du Petit-Thouars라는 멋들어진 이름을 가진 뒤플렉스호 사령관도 있었는데 일본이 약속을 지키는지 확인하기 위해 자리에 참석한 프랑스의 고위 관리였다.

이윽고 군인들이 하나둘씩 앞으로 나와 다다미 위에 차분히 무릎을 꿇고 칼을 배에 꽂아 상장간막동맥을 절단했다. 그러고는 고통 속에 고개를 푹 숙이다가 대기하던 무사에게 참수를 당했다. 할복은 700여 년에 이르는 사무라이 역사를 거치며 공식화된 고대의 관습이다. 뒤 프티투아르는 이 장면을 외국인으로서 처음 목격하고 충격을 받았다. 기록에 따르면 그는 한 사람씩 할복을 진행할 때마다 계속 자리에서 일어났고, 군인들이 스스로 배를 갈라 죽어 가면서도 얼마나 말도 안 되게 평온한지를 보며 압도당했다. 그러다 열두 번째 순서였던 하시즈메가 막 할복을 시작하려고 하던 때, 뒤 프티투아르는 "이제 빚을 충분히 갚았다"라고 외치며 의식을 중단할 것을 요구했다. 그런 다음 그는 나머지 프랑스 고위 인사들을 한자리에 모은 뒤 서둘러

4장 인간이 만든 도덕성은

그들의 배로 돌아갔다.

하시즈메에게 이것은 엄청난 불명예였다. 자신과 덴노에게 명예를 가져다줄 의롭게 죽을 기회를 박탈당했기 때문이었다. 뒤 프티투아르는 할복을 그만두게 하는 게 자비로운 행동이라고 여겼을지 모르지만, 하시즈메에게는 정확히 그 반대였다. 며칠 뒤, 남은 9명의 사무라이들은 뒤 프티투아르가 처형을 취소할 것을 청원했다는 소식을 들었다. 이것은 하시즈메에게 몹시 충격을 주었고 그는 피를 잔뜩 흘려 죽을지도 모른다는 희망으로 혀를 깨물었다. 하시즈메를 비롯한 군인들에게 뒤 프티투아르가 보여 준 자비는 죽음보다 최악인 운명이었다.[2]

이 이야기가 불러일으킨 도덕적 딜레마에 대해 생각해 보자. 먼저 프랑스인들이 자기 군인을 죽인 대가로 상대편 군인의 처형을 요구하는 것이 정당했는가? 소위 '눈에는 눈'의 방식은 도덕적인가? 아니면 애초에 국가가 죄수를 처형하도록 승인한 것 자체가 본질적으로 야만적이고 비도덕적이지는 않은가? 뒤 프티투아르가 할복 의식을 중단시킨 행동은 자비로운 것일까? 만약 그랬다면 누구의 눈에 자비로운 것인가? 확실히 목숨을 구한 일본 군인들의 관점에서는 자비롭지 않았을 것이다. 또 명예로운 자결은 시대착오적인 도덕률이 아닐까? 이 이야기가 보여 주듯 이러한 도덕적 질문에 대한 대답은 여러분이 누구에게 질문을 던지는지, 질문의 대상이 어디 출신인지, 어느 시대 사람인지에 따라 다양해진다. 도덕성이란 반드시 전적으로 자의적

날 선 칼이 되어 돌아왔습니다

이지는 않다 해도, 문화적으로 큰 영향을 받아 결정된다.

우리가 어떤 행동을 옳고 그르다고 판단하는 과정에 사회 문화적, 역사적 맥락이 이렇게 엄청난 영향을 미친다는 사실은 우리의 도덕적 감각이 외부의 초자연적인 힘에 의해 부여된 단 하나의 법이 아니라는 것을 시사한다. 그보다는 문화적 요인에 의해 왜곡되는 대물림된 규칙들의 묶음인 것처럼 보인다. 만약 그것이 사실이라면 도덕성에 대한 우리의 능력은 다른 모든 인지적 특성과 마찬가지의 방식으로 진화한 셈이다. 적어도 동물의 행동을 연구하는 과학자들에게는 그렇게 보인다.

영장류학자 프란스 드 발Frans de Waal은 동물의 사회적 복잡성에 대한 멋진 저서를 여러 권 펴냈고, 인간 도덕의 진화에 대한 상향식 접근법이라는 아이디어를 대중화한 학자다. 이 접근법이 제안하는 바에 따르면 (종교를 포함하는) 인간의 도덕성은 신(들)에 의해 우리에게 전해진 것이 아니다. 또한 그것은 반드시 옳고 그름의 본질에 대한 고차원적인 사고에서 파생된 것도 아니다. 그보다 도덕성이란 모든 사회적 동물에게 공통적인 행동과 인지능력에서부터 자연스럽게 드러난(진화에 의해 형성된) 무언가이다. 저서 『착한 인류』에서 드 발은 이렇게 말한다. "도덕 법칙은 위에서 강요되거나 훌륭한 추론을 거친 원칙에서 나온 것이 아니다. 오히려 그것은 태초부터 존재했던 뿌리 깊은 가치들에서 발생한다."[3]

그렇다면 고대의 뿌리 깊은 가치들에 의해 움직이는 다른

4장 인간이 만든 도덕성은

영장류 종들이 사카이 사건을 연상케 하는 사회적 갈등을 어떻게 처리할 것인지 상상해 보자. 여기 동남아시아에 서식하는 구세계원숭이의 한 종 짧은꼬리마카크stump-tailed macaque 이야기가 있다.

대부분의 영장류 종들이 그렇듯 짧은꼬리마카크에게도 갈등은 정상적인 사회생활의 일부다. 이들 사회에서는 싸움에 의해 어떤 일에 누가 책임을 지고 누가 높은 사회적지위를 차지할지가 결정된다. 짧은꼬리마카크는 최대 60마리까지 무리를 지어 사는데, 그중 알파 메일alpha male(우두머리 수컷-옮긴이)이 무리의 주된 보호자를 맡아 암컷들과 짝짓기를 하고 자손을 낳을 수 있는 독점적인 권리를 가진다. 우두머리 수컷은 때때로 젊은 수컷들로부터 도전을 받을 때 자신의 우위를 드러내야 한다. 우두머리 수컷이 암컷의 털을 골라 주느라 바쁜 가운데 한 젊은 수컷이 주변을 어슬렁거리고 있는 가상의 시나리오를 상상해 보자. 젊은 수컷은 자리를 잡고 앉은 채 암컷의 털 사이를 손으로 빗질하며 진드기를 찾으려 한다. 사회적지위를 고려하면 암컷을 그루밍할 수 있는 우선순위를 가진 것은 우두머리 수컷이기에 이런 침입 행동은 도저히 견디기 힘들 것이다. 그래서 우두머리 수컷은 건방진 젊은 수컷의 머리를 위에서 후려쳐 꾸짖는다. 그러면 젊은 수컷은 행실을 고쳤다는 것을 보여 주고자 뒤로 돌아 우두머리 수컷에게 자기 하반신을 내보이고 얼굴 근처에서 엉덩이를 실룩거린다. 우두머리 수컷은 이것이 뉘우침의 행위라는 사실을 알아차리고는 젊은 수컷의 엉덩이를 붙잡아 몇 분 동안 껴안는다. 이것은 둘 사이의 관계가 회복되었고 모든 것이 순조롭다는 신호다. 여기서 얻을 수 있는 교훈은 갈등을 일으킨 양측이 어떤 규칙을 위반했는지 알고 그것이 누구의 책임인지 명확히 하기 위해 무언가 조치를 취해야 한다는 것이다.[4]

짧은꼬리마카크 같은 사회적 동물들은 자기 무리에서 어떻게 행동해야 하고 어떻게 행동하면 안 되는지를 알려 주는 규칙에 따라 살아간다. 과학자들은 이런 규칙을 동물들의 규범이라고 부른다. 우리 인간 역시 행동을 이끄는 규범을 가지며 그것을 배워 나간다. 하지만 인간은 행동을 안내하는 추가적인 규칙인 도덕도 가지고 있다. 도덕은 규범과 달리 우리가 특정한 방식으로 행동해야 한다고 이끌 뿐만 아니라 그렇게 행동해야 하는 이유도 말해 준다. 예컨대 하시즈메는 덴노에게 예를 다하고 사무라이로서 죽을 수 있기 때문에 할복을 해야 한다고 믿었다. 반면 뒤 프티투아르는 할복이 불필요한 고통을 야기하기 때문에 중단해야 한다고 믿었다. 규범이 보이지 않는 배경에서 작동하는 암묵적인 규칙이라면 도덕은 개인, 특정 사회와 문화, 심지어는 우리가 믿는 신들의 평가를 거치며 그것에 따라 무언가를 결정하는 기준이 된다.

이 장에서 우리는 '왜? 전문가'의 자질, 죽음에 대한 지혜, 마음 이론처럼 지금까지 살폈던 인간의 여러 인지능력이 점토처럼 뭉친 동물적 규범성에서부터 시작해 어떻게 인간적 도덕

4장 인간이 만든 도덕성은

감각으로 형성되었는지를 살필 것이다. 그러나 나는 동시에 동물들이 인간의 도덕적 사고 능력에 미치지 못함에도 윤리적으로 높은 위치를 차지하고는 한다는 점도 보여 줄 것이다. 여러분도 알다시피 인간의 도덕적 추론은 종종 비 인간 동물들의 행동이 불러일으키는 것보다 더 많은 죽음, 폭력, 파괴를 초래한다. 내가 인간의 도덕성이 형편없다고 주장하는 것도 바로 이러한 이유에서이다.

짧은꼬리마카크의 방식대로 정의를 회복한다면 사카이 사건이 어떻게 해결되었을지 상상해 보자. 프랑스인들은 일본인이 '알파 메일'의 지위를 가졌기 때문에 자신들의 마을을 보호할 권한이 있다고 인정할 것이다. 마찬가지로 뒤 프티투아르는 상륙 허가를 받는 동안 일어난 관할 부대원의 좋지 못한 행동에 대해 속죄해야 한다고 인정했을 것이다. 그러면 이를 정자에서 사무라이들이 둘러앉아 지켜보는 가운데 정복 차림의 뒤 프티투아르는 무릎을 꿇은 하시즈메에게 다가가 몸을 수그리고 엉덩이를 쳐든다. 그러면 지켜보던 군중이 다들 고개를 끄덕이는 동안, 하시즈메는 뒤 프티투아르의 엉덩이를 잡고 몇 분 동안 꽉 껴안을 것이다. 아무도 죽을 필요가 없다. 명예라든가 정치적으로 동기를 부여받은 보복의 개념은 끼어들지 못한다. 오직 화해의 분위기에서 사무라이가 프랑스 군인의 엉덩이를 껴안고 있는 가슴 따뜻한 모습만 남을 것이다.

'우리'와 '그들'을 가르는 도덕규범

‿‿‿‿

인간을 포함한 모든 동물들은 검증되지 않고 아무도 입 밖으로 꺼내지 않는 암묵적인 규칙에 의해 살고 죽는 것처럼 보인다. 과학자와 철학자들은 동물이 살아가는 사회적 세계에서 어떤 행동이 허용되거나 예상되는지를 결정하는 암묵적 규칙을 가리켜 규범이라고 일컫는다. 특히 요크 대학교의 철학자 크리스틴 앤드루스Kristin Andrews와 에반 웨스트라Evan Westra는 동물 사회를 지배하는 규범 기반 시스템에 대해 설명하기 위해 규범적 규칙성이라는 용어를 사용한다. 이들의 정의에 따르면 규범적 규칙성은 "한 공동체 내부에서 행동적 순응을 이끌어 내는, 사회적으로 유지되는 패턴"이다.[5]

　동물을 관찰하며 시간을 보내는 사람이라면 앤드루스와 웨스트라가 강조하는 이러한 순응의 패턴은 이해하기 어렵지 않은 개념이리라. 예컨대 내가 키우는 닭들은 울타리 너머로 던져 주는 스파게티에 누가 먼저 접근할 것인지에 대한 명백한 행동 패턴을 가진다. '먹이 쪼기 서열'에서 한참 위에 있는 닭인 섀도가 항상 제일 먼저 내가 던져 주는 먹이를 낚아챈다. 반면에 서열의 밑바닥을 기는 베키 박사는 무리의 가장자리를 맴돌 뿐이다. 만약 자기 차례가 오기도 전에 베키 박사가 스파게티를 먹으려고 억지로 비집고 들어가다가는 섀도에게 쪼일 것이다. 누가 먼저 먹는지에 대한 무리의 규범을 어겼기 때문이다. 나의 닭들은 집단에서 순응의 패턴(즉, 먹이 쪼기 서열)을 유지하기 위해 누가 가장 먼저 먹이를 먹는지(그리고 그 규범을 어기면 어떤 결과가 따르는지), 또한 이때 서로가 무엇을 해야 하고 무엇을 해서는 안 되는지 결정하는 시스템을 갖고 있다.

웨스트라가 이메일로 나에게 설명한 바에 따르면 이런 규범은 '규칙'과 동의어가 아니다. 왜냐하면 "실제로 동물이 특정한 방식으로 행동할 때 (만약 그런 것이 있다면) 어떤 규칙을 따르고 있는지 알아내는 것은 꽤 어려우며, 상당수의 철학자들과 인지과학자들은 실제로 감정이야말로 규칙에 비해 사회규범을 구성하는 보다 핵심적인 부분이라고 여기기 때문"이다. 규범을 위반하면 (위반한 측과 위반을 당한 측 모두에게) 부정적인 감정이라는 결과가 나타나고, 때로는 여기에 적극적인 처벌이 뒤따른다. 동물들은 규범을 위반하면 불안, 불편함, 심지어 분노의 형태로 규범을 따라야 한다는 압박을 느낀다. 보통 규범을 위반하면 이러한 부정적인 감정을 없애고자 현상 유지에 도움이 되는 행동들을 시도한다. 섀도가 베키 박사를 쪼는 행동이라든지, 짧은꼬리마카크가 선호하는 엉덩이 들기 화해법이 그런 예이다. 동물사회의 구조는 이처럼 동물들이 규범에 순응하는 과정에서 느끼는 압박감, 그리고 규범을 위반할 때 경험하는 부정적 감정들 덕분에 유지된다.

닭과 같은 동물들은 사회규범을 만들고 부정적 감정을 통해 (규범적) 행동을 이끌어 낼 때 복잡한 인지능력을 그다지 필요로 하지 않는다. 닭들은 다른 닭이 서열에 대해 알고 있는지를 추측하기 위해 마음 이론을 필요로 하지 않는다. 그뿐만 아니라 내 닭들은 베키 박사의 먹이 먹는 차례가 마지막인 이유라든지 그것이 공정하거나 정당한 처사인지를 곰곰이 생각하기 위해 인과적 추론을 필요로 하지 않는다. 대부분의 규범은 동물들에게 이러한 방식으로 작용한다. 그것은 다른 방식으로는 아예 고려되지 않는, 감정에 의해 인도되는 행동 패턴들이다. 사실 인간의 경우도 대부분의 규범은 이렇게 작용한다.

인간의 행동은 우리가 어느새 내면화한 채 명시적으로는 배우지 않은 규범에 의해 지배된다. 그것은 검토되지 않았고, 누가 가르치지도 않았으며, 선악이나 옳고 그름이라는 틀을 뒤집어쓰지도 않았기 때문에 도덕이라는 수준으로 승격되지 않는다. 타인의 얼굴을 닦는 것이 허용되는지와 관련한 규범이 있다고 생각해 보자. 아마도 여러분은 냅킨을 손에 들고 길거리에서 낯선 사람의 입 가장자리에 묻은 음식물을 닦아 내는 행동이 용납되지 않는 사회에 살고 있을 것이다. 그것은 우리가 아이들이나 사랑하는 사람들 그리고 가까운 친구들을 위해서만 할 수 있는 친밀한 행동이며, 낯선 사람과 할 법한 행동은 전혀 아니다. 비록 아무도 가르쳐 주지 않았지만, 여러분은 이 규칙을 따르고 존중한다. 또 마찬가지로 아마 여러분은 이 규칙에 대해 의식적으로 생각해 본 적이 없을 텐데, 이는 여러분이 이미 이 규칙을 내면화했음을 증명하는 것이다. 여러분은 냅킨으로 낯선 사람의 얼굴을 닦으려 시도하기만 해도, 그저 그것만으로 불편할 것이다. 이것이 바로 규범이 갖는 전형적 특성이다. 이렇듯 규범은 우리 감정을 조작해 어떠한 행동으로 이끄는 암묵적 규칙이다.

인간을 포함한 동물의 마음속에는 규범적 행동을 일으키는 데 도움이 되는 많은 종류의 감정이 도사리고 있다. 그리고 그중 일부는 단지 불편함을 느끼는 것보다 훨씬 더 복잡한 양상을 띤다.[6] 공정성에 대한 감정을 생각해 보자. 과학자들이 배고픈 아이들에게 음식을 나눠 주라고 결정을 내린 사람들의 뇌를 스캔했을 때, 감정 반응과 관련된 뇌의 영역인 뇌섬엽은 음식이 불공평하게 분배되었을 때 활성화되었다.[7] 이 연구를 이끈 밍 쉬Ming Hsu는 ABC 뉴스와의 인터뷰에서 이렇게 말했다. "우리는 감정과 공정성에 대한 판단에 뇌섬엽이 관여하는 바를 고려해 감정은 공정성을 판단하는 과정에서 근본적인 역할을 한다고 결론을 내렸습니다."[8] 다시 말해 공정과 공평은 인간의 뇌에서 고차원적 도덕 판단이 아닌, 의식의 주변부에 도사리고 있는 감정에 의해 감각된다. 그런 만큼 우리가 동물의 마음속에서 공정성과 공평성을 발견하는 것도 놀라운 일은 아니다.

아마도 동물들이 공평성을 가졌다는 점을 보여 주는 가장 유명한 실험은 세라 브로스넌Sarah Brosnan과 프란스 드 발이 수행한 연구일 것이다. 이들은 꼬리감는원숭이capuchin monkey를 대상으로 이들이 같은 일을 수행할 때 서로 다른 먹이 보상을 제공해 사회적 불평등에 대한 민감성을 실험했다. 2011년, 드 발은

TED 강연에서 나란히 놓인 두 개의 우리에 암컷 원숭이(랜스와 윈터)가 각각 들어간 영상을 보여 주었다. 한 연구자가 랜스의 우리 안에 돌을 넣자 랜스는 돌을 돌려주었고, 그 행동에 대한 보상으로 오이 조각을 받았다. 그러고 나서 연구자는 윈터의 우리 안에 돌을 넣었고, 윈터도 돌을 돌려주자 이번에는 보상으로 포도를 주었다. 꼬리감는원숭이는 오이보다 포도를 훨씬 더 좋아하기 때문에 랜스는 이 교환을 흥미롭게 지켜보았다. 하지만 연구자들은 랜스의 우리에 다시 돌을 넣은 후 랜스가 돌려주자 보상으로 오이를 주었다. 그러자 랜스는 오이를 연구자에게 난폭하게 던졌다. 그런 뒤에도 화가 가시지 않았는지 탁자를 쾅쾅 치며 우리를 덜컹거렸다. 이것은 랜스가 같은 일에 대해 덜 좋은 음식을 보상받는 것이 불공평하다고 느꼈다는 증거다. 랜스는 공평이라는 규범이 위반된 것에 반응하고 있었다.

하지만 그렇다고 해서 이것이 랜스가 반드시 도덕감각을 지닌다는 것을 의미하지는 않는다. 분명 공평함에 대한 감각과 여기서 비롯하는 도덕률은 인간이 정의와 법체계를 구축하는 기반이 된다. 동시에 사카이 사건 당시 프랑스인과 일본인들이 각각 그렇게 행동할 수밖에 없었던 이유가 되기도 한다. 하지만 공평함에 대한 잠재적 개념은 사무라이 규율에서 발견될 법한 도덕적 복잡성의 그림자에 불과하다. "그것은 감정만으로는 충분하지 않기 때문입니다." 드 발은 이렇게 주장한다. "우리는 논리적으로 일관된 시스템을 갖추기 위해 노력하고 있으며, 사형

제도가 생명의 존엄성에 대한 주장에 과연 부합하는지 또는 개인이 선택하지 않은 성적 지향이 과연 비도덕적일 수 있는지에 대해 토론을 합니다. 이런 논쟁들은 인간만이 가진 독특성을 드러내고 인간의 도덕성을 차별화합니다. 정당성, 감시, 처벌이라는 정교한 시스템과 결합된 보편적 기준을 향해 나아가려는 것이죠."[9]

동물과 달리 인간은 '옳고 그름'에 대한 공식적이고 명시적인 규칙을 갖고 있으며, 여기에는 사려 깊고 정교한 정당화가 따른다. 그리고 동물과 달리 우리 인간은 문화와 사회가 진화함에 따라 옳고 그르다고 생각하는 것을 끊임없이 조정한다. 우리는 도덕과 윤리의 본질에 대한 철학적이고 종교적인 논의를 통해 이 같은 아이디어들을 도출한다.

돼지고기를 먹는 것이 잘못된 이유에 대해 우리가 들 수 있는 여러 근거들을 생각해 보자. 예컨대 유대교의 종교 지도자는 성경이 돼지를 '불결한' 동물로 간주하기 때문에 그 동물을 잡아먹는 게 잘못이라고 주장할 수 있다.[10] 어떤 것이든 동물을 이용하는 것은 근본적으로 잘못된 것이라고 주장하는 폐지론 철학자의 경우, 지각 있는 비 인간 동물은 소유물로 취급되지 않을 권리를 타고났기 때문에 돼지를 먹는 것은 잘못이라고 주장할 수 있다. 국회의원이라면 허가받은 도축장에서 도살하고, 관련 보건법에 따라 처리한 돼지인 경우에만 먹는 것이 허용된다고 결정할지도 모른다.

옳고 그름을 나타내는 이러한 모든 도덕적, 법적 체계 그리고 무엇이 옳고 그른지에 대한 정의 자체는 이러한 생각들을 의식적인 마음에 담고 언어라는 매개체로 공식화하는 인간의 능력에 크게 의존한다.

그렇다면 호모사피엔스는 어떻게 다른 동물들에서 발견되는 규범적 체계로부터 우리만의 도덕적 체계를 만들어 냈을까? 여기에 언어 같은 인지능력이 필요할까? 발달 심리학자 마이클 토마셀로Michael Tomasello는 『도덕의 기원』에서 인간의 도덕성을 "협력의 한 형태"로 묘사하면서 인간은 "새롭고도 종 특이적인 형태의 사회적 상호작용과 조직에 적응"함으로써 "초협력적 영장류"가 되었다고 설명한다.[11] 토마셀로가 보기에 이 협력에 기반한 도덕성은 마음 이론이라는 선구자처럼 처음부터 언어에 의존하지 않았다. 그는 우리가 1장에서 살폈던 바링고 호수 주변의 우리 조상들보다도 앞선, 인류 진화 역사상의 한 시기를 상상한다. 바로 고대의 호미니드들이 둘씩 짝지어 함께 사냥을 시작했던 바로 그 시기를 말이다.

그 시기에 파트너와 함께 사냥을 하려면 상대방도 나와 같은 목표 지점(예컨대 영양을 사냥하는 것)을 바라보고 있다는 사실을 이해해야 했다. 이처럼 다른 존재가 가진 목표를 이해하는 것, 공동 지향성은 우리에게 단지 목표뿐만 아니라 믿음에 대한 이해를 가능하게 하는 마음 이론의 전제 조건이다. 그리고 침팬지를 비롯한 몇몇 비 인간 종들이 이러한 과정을 따라 공동 지향성을 수반하는 사냥에 참여한다는 증거가 있다.[12] 토마셀로의 상상 속 시나리오에서 각각의 참여자는 영양을 사냥하려면 파트너가 어떻게 행동해야 하는지에 대해 명확한 기대를 가지고 있고, 여기서 '우리'라는 감각이 생겨난다. 이때 규칙과 규범은 '우리'의 두 구성원이 사냥에 얼마나 기여했는지에 따라 공정한 보상을 받을 수 있도록 고기를 나누는 올바른 방법을 결정하는 데 도움을 주기 시작한다.

그리고 지금으로부터 10만 년 전에 인류가 모여 더 큰 집단을 이루면서 도덕적 진화의 다음 단계가 시작되었다. 바로 이때 공동 지향성에서 '집단적 지향성'으로의 전환이 이루어진 것이다. 둘로 이뤄진 사냥 쌍이라는 '우리'는 진화적 역사의 어느 시점에서 부족이라는 '우리'로 업그레이드되었다. 그에 따라 우리 조상들은 완전히 발달된 마음 이론을 통해 서로가 무엇을 생각하고 있는지에 대해 더 나은 추측을 할 수 있었고, 언어를 사용해 서로의 생각을 탐지하고 대규모로 행동을 조정할 수 있었다. 일단 인류 집단이 다른 집단과 경쟁하고 싸우기 시작하자 '우리'와 '그들'을 가르는 부족 의식은 타자가 '우리'의 일원으로 남으려면 무엇을 '해야 하는지'에 대한 일련의 새로운 규칙을 낳았다. 언어의 발달과 함께 생각하면 여러분은 이러한 집단적 지향성이 어떻게 커다란 사회집단 안에서 개인의 행동을 지배하는 공식적인 규칙과 법을 만들어 냈는지 짐작할 수 있다.

하지만 인류의 도덕적 감각은 언어와 마음 이론만으로 이

175

루어진 게 아니다. 인간은 동물과 달리 마음속에서 부글부글 끓어오르는 규범적 감정의 본질과 기원에 대해 곰곰이 숙고할 수 있고, 그것들이 어디서 왔는지뿐만 아니라 애초에 왜 거기에 있는지 자문할 수도 있다.

아마도 대부분의 사람들은 사회적 상호작용을 규제하도록 돕고자 많은 종들이 공유하는 고대의 진화적 적응이 바로 규범이라는 생각에 동의하지 않을 것 같다. 대신 사람들은 우리의 도덕적 행동을 만들어 내는 규범이 어떤 초자연적인 실체에 의해 우리의 마음속에 존재한다고 말할 것이다. 그도 아니면 우리 종만 생각할 수 있는 어떤 존재의 일부분에 보편적 도덕률이 존재한다고 주장할 수도 있다. 이러한 결론들은 우리가 가진 '왜? 전문가' 자질에서 비롯한 자연스러운 산물이다. 그리고 이러한 결론을 우리가 가진 죽음에 대한 지혜와 결합하면, '나는 왜 죽어야 하는가?'라는 질문으로 이어진다. 이것은 우리가 살아 있는 동안 어떻게 행동해야 하는지에 대한 문제와 밀접하게 연관되어 있다. 우리가 하는 행동이 사후 세계에 어떤 영향을 미칠지에 대비하기 위해서 말이다. 이 질문들에 대한 가장 일반적인 대답은 천국과 지옥, 윤회 같은 종교적 설명이다. 반면 도덕의 기원과 가치, 어떻게 하면 좋은 삶을 살 수 있는지에 대한 초자연적이지 않은 설명들은 모두 우리가 '왜? 전문가'로 가진 사고방식의 산물이다.

철학자들은 수천 년 동안 우리의 행동을 이끄는 공식화된 도덕 체계를 만들어 왔다. 이런 것들은 모두 어떤 행동이 좋거나 나쁜지, 그리고 왜 우리가 다른 행동보다 그 행동을 선택해야 하는지에 대해 체계적으로 생각한 결과에 기초한다.

인간이 가진 도덕적 행동의 특징은 대규모로 공식화, 분석, 수정, 전파될 수 있는 힘이다. 이것은 (명시적인 규칙이나 법은 아니지만) 이론적으로 훨씬 더 작은 규모의 행동 규범을 생성하는 유한한 감정의 묶음에 갇힌 동물에 비해 옳고 그름의 개념에 대한 보다 정교한 이해를 인간에게 제공한다. 여러분은 이러한 인간의 인지적 특성이야말로 우리를 진보된 도덕적 동물로 만들었다고 주장할 수 있다. 또는 토마셀로가 말하듯 인간은 그렇게 "유일한 도덕적 존재"가 되었을지도 모른다. 하지만 나는 인간이 도덕적 사고에 따라 행동한다는 점이야말로 (진화적 관점에서는) 진정으로 정신 나간 행동을 가능하게 하거나 실제로 우리 스스로를 다른 종들보다 덜 도덕적으로 만들 수 있다고 생각한다. 우리가 도덕을 유익한 행동을 만들어 내고 고통과 괴로움을 최소화하는 능력으로 정의한다면 말이다. 그리고 이 점을 보여 주기 위해 캐나다의 어느 뉴스 헤드라인을 한번 살펴볼까 한다.

날 선 칼이 되어 돌아왔습니다

오직 우리만이 옳다

〰〰〰

캐나다의 초대 총리인 존 알렉산더 맥도널드John Alexander Macdonald
경은 백인 문화가 다른 모든 문화보다 우월하다고 믿었고, 캐나
다 원주민을 서구 사회에 통합하는 것이 도덕적 의무는 아니더
라도 숭고한 대의라고 여겼다. 맥도널드의 지휘 아래 캐나다 정
부는 1876년 '인디언 법'을 제정해 원주민들을 서유럽 문화에
동화시키기 위한 계획을 세웠다. 여기에는 원주민들의 종교적,
문화적 의례를 금지하는 것이 포함되었다.

하지만 캐나다 정부는 보다 빨리 동화를 달성하기 위해 더
적극적인 시스템이 필요하다고 느꼈다. 원주민 청년들을 재교
육하는 것이야말로 확실한 출발점이었다. 이를 염두에 두고
1883년에는 기숙학교 체계가 승인되었는데, 이 학교의 목표는
"가족 관계와 문화적 유대를 최소화하고 약화시키기 위해, 법적
으로 지배적인 유럽-기독교식 캐나다 사회의 새로운 문화로 원
주민 아이들을 세뇌시키기 위해 아이들을 가족으로부터 분리하
는 것"[13]이었다. 맥도널드 경은 1883년 하원에서 연설하면서 이
러한 기숙학교를 설립하는 안건에 대해 다음과 같이 말했다.

원주민 보호구역에 있는 학교에 다니는 아이들은 야만인인 부모와
함께 삽니다. 아이는 야만인들에 둘러싸여 있고, 비록 읽고 쓰는
법을 배운다 해도 습성과 교육법, 사고방식은 원주민의 그것을 벗

어나지 못하죠. 그저 읽고 쓸 줄 아는 야만인이 될 뿐입니다. 그러니 원주민 아이들을 가능한 한 부모의 영향에서 벗어나게 해야 하며, 그렇게 할 수 있는 유일한 방법은 아이들에게 백인 남성의 습관과 사고방식을 습득할 수 있는 연방 직업훈련 학교를 다니게 하는 겁니다.

캐나다의 기숙학교 체계는 연방 정부의 자금 지원을 받았지만 로마 가톨릭, 성공회, 감리교, 장로교, 캐나다 연합 교회에 의해 운영되었다. 1896년까지 이런 기숙학교가 캐나다 전역에 40개 가까이 세워졌다. 1920년부터는 7세에서 16세 사이의 모든 원주민 아이들이 이 학교에 다니도록 의무화되었다. 그에 따라 4~5세 정도의 어린아이들이 집에서 강제로 쫓겨나 수천 킬로미터 떨어진 기숙학교로 끌려가는 가슴 아픈 사연이 끊이지 않았다. 당시 기숙학교를 다녔던 생존자 아이작 대니얼스는 1945년, 서스캐처원주의 원주민 보호구역 내에 있던 그의 집에 연방 정부 요원인 '인디언 담당 요원'이 찾아와 그를 기숙학교로 데려가려 했을 때 무슨 일이 벌어졌는지 이렇게 술회했다.

일단 나는 그 사람의 말을 한 마디도 못 알아들었어요. 왜냐면 나는 크리어를 했거든요. 우리 가족이 주로 쓰는 언어가 크리어였어요. 그래서 아빠는 화가 머리끝까지 났고, 요원에게 계속해서 삿대질하며 뭐라고 말씀하셨어요. 그날 밤, 잠자리에 들려고 하는데 아빠와 엄마가 나누는 대화가 들렸죠. 우리 집은 가족 모두가 한 데 사는 원룸형 판잣집이었거든요. 아빠는 조금 울먹이며 크리어로 말하고 있었어요. "우리 아이들을 기숙학교에 보내지 않으면 난 감옥에 가게 될 거요." 아빠가 크리어로 말씀하신 덕분에 알아들을 수 있었죠. 그래서 저는 다음 날 아침에 가족들이 모두 일어나자 "기숙학교에 갈게요"라고 말했어요. 아빠가 감옥에 가는 걸 바라지 않았으니까요.

학교에 다니면서 대니얼스의 형제자매들은 뿔뿔이 흩어졌고(가족의 유대를 끊기 위한 조치였다), 모국어를 말하는 것도 금지되었다. 게다가 기숙학교의 환경은 그야말로 한숨이 나올 지경이었다. 이 같은 기숙학교는 대개 바람이 잘 통하지 않고, 춥고 비좁은 데다 위생 시설도 열악했다. 먹을 것과 물을 배급하는 방식도 부적절했다. 그 결과 각종 질병이 만연했고, 교회 지도자들이나 학교 교직원들의 신체적, 성적 학대 문제도 빈번하게 일어났다. 한 정부 보고서는 당시의 상황을 이렇게 묘사했다. "효과적인 규율을 개발하고 구현하며 모니터링하는 데 실패하면서 기숙학교 안에서 원주민 아이들에게 어떤 짓을 하든 실질적인 제한이 없다는 무언의 메시지가 전해졌다. 학생들에 대한 끔찍한 신체적, 성적 학대로 이어지는 문은 이미 활짝 열렸고, 이 기숙학교 체계가 돌아가는 동안 내내 열려 있었다."[14]

1956년에서 1957년 사이에 기숙학교에 등록된 학생은 1만

4장 인간이 만든 도덕성은

1,539명으로 정점을 찍었다. 1996년에 마지막 학교가 폐교될 때까지 총 15만 명의 아이들이 기숙학교에 다녔다. 이 시스템이 100년 넘게 이어지면서 학교 안에서 사망한 아이들의 수는 최소 3,200명에 달했다. 기록에 따르면 사망 원인은 대부분 결핵이었지만, 구체적인 사인이 명시되지 않은 경우도 절반(51%)을 넘는다. 당시 기숙학교의 사망률과 유병률은 전국 평균치를 훨씬 넘는 수준이었다. 학교에서 죽은 아이들이 매장을 위해 가족에게 보내지는 경우도 드물었다. 그 대신 아이들은 학교 운동장 묘지에 묻혔고, 상당수는 무덤 주인에 대한 표지도 없었다.

원주민 기숙학교에서 벌어졌던 이 무시무시한 일은 진실화해위원회Truth and Reconciliation Commission, TRC가 2015년 발표한 보고서를 통해 세상에 드러났다. 7,000명 넘는 기숙학교 생존자들이 캐나다 연방 정부를 상대로 제기한 집단소송에서 승리한 뒤, 그 협상 조건의 일환으로 TRC가 설립되었다. TRC의 보고서에 따르면 캐나다 정부는 원주민과 처음 교류할 때부터 문화적 학살이라는 목표를 가지고 있었다. 뒤이어 이 보고서는 이렇게 언급했다. "교장들이 연례 보고서에서 특정 수의 학생이 전년도에 사망했다고 진술하는 경우는 드물지 않았지만, 사망 학생들의 이름은 밝히지 않았다." 결국 학교들이 문을 닫으면서 이름 없는 아이들의 시신은 사람들의 기억에서 잊혔다. 그러다 수십 년에 걸친 캐나다 원주민들의 단원 끝에 비극이 벌어진 장소를 조사해 아이들의 시신을, 그리고 그 이름을 마침내 되찾는 중이다.

2021년 5월 27일, 브리티시컬럼비아주 캠룹스에 있는 원주민 자치단체에 고용된 한 지표 투과 레이더 전문가가 캠룹스 원주민 기숙학교의 부지에 학생 215명의 유해가 묻혀 있음을 세상에 알리는 예비 보고서를 발표했다. 그로부터 한 달 뒤에는 서스캐처원주 마리벌 원주민 기숙학교 부지에서 이름 없는 751개의 무덤이 발견되었다. 내가 이 책을 쓰고 있는 2021년 여름에도 캐나다의 미디어들은 기숙학교에서 자행된 만행을 폭로하는 중이며, 캐나다 당국은 그동안 다수의 기독교 교회와 밀접하게 접촉했던 정부가 문화적 학살을 저지른 책임을 져야 한다는 냉혹한 현실과 씨름하고 있다.

이러한 잔혹 행위는 근본적으로 도덕적 추론의 산물이다. 존 알렉산더 맥도널드 경은 이 기숙학교를 도덕적 의무를 실천하는 데 필수적인 곳으로 여겼고, 원주민 아이들을 현대 서구의 가치관에 끼워 맞출 최선의 해결책이라고 생각했다. 비록 자기들만의 성경 해석에서 비롯한 것이기는 했지만, 교회들 역시 비슷한 의무감에 의해 학교를 운영했다. 신약성경에서 예수는 제자들에게 자신의 가르침에 대한 소식을 전하려는 하느님의 소망에 대해 말했다. 마태오 복음서 28장 19~20절에서 예수는 이렇게 이야기한다. "그러므로 너희는 가서 모든 민족들을 제자로 삼아, 아버지와 아들과 성령의 이름으로 세례를 주고, 내가 너희에게 명령한 모든 것을 가르쳐 지키게 하여라." 17세기 캐나다에서 시작되어 1996년 폐교될 때까지 기숙학교 내에서 이

4장 인간이 만든 도덕성은

어진 선교 활동은 이러한 신성한 계명에 기초했다. 마운트 엘긴 기숙학교 교장이었던 새뮤얼 로즈Samuel Rose 목사가 쓴 다음의 글을 보자. 그는 이 학교에 다니는 치페와족 어린아이들을 두고 그들이 자라 온 문화와의 유대를 끊어야 한다며 다음과 같이 주장했다.

이 수업은 한 원주민 세대가 각성해 조상의 예절과 관습을 영원히 이어 가는 것, 그리고 지적, 도덕적, 종교적으로 발전된 지구상의 지성적 국가들을 향해 목소리를 내거나 그 위대한 드라마에서 나름대로의 역할을 수행하지 못하도록 하는 것을 목표로 합니다.[15]

이것은 문화적 학살을 정당화하는 데 동원된 종교적 측면의 도덕적 추론이다.

캐나다의 기숙학교 프로그램과 관련된 모든 교회들은 끔찍한 관행에 연루되었던 것에 대해 사과했다. 기숙학교의 70%를 운영했던 가톨릭교회는 끝까지 사과를 하지 않다가 캐나다 원주민, 이누이트(알래스카주, 그린란드, 캐나다 북부, 시베리아 극동에 사는 원주민-옮긴이), 메티스(캐나다 원주민과 프랑스인의 혼혈-옮긴이) 대표단이 로마를 방문해 프란치스코 교황에게 캐나다의 기숙학교에서 교회가 저질렀던 일을 인정하고 사과할 것을 요청한 뒤에야 2022년 4월에 사과문을 발표했다. 왜 그렇게 사과를 망설였는지는 추측할 수밖에 없지만, 아마도 교회 측은 자신들이 무언

날 선 칼이 되어 돌아왔습니다

가 잘못했다고 전혀 믿지 않았을 가능성이 크다. 일부 교회 지도자들은 실제로 그렇게 주장한다. 온타리오주 미시소가의 한 가톨릭 신부는 캠룹스의 기숙학교에서 아이들의 시신이 발견됐다는 소식이 전해진 뒤 유튜브 영상을 통해 이렇게 말했다. "전 국민의 3분의 2가 캠룹스에서 일어난 비극에 대해 우리가 사랑해 마지않는 교회를 비난하고 있다. 하지만 분명 일부 국민들은 이 학교들이 좋은 일을 했다고 믿고, 이에 대해 감사한 마음을 갖고 있으리라 생각한다. 물론 그런 질문은 결코 던져지지 않았고, 우리가 그 학교들에서 좋은 일이 있었다고 말하는 것조차 허용되지 못하는 실정이지만 말이다."[16]

이 사례는 인간의 도덕적 능력이 지닌 어두운 현실을 드러낸다. 인간이라는 종은 도덕적 근거를 들어 집단 학살을 정당화할 수 있다. 이때의 학살은 단순한 문화적 학살이 아니라 인구 집단과 인종 전체를 살해하는 학살을 의미한다. 그리고 그 대상에는 어린이도 포함된다.

나치 전범을 심판하는 뉘른베르크재판에서 친위대의 지도자 오토 올렌도르프Otto Ohlendorf는 수천 명의 유대인 아이를 살해한 사건의 감독자로서 자신의 행동이 정당했던 이유를 다음과 같이 담담하게 설명했다. "나는 만약 히틀러 총통의 명령이 단순한 안전을 위해서라기보다 영구적 안전을 위한 노력이라는 사실에서 시작한다면 해명은 매우 간단하다고 생각한다. 그 아이들은 죽임을 당한 부모의 자식으로 성장했을 때 언젠가 그들의 부모 못지않은 위험 요인이 될 수밖에 없기 때문이다."[17] 다시 말해 독일의 미래 세대를 안전하게 지키기 위해 유대인 아이들은 그들의 부모를 살해한 나치를 원망하며 자라지 않도록 제거되어야만 했다. 이것은 장기적으로 사회적인 고통을 최소화하려는 시도에서 온 논리적이고 도덕적인 입장이지만 믿을 수 없을 만큼 혐오스럽고 끔찍해서 우리는 여전히 자기 행동을 정당화하려는 나치의 시도에 두려워하며 움츠러들 수밖에 없다.

캐나다 기숙학교가 처음 설립된 순간부터 많은 정치적, 종교적 지도자들은 자신이 선을 행하고자 힘쓰는 사람들이라고 믿었다. 나치와 마찬가지였다. 원주민 아이들의 고난과 뒤이은 죽음은 결국 그럴 만한 가치가 있었다는 것이다. 1913년부터 1932년까지 원주민 문제를 담당하는 부치안감이었던 던컨 캠벨 스콧Duncan Campbell Scott이 기숙학교가 갖는 가치에 대해 했던 소름끼치는 말들을 보자.

원주민 아이들이 열악한 환경에서 생활하면서 질병에 대한 자연적인 저항력을 잃었다는 점, 그래서 고향 마을에서 살 때보다 사망률이 훨씬 높아졌다는 사실 정도는 인정할 수 있다. 하지만 그렇다고 해서 단지 이 문제만으로 우리 부서가 원주민 문제에 대한 최종적인 해결책을 찾고자 시행했던 정책에 변화를 주어야 한다는 정당성은 찾을 수 없다.[18]

날 선 칼이 되어 돌아왔습니다

이러한 종류의 도덕적 추론은 오직 인간이 가진 인지능력에 의해서만 가능하다. 인간과 달리, 어떤 종의 사회적 집단 내에서 보이는 동물의 행동은 뒤에서 살피겠지만 보통 훨씬 덜 폭력적이고 덜 파괴적이다. 우리의 유인원 사촌이나 돌고래류에서 볼 수 있는 것처럼 동물이 영아 살해를 저지르거나 집단 내 폭력이 개체를 죽음으로 몰아가는 예도 있기는 하지만, 동물들은 도덕적 권위에 대한 공식적인 주장을 통해 같은 종 개체의 하위 그룹 전체를 체계적으로 말살할 만한 인지능력을 갖고 있지는 않다.

우리를 따르지 않는 그들에게 죽음을

인간 말고도 같은 종에 대해 끔찍한 폭력을 저지르는 가장 좋은(최악이라고 해야 할까?) 사례는 침팬지에서 발견된다. 인간이 아닌 다른 유인원들과 비교했을 때, 침팬지는 피에 굶주린 성격으로 악명이 높다. 정말 말 그대로이다. 서로 경쟁하는 침팬지 집단은 자기 영역을 방어하기 위해 야외에서 싸움을 벌이며 가끔은 상대를 때려죽이기도 한다. 또한 동시에 이들은 적의 영역을 비밀리에 습격해 경쟁자인 수컷들을 죽이는 행동도 보인다. 영장류학자 리처드 랭엄Richard W. Wrangham과 과학 작가 데일 피터슨

Dale Peterson이 『악마 같은 남성』에서 언급한 바에 따르면 이러한 습격은 "사지가 부러질 때까지 비틀거나 희생자의 피를 마시는 등 불필요한 잔인성을 보이는 특징이 있는데, 이것은 인간들이 전쟁 중에 벌이는 잔혹 행위 또는 평상시의 이루 말할 수 없는 잔인한 범죄를 연상시킨다."[19]

영장류학자 세라 블래퍼 허디Sarah Blaffer Hrdy 역시 2011년에 펴낸 『어머니, 그리고 다른 사람들』의 첫 페이지에서 침팬지의 폭력적 본성에 대해 다루었다.[20] 허디에 따르면 인간은 무례한 승객이나 우는 아기를 마주했을 때에도 폭력에 의지하지 않고 비행기 안에서 함께 몇 시간을 보낼 수 있다. "하지만 내가 침팬지들과 여행을 한다면 어떨까?"라고 허디는 질문한다. "승객이 손발가락을 열 개씩 무사히 제자리에 붙인 채 비행기에서 내리거나, 아기가 사지 멀쩡하게 숨을 쉬고 있으면 다행일 것이다. 피투성이의 귓불이나 팔다리가 비행기 복도에 나뒹굴지만 않아도 정말 운이 좋은 지경일 것이다." 다시 말하면 침팬지는 끔찍하게 폭력적이고, 대놓고 주변 동물을 죽이며, 서로에게 거리낌 없이 행동한다.

하지만 이러한 행동조차도 인간이 보여 주는 폭력성에 비하면 빛이 바랜다. 심지어 인간은 도덕적 추론으로 그 폭력을 정당화하기까지 한다. 침팬지들이 경쟁 집단의 모든 개체(암컷, 수컷, 어린이, 갓난아기)를 깡그리 죽였다는 에는 그동안 관찰된 적이 없다. 침팬지가 싸움을 벌일 때 지키는 암묵적인 행동 규칙

날 선 칼이 되어 돌아왔습니다

이나 규범이 있다면 소수의 개체(보통은 어른 수컷)만을 제거해 경쟁 집단이 일으키는 위협을 줄이는 것이다. 만약 침팬지가 인간 같은 인지능력을 갖고 있어서 그들의 규범을 도덕으로 공식화할 수 있다면 아마도 습격은 훨씬 더 광범위하고 파괴적일지도 모른다. 하지만 그들은 그렇지 않다. 이와 대조적으로 인간은 전쟁을 치를 때 (도덕적으로 옹호할 수 있는) 평화와 승리라는 보다 큰 목표에 도움이 된다면 어린이를 포함해 비 전투 인원으로 가득한 도시 전체를 쑥대밭으로 만드는 일도 주저하지 않는다. 이 대표적 예가 바로 베트남전쟁 중 마을에 아이들이 있는데도 불구하고 벤째에 폭격을 가한 미군 측의 악명 높은 변명 "우리는 마을을 구하기 위해 마을을 파괴해야 했다"이다.[21]

우리 인간의 수많은 다른 도덕적 결정들과 마찬가지로 민간인을 죽이기로 한 육군의 결정은 도덕적 추론을 위한 우리의 독특한 능력들(공식화하고, 분석하고, 조정하며 보다 넓은 차원으로 규범적 행동을 전파하는 능력)에서 비롯됐다. 이것은 침팬지에게는 없는 기술로, 우리의 가장 폭력적인 동물 사촌인 침팬지가 여전히 우리보다는 덜 폭력적인 이유이기도 하다. 물론 세라 블래퍼 허디가 『어머니, 그리고 다른 사람들』에서 주장하는 것처럼 인간이 갖는 협동 능력은 "얼굴을 맞대고 상대를 죽이는 행동이 침팬지보다 인간에게 훨씬 더 어려운" 이유이며, 매년 16억 명의 승객이 비행기를 이용하는데도 "아직까지 토막 살인 칼부림이 보고되지 않은" 이유다. 물론 (침팬지와는 달리) 인간이 벤째에 살던 아이

4장 인간이 만든 도덕성은

들의 머리 위로 폭탄을 떨어뜨리고 원주민 기숙학교에서 악행을 저질렀던 것도 이 능력 때문이기는 했지만 말이다.[22]

하지만 인간이 가진 복잡한 도덕적 추론 능력이 종종 불필요하게 폭력적인 행동 규범으로 마무리된다는 내 주장을 뒷받침하기 위해 전쟁 이야기를 하고 싶지는 않다. 대신 동성애 이야기를 할까 한다. 생물학자 자크 발타자르Jacques Balthazart가 『동성애의 생물학The Biology of Homosexuality』의 도입부에서 설명한 바에 따르면 "인간의 동성애는 전적으로는 아니라도, 어머니의 배 속에서나 출생 직후에 작용하는 생물학적 요인에 의해 매우 크게 좌우된다." 다시 말하면 인간의 성적 지향은 태어나면서 대부분 결정된다는 이야기이다. 발타자르는 동물들의 동성애에 대한 연구를 통해 동성애가 인간에게만 국한된 현상이 아니며 대부분의 동물 종에서 평범하게 나타난다는 산더미 같은 증거를 토대로 이러한 결론에 도달한다. 사실 이는 동물의 행동과 생물학을 연구하는 과학자들은 예전부터 알고 있던 익숙한 결론이다. 발타자르가 "이 책을 읽는 과학자들이 '그런 얘기라면 이미 다 들어 본 적이 있는데'라고 생각할 것"이라고 언급한 것도 그런 이유 때문이다. 하지만 발타자르에 따르면 "어찌 된 일인지 이 정보는 실험실 바깥으로 흘러 나가지 않았거나, 이 문제에 대한 일반 대중의 견해에 영향을 끼칠 만큼 충분히 중요한 문제로 다뤄지지 않았다."

이것은 사실이다. 나는 동물계에 동성애가 얼마나 흔한지에 대해 마치 처음 듣는 듯 충격을 받은 사람들이 무척 많다는 것에 거꾸로 놀랐다. 나는 동물의 동성애에 대해 회의적인 사람들에게 브루스 베게밀Bruce Bagemihl이 1999년에 쓴 『생물학적 풍요』를 소개하고는 한다. 이 책은 동성 섹스, 동성 간의 애정, 부부 사이의 유대감, 양육에 이르기까지 동성애로 묶을 수 있는 다양한 행동을 하는 300종 이상의 동물에 대해 상세히 다룬다. 진화가 동물들이 자손을 생산할 필요성에 기반을 두고 있다는 점을 생각하면 동성애가 그토록 널리 퍼져 있다는 것은 이상하게 보일지도 모른다. 하지만 이는 종종 동성애적인 행동이 '자연스럽지 않다'는 것을 (잘못) 보여 주고자 희망하는 동성애 혐오 세력에 의해 제기된 주장이다. 실제로 동물의 동성애에 대한 문헌은 어떤 주어진 종에서 동성 간의 성적 행동이 생식률에 부정적 영향을 미치지 않기에 그런 주장은 큰 문제가 아니라는 사실을 보여 준다.

검은등알바트로스Laysan albatross의 예를 살펴보자. 이 거대한 새는 일생에 걸쳐 짝짓기를 하며 수십 년에 걸쳐 두 개체가 짝을 이루고 평생 함께 자손을 키워 낸다. 이런 평생에 걸친 짝짓기의 일부는 동성 커플에서 일어난다. 오아후섬에 서식하는 검은등알바트로스를 다룬 한 논문에 따르면 평생에 걸쳐 짝을 이루는 커플의 3분의 1이 암컷 동성 커플이었다.[23] 동성 커플의 경우에도 한 마리 또는 두 마리의 암컷이 어느 시점에는 수컷과 짝짓기를 해서 알을 낳고, 암컷 커플이 함께 키우지만 말이다.

동물계에서는 동성애적 행동의 꽤 많은 사례가 이러한 식인데, 다시 말해 동성애는 단지 어떤 개체의 전형적인 행동 레퍼토리의 일부일 뿐이고 그것과는 별개로 번식은 종의 생존을 보장하기 위해 일어난다. 보노보가 아마 가장 좋은 예일 것이다. 보노보 개체들은 주기적으로 동성 파트너뿐만 아니라 이성 파트너와도 짝짓기를 하고 새끼도 많이 낳는다.

한편 동물계에서 동성에게만 배타적으로 매력을 느끼는 경우는 아주 드물기는 하지만, 전례가 없지는 않다. 집에서 기르는 양의 경우 수컷의 10%는 오직 다른 수컷과의 짝짓기에만 관심이 있는 것으로 추정된다.[24] 이 현상을 연구하는 과학자들은 게이 숫양들을 이성애 숫양들과 비교했을 때 뇌에 차이가 있다는 점을 발견했다. 게이 숫양의 시상하부 속 일부 뉴런의 묶음이 더 두터웠던 것이다. 이렇게 차이가 생기는 이유는 이 숫양이 어미의 배속에서 발달하는 과정에서 상대적으로 높은 수치의 에스트로겐에 노출되었기 때문이다. 바꿔 말하면 발타자르가 자신의 저서에서 주장하듯 이 숫양들은 태어날 때부터 게이였다. 이 모든 예는 동물계에서 어떤 개체들의 동성애가 그다지 특이할 일도, 논란의 여지가 있는 일도 아님을 말해 준다.

알고 보면 이토록 다양하고 광범위하게 벌어지고 있는 동물들의 동성애. 그럼에도 불구하고 이들의 동성애는 이 행위가 관찰된 수백 종의 생존을 위협하지 않는다. 그렇기 때문에 어떤 종도 동성애 행위를 했다는 이유로 개체를 처벌하는 사회적 규

날 선 칼이 되어 돌아왔습니다

범을 발전시키지는 않은 듯하다. 다시 말하면 동성에 대한 끌림이 인간 종에만 있는 것은 아니지만, 동성애 혐오증은 인간에게만 존재한다.

물론 과거와 현재의 인류 문화 가운데는 동성애가 정상적인 것으로 수용되고 심지어 환영받는 경우도 상당수 존재한다. 예를 들어 일본에서는 역사적으로 동성애 관계에 대해 낙인을 찍지 않았고 남성 간의 사랑과 섹스에 대한 이야기는 사무라이 전사 계급과 오랫동안 깊은 관련을 맺었다.[25] 적어도 아이헤이 하시즈메와 동료 사무라이들은 동성애에 대해 전혀 논란의 여지가 없다고 여겼을 것이다. 하지만 오늘날의 여러 문화권에서, 특히 유대 기독교에 뿌리를 둔 서유럽, 서아시아, 아프리카 문화권에서 동성애는 논란의 여지가 있을뿐더러 사회적으로 용납할 수 없는 행동이고 불법이어서 사형에 처해질 수도 있다.

1979년 이슬람 혁명 이후로 제정된 이란의 형법은 남성 간 동성 섹스를 사형에 처할 만한 죄라고 규정해 단죄한다. 2013년 퓨 리서치 센터의 여론조사에 따르면 요르단 국민의 97%, 이집트 국민의 95%, 레바논 국민의 80%가 동성애는 '거부되어야 한다'고 여기는 등 상당수의 중동 국가들은 동성애에 대해 부정적인 견해를 가진 것으로 나타났다.[26] 오늘날 서구 국가들 역시 표면적으로는 LGBTQ에게 관대한 태도를 보이고 있음에도 유대 기독교 가치관에 뿌리를 둔 탓에 반동성애 정서가 팽배한 실정이다.

4장 인간이 만든 도덕성은

미성년자에게 종종 시도되는 전환 치료라는 것이 있다. 이는 다양한 형태의 '치료'를 통해 대상자가 원치 않는데도 '자연스럽지 않은' 성적 지향을 바꾸려는 시도에 다름 아니다. 미국 대부분의 지역에서는 이 전환 치료가 합법이다. 2009년, 미국 심리학회 특별위원회 보고서에 따르면 "개인에게 이런 '전환'을 통해 동성에 대한 매력을 줄이고 이성에 대한 매력을 높이는 것은 불가능하다는 것이 과학적인 연구 결과 입증"되었다.[27] 하지만 기독교 신앙에 바탕을 둔 치료사들은 이런 전환 치료를 심심치 않게 실시하고 있다.

동성애에 대한 도덕적 거부가 항상 종교적인 기원을 가지고 있는 것은 아니다. 누구보다 세속적이었던 나치 역시 동성애 (특히 남성 동성애)가 규범에서 벗어난다는 단순한 이유로 인정하지 않았다. 비정상적인 어떤 것도 제3제국에 포함하기에 적합하지 않다고 여겼기 때문이다. 그에 따라 10만 명 넘는 동성애자 남성들이 체포되었고, 그중 수만 명이 강제수용소에서 처형되었다.

최근까지도 전 세계 수백만 명이 반동성애 정서 때문에 폭력을 겪거나 심지어 죽음을 맞기도 했다. LGBTQ는 일반인에 비해 폭력 범죄의 희생자가 될 확률이 네 배 높다. 동성애는 더 이상 범죄가 아니고 맥도널드 같은 기업들이 '성소수자 자긍심의 날'인 6월에 무지개 깃발을 휘날리는 미국에서조차 그렇다.[28] (동성애 혐오성 공격에 대한 데이터를 수집하지 않는) 러시아 같은 국가에서 성소수자가 폭력을 겪을 확률이 얼마나 되는지는 그저 대략적으로 추측만 할 뿐이다. 2018년 조사 결과에 따르면 러시아인의 63%가 "동성애자들은 비전통적인 성관계의 선전을 통해 러시아인들이 만들어 낸 정신적 가치를 파괴하고자 음모를 꾸미고 있다"[29]라고 믿었고, 러시아인 다섯 명 가운데 한 명은 동성애자들이 "제거되어야" 한다고 생각한다.[30] 다른 동물 종들에서와 마찬가지로 인간 역시 동성애가 흔히 나타남에도 불구하고 말이다. 연구 보고서에 따르면 미국 인구의 약 4%는 자신을 레즈비언, 게이, 양성애자, 트랜스젠더로 정체화하며,[31] 8% 넘는 사람들은 동성 간의 성적 행동에 관여하고 있고, 11%는 동성에게 적어도 약간의 끌림을 느낀다고 인정한다.[32] 이 수치는 양과는 거의 비슷하지만, 보노보에서 발견되는 동성 간 성적 활동 비율에 비하면 상당히 낮은 편이다.

여기서 결론은, 우리 인간은 도덕적 사고를 위한 복잡한 능력을 통해 다른 어떤 종도 규범적 문제로 여기지 않는 무언가를 얻었고, 그것을 소외, 범죄화, 처형, 심지어 집단 학살을 정당화할 수 있는 문제로 발전시켰다는 것이다. 서로간의 차이를 다루는 데 있어 동물들이 인간보다 우월한 지점이 바로 이 부분일 것이다. 그들은 결과적으로 인류의 문화보다 훨씬 덜 폭력적이고 덜 파괴적인 규범 체계를 갖추게 되었다. 동성애는 동물 세계에서 정상적일 뿐만 아니라 종을 파괴하는 영향도 없다는 것이 꽤 확실하다. 어쩌면 동물 사회를 유지하는 데 이득이 될 수도 있다.

그렇다면 왜 인간만 유별나게 동성애를 혐오하는가? 이것은 우리가 도덕적 사고 능력을 통해 자신을 궁지에 몰아넣을 수 있다는 사실을 이해해야만 실마리를 찾을 수 있는 문제다. 얼마 안 되는 몇몇 종교들은 동성애가 도덕적인 문제를 일으키며, 수백만 명의 동료 인간들이 그것 때문에 고통을 받아야 한다고 확신했다. 하지만 이런 반동성애 정서는 인간 아닌 다른 어떤 종의 행동에서도 실제로 유례가 없을 뿐 아니라, 우리 종의 번성에도 심각한 장애를 초래한다. 사회적 불화를 야기하고 수많은 인구를 고통에 빠뜨리기 때문이다. 원래 문제가 아니었던 동성애를 '문제시'하는 우리의 별난 도덕적 입장이 우리 종에게 무언가 생물학적인 이득을 주었는가? 전혀 그렇지 않다. 이것은 인간의 도덕적 추론이 갖는 잔인성을 보여 주는 슬픈 증거이다.

의도치 않게 너무 멀리 와 버린 것은 아닌가?

우리 종의 역사는 '타인'의 범주에 속하는 수십억 명의 동료 인류에게 고통과 괴로움, 죽음을 초래한 폭력 행위를 도덕적으로 정당화해 온 이야기에 다름 아니다. 그 대상은 캐나다의 원주민일 수도, LGBTQ 공동체일 수도, 유대인, 흑인, 장애인, 여성일 수도 있다. 이와는 대조적으로 동물이 갖는 대부분의 규범은 사회적 균형—고통과 괴로움, 죽음의 필요성을 최소화하는—을 유지하기 위해 존재한다. 만약 우리가 고통과 괴로움, 죽음이 일반적으로 나쁜 것이라는 기본 전제를 갖고 바라본다면 동물들은 대부분 올바른 생각을 가지고 있는 것처럼(그리고 도덕적으로 보다 우위를 차지하고 있는 것처럼) 보인다. 하지만 이것은 인간의 도덕성이 진화적인 의미에서 '나쁘다'는 것을 뜻할까? 도덕적 추론을 위한 우리의 능력, 즉 철학과 종교, 법체계가 지난 몇천 년 동안 우리 종에게 유리함을 안겼을 가능성이 있을까? 그것이 우리가 사회를 조직하고 거대한 문명을 통해 전 세계로 퍼져 나가는 데 도움을 주었을까?

나는 도덕적 능력 그 자체가 아니라 언어나 마음 이론처럼 우리가 자신의 노력을 적절히 조직할 수 있게 한 인간 마음의 다른 요소들이 우리 종을 성공으로 이끌었다고 생각한다. 그리고 바로 이것이 우리가 지닌 '왜? 전문가' 자질과 결합해 우리로 하여금 물리적 우주와 생물학적 세계의 본질을 알아차릴 수 있도록 도왔다. 그뿐만 아니라 우리의 종을 유명하게 만든 기술적 노하우를 전수하기도 했다. 사실 인간의 도덕성은 이 모든 것을 하는 데 필요하지 않았다. 내가 앞서 주장한 것처럼, 나는 우리가 가졌던 고대 영장류의 규범을 원주민 기숙학교나 반 LGBTQ 입법으로 이어지는 터무니없고 파괴적인 도덕적 규칙으로 전환시킬 능력이 없었더라면 더 좋았을 것이라고 생각한다. 하지만 여러분은 그 연결 고리를 해체할 수 없다. 부수적으로 따라오는 부정적 결과를 감내하지 않고는 무척 길게 이어지는 긍정적 인지 기술들을 갖출 수는 없었다. 그러니 우리가 인간적인 도덕적 추론을 갖게 된 것은 불가피한 일이다.

진화론적인 의미에서 그것이 우리 종에게 꼭 좋은 것도 아니다. 인간의 도덕적 추론은 우리 종의 특징이 아닌 일종의 버그일 수 있다. 그것은 우리의 독특한 인지 기술들이 꽃을 피우면서 모습을 드러낸 진화적 삼각소간spandrel(본래 건축 용어로 아치를 만들 때 생기는 부수적인 공간을 뜻한다. 생물학자 스티븐 제이 굴드가 생태계 대부분이 우연의 산물이라는 것을 주장할 때 사용한 비유로 유명하다-옮긴이)으로, 그 자체가 자연선택에 의해 결정된 형질은 아니다. 인간은 지금 당장 갖추고 있는 도덕적 적성 덕분에 이토록 번성한 게 아니라, 그런 것을 가지고 있음에도 종으로서 어떻게든 번성하고 있을 뿐인지도 모른다.

우리는 보편적인 규범 체계를 극단까지 끌고가 다른 집단의 사회적 행동을 통제하고 제한해 오곤 했다. 반면에 동물들은 우리보다 덜 세련된 규범 체계를 가졌지만 훌륭한 삶을 살아간다.

ʑʑʑʑʑʑʑʑ

인간만 의식을 가졌다고
말할 수 없겠습니다

ιιιιιιιιιι

고양이와 마찬가지로, 제대로 사랑을 하지 못하고
대신 가르랑대며 아양 떠는 사람에게 내가 무슨 관심이 있겠는가?

- 니체[1]

ιιιιιιιιιι

가을이 다가오고 일교차가 벌어지기 시작하면서 내가 키우는
꿀벌들은 겨울을 나기 위한 막바지 준비를 시작했다. 나는 지난
3년 동안 벌을 키웠기에 계절이 끝날 무렵 이 곤충이 부산을 떠
는 것에 익숙했다. 벌들은 꽃꿀을 채취하는 기간이 끝나 갈 무
렵이면 채취한 꿀을 말리느라 바빠진다. 이것은 민들레가 다시
꽃을 피우는 3월이 될 때까지 벌들의 유일한 먹이가 될 것이다.
굶주림이라는 닥칠 위기를 피하고 꿀을 충분히 먹기 위해 벌들
은 개체 수를 줄이기 시작한다. 벌들은 군락 안에서 따뜻하게
지내기 위해 충분한 수의 동료 벌이 필요하다. 아마 4만 마리 정

도면 될 것이다. 하지만 벌이 너무 많아 봄이 오기 전에 식량 저장소가 비어 버려서는 안 된다. 다시 말해 이는 9월쯤 무임승차자들을 제거해야 한다는 뜻이다. 이때 수벌이 제거된다.

이들 수벌은 다른 군락에서 온 새로운 여왕벌들과 짝짓기하는 것만을 유일한 삶의 목표로 삼는다. 수벌은 암컷 일벌들보다 덩치가 크고 뚱뚱하며, 다른 수벌과 처녀 여왕벌을 발견하는 데 도움이 되는 큼직하고 바보 같은 눈을 가졌다. 또 이들은 벌침이 없어서 벌집을 방어하지도 못 한다. 사실 짝짓기 말고는 꽤 많은 것이 불가능하다. 수벌은 벌집을 청소하거나, 벌집을 만들거나, 애벌레를 돌보지 않는다. 게다가 주둥이가 짧아서 꽃꿀을 모을 수도 없다. 심지어 벌집에서 꿀을 핥는 데도 어려움을 겪기 때문에 암컷 일벌들이 먹이를 직접 입에 넣어 주어야 한다. 즉 겨울 동안 수벌은 유지 보수 비용이 높은 데 비해 그만큼의 가치가 없다. 그래서 9월이 되면 암컷 일벌들은 수벌을 모두 모아 벌집 입구로 끌고 간 다음 밖으로 밀어낸다. 만약 수벌들이 다시 들어오려고 하면 공격을 하거나 죽인다. 수벌은 스스로 먹이를 먹지 못하기 때문에 곧 굶거나 얼어 죽을 것이다. 매년 이맘때면 내가 관리하는 벌집 앞에는 집에서 쫓겨나 당혹스러워하는 수벌들이 가득하다.

이것은 자연스러운 귀결이지만 꽤 비극적인 일이어서 이 수벌들을 가엾게 여길 수밖에 없다. 최근에 나는 불쌍한 수벌들을 모아서 우리 집 데크 위의 작은 골판지 상자에 넣기 시작했

5장 인간만 의식을 가졌다고

다. 그리고 수벌들이 불가피하게 찾아올 죽음을 맞이하기 전에 마지막으로 스스로를 먹여 살리도록 꿀을 좀 집어넣었다. 나는 수벌들에게 최후의 행복한 순간을 선사하고 싶었다.

지난주에 나는 동물을 대상으로 하는 내 무모한 장난을 언제나 즐겁게 받아들이는 친구 안드레아에게 수벌이 든 이 상자를 보여 주었다. 그러자 안드레아가 말했다. "쓸데없이 일이 복잡해졌는걸. 네가 이 벌들을 진정으로 '행복하게' 만들고 있을까? 벌들은 너의 이 모든 수고에 결코 고마워하지 않아."

"동의할 수 없어." 내가 대꾸했다. "궁금해서 그러는데, 어떤 동물에게 의식이 있다고 생각해? 클로버는 의식이 있을까?" 클로버는 안드레아가 새로 키우게 된 보더콜리 강아지였다. 우리 집 울타리 뒤에서 닭들을 강렬한 눈빛으로 쳐다보던 활기찬 녀석이다.

"응, 그런 것 같아." 안드레아가 대답했다.

"그럼 저 닭들은?"

"흠, 닭들? 잘 모르겠어. 아마 의식이 없지 않을까? 있다고 해도 클로버보다는 훨씬 미약할 거야. 분명한 건 이 벌들은 의식이 없어. 자각 능력도 없지. 곤충들은 본능에 따라 살아갈 뿐이야."

"놀라운 사실을 하나 알려 줄까?" 내가 말했다. "많은 과학자와 철학자들은 이 작은 수벌에게 의식이 있다고 주장해."

"뭐라고? 말도 안 되는 소리야. 대체 뭘 근거로 그런 주장을 하는 걸까?"

좋은 질문이었다. 그렇다면 의식이란 무엇일까?

의식은 언제나 인간을 다른 동물과 구별하는 기준이 되어
왔다. 우리는 그것을 갖고 있지만 동물은 그렇지 않다는 식으로
말이다. 혹은 안드레아가 생각하는 것처럼 우리가 다른 동물들
에 비해 더 많이 가졌다는 식으로도 간주되곤 한다. 하지만 사
실은 그렇지 않다. 앞으로 살피겠지만, 인간은 의식과 특별한
관계를 갖고 있으며 의식은 인간 지능의 본성, 그리고 그것의
가치를 이해하는 데 필수적인 역할을 한다. 하지만 확실히 의식
은 우리만의 것은 아니다.

단순하게 말하면 의식은 주관적 경험의 모든 형태이다. 여
러분은 침대에 막 자리를 잡고 누웠을 때 화장실에 가고 싶어져
서 번거롭고 귀찮았던 적이 있는가? 그것은 의식적인 경험이다.
다가오는 수학 시험에 충분히 대비하지 않았다는 것을 알고 걱
정되는 기분 역시 그렇다. 여러분의 상상력을 사로잡은 책의 마
지막 페이지를 읽을 때의 달콤 씁쌀한 슬픈 기분도, 파도가 배
의 선체를 찰싹찰싹 때리는 소리, 바나나의 노란색, 신선하지
않은 커피의 맛에서 느껴지는 기분도 마찬가지다. 의식은 뇌에
서 여러분이 알고 있는 어떤 종류의 감각, 느낌, 인식, 생각을 만
들어 낼 때 벌어지는 일이다.

동물들은 의식을 갖고 있는가? 이 질문이 가진 긴장감을 이
해하기 위해서는 그것의 정의를 구성하는 두 단어인 '주관적'과

'경험'에 대해 시간을 갖고 깊이 파고들어야 한다. 먼저 '주관적'이라는 단어부터 시작해 보자.

어떤 것이 주관적이라면 그것은 누군가의 관점에서 이해되거나 경험되고 있다는 뜻이다. 철학자 토머스 네이글Thomas Nagel은 유명한 에세이인 「박쥐가 된다는 것은 어떤 것인가?What is it like to be a bat?」에서 인간이나 동물 개체가 느끼는 세계에 대한 주관적 경험은 객관적인 용어로 관찰되거나 설명할 수 있는 것이 아니라고 주장했다.[2] 우리가 다른 생물의 머릿속으로 들어가 그들의 경험을 측정할 방법은 전혀 없다. 철학자들은 이것을 '다른 마음에 대한 문제'라고 일컫는다. 우리와 다른 마음의 주관적 경험은 항상 검은 상자 안에 숨겨져 있을 수밖에 없고 이것은 불가피한 사실이다.

그리고 '경험'이라는 단어는 감정이나 생각이 싹트면서 여러분의 마음에 나타나는 실제 감각을 가리킨다. 예컨대 여러분이 시리얼 한 그릇을 먹는다면 그것은 여러분의 마음이 경험할 육체적이고 감정적인 감각의 홍수를 만들어 낸다. 철학자들은 이러한 의식적인 경험이 갖는 특성들을 '감각질' 또는 '퀄리아qualia'라고 부른다.[3] 여러분은 '시리얼을 먹는 감각질'에 '설탕 맛'이라든지 '바삭바삭함', '역겨움' 같은 수식어를 붙여 여러분이 시리얼을 먹는 동안 어떻게 느꼈는지를 타인에게 전달할 수 있다. 아마 내가 시리얼 한 그릇을 먹는다 해도 그 감각질을 묘사하기 위해 같은 단어를 썼을 것이다. 그렇지만 아무리 그래도 우리가 동일한 의식 현상을 묘사하고 있다는 뜻은 아니다. 시리얼을 먹을 때 여러분의 마음속에 떠오르는 감각을 객관적으로 측정할 수 있다면 나와는 완전히 다를 수도 있다. 하지만 감각질은 언제나 사적인 경험이어서 객관적으로 측정될 수 없고, 그런 까닭에 우리는 타인의 의식을 정확히 알 수 없다.

그럼에도 인류는 자신을 둘러싼 세상에서 모두가 비슷한 경험을 공유한다는 것을 확신한다. 우리가 묘사하는 감각질이 서로 일치하는 것도 바로 이 때문이다. 이에 따라 나는 여러분이 사람 머리카락 한 그릇보다는 시리얼 한 그릇 먹는 것을 더 좋아하리라고 자신 있게 예측할 수 있다. 비록 머리카락을 먹을 때 나의 감각질은 여러분과 약간 다를지도 모르지만, 대부분의 사람들은 머리카락 뭉치를 삼키려 할 때 역겨움을 경험할 가능성이 높다. 하지만 다른 종을 상대해야 할 때면 내 자신감은 떨어지기 시작한다. 예컨대 케라틴을 좋아하는 수시렁이carpet beetle라는 벌레라면 사람의 머리카락이 가득한 그릇에 맹렬히 달려들 테고 시리얼이 담긴 그릇에는 가까이 가지도 않을 것이다. 그러니 털을 먹는 것에 대한 나의 주관적 경험은 수시렁이가 털을 먹는 감각질에 대해 아무것도 말해 주지 못한다.

비 인간 동물들이 갖는 감각질이 어떤 느낌인지(또는 감각질 자체가 있기는 한지)를 추측하고자 할 때 가장 큰 장애물이 있다면 우리가 그들의 경험에 대해 직접 대화를 나눌 수 없다는 것이다. 앞서 살폈듯 동물들은 맨 이빨이나 으르렁거리는 신호로 자신의 감정 상태(분노나 공포)에 대해 의사소통을 할 수 있지만, 이러한 감정들이 어떤 느낌인지 주관적으로 묘사하는 언어능력을 갖추지는 않았다. 그래서 우리는 동물의 감각질이 어떤지 추측하기 위해 정확한 수치나 묘사보다 유추에 의존해 왔다. 만약 어떤 어미 침팬지가 죽은 새끼의 몸을 안고 있다면 우리는 어미가 인간이 느끼는 슬픔과 비슷한 것을 경험하고 있을지 모른다고 추측할 수 있다. 인간은 침팬지와 상당히 가까운 친척이고 침팬지가 보이는 애도 행동은 우리 인간과 매우 흡사하니까. 하지만 이런 종류의 비유는 생물의 유연관계를 나타내는 계통수에서 우리가 고려할 동물들이 우리로부터 멀어짐에 따라 점점 무너진다. 예컨대 문어가 게에 촉수를 대고 빨판 위의 화학 촉각 수용체를 사용해 '맛을 볼' 때 경험하는 것과 비슷한 인간의 감각질은 무엇일까?[4] 문어의 다리는 뇌와 따로 떨어져 자율적으로 작동하기 때문에 이 정보는 다리에 남은 채 끝끝내 문어의 뇌에 도달하지 못할 수도 있다. 우리의 몸과 마음은 문어와는 매우 다른 방식으로 상호작용한다. 그런 만큼 서로의 경험을 비교할 만한 비슷한 무언가가 아예 없다.

이처럼 주관적인 경험을 측정하는 것이 불가능한 데다 인간 중심의 유비가 부적절한데도 불구하고 상당수의 과학자와 철학자들은 동물들이 적어도 주관적인 경험을 가지고는 있다고 꽤 확신한다. 네이글은 박쥐가 된다는 건 어떤 느낌을 줄 것이라고 주장했는데, 내 생각에 동물 인지를 연구하는 사람들, 그리

말할 수 없겠습니다

고 철학자들의 대부분은 아니라도 상당수가 여기에 동의할 것이다. 그에 따라 2012년에는 이런 연구자들이 모여 '의식에 관한 케임브리지 선언'이라는 문서에 서명했다. 이 문서의 내용은 다음과 같다. "지금껏 모인 증거에 따르면, 비 인간 동물들은 의도적 행동을 보이는 능력과 함께 의식 상태를 나타내는 신경 해부학적, 신경 화학적, 신경 생리학적 기질을 갖고 있다. 이에 따라 의식을 생성하는 신경학적 기질을 갖추는 것이 인간만의 독특한 특성이 아니라는 증거가 점점 쌓이는 중이다. 모든 포유류와 조류, 그 밖의 다른 종들을 포함한 비 인간 동물들 역시 이러한 신경학적 기질을 가지고 있다."[5]

그런데 만약 동물의 주관적 경험이 그 정의상 사적이고 접근할 수 없는 것이라면 이들은 어떻게 이런 주장을 할 수 있었던 걸까?

동물이 의식을 가진다는 주장의 근거는 두 가지다. 바로 뇌와 행동이다. 뇌에 대한 논변은 비교적 간단하다. 우리는 인간이 주관적인 경험, 즉 의식을 가진다는 사실을 안다. 뇌가 정확히 어떻게 의식을 만들어 냈는지는 모르지만, 의식이 뇌 밖에서 일어나는 것이라는 견해에 동의하지 않는 한 뇌(또는 보다 일반적으로 신경계)가 그 근원이 되어야 한다. 동물의 뇌와 인간의 뇌는 모두 같은 물질로 이루어져 있으며 포유류의 경우, 뇌 조직은 일반적으로 두개골에서 비슷한 방식으로 선을 따라 갈라져 나뉜 것으로 보인다. 주관적 경험—인간이 공포를 느낀다거나 하는―과 관련이 있다고 간주되는 뇌의 구조가 대부분의 척추동물 뇌의 해당 영역(예컨대 뇌섬엽)에서도 발견되기 때문에 이들 동물 역시 주관적으로 공포를 경험한다고 가정하는 것이 합리적이다.

물론 이것은 지나치게 단순화된 주장이지만, 논쟁의 핵심에 닿아 있다. 실제로 과학자들은 인간의 뇌에서 어떤 구조가 공포 같은 감정의 의식적인 경험에 책임이 있는지 확실하게는 모른다. (물론 짐작하는 바는 있다.) 그리고 비록 뇌가 서로 비슷한 구조를 갖는다고 해서 반드시 동일하게 기능할 것이라는 보장도 없다. 나와 내 아내의 뇌 MRI 사진을 보면 구조적으로 거의 구별할 수 없지만, 나는 아내가 할 수 있는 것처럼 고대 아일랜드 문법을 배우거나 멋지게 노래를 부를 수 없다. 침팬지의 뇌와 유명 요리사 고든 램지의 뇌, 딱정벌레의 뇌는 비교했을 때 구조적으로 거의 비슷하지만 침팬지는 결코 고든처럼 맛있는 비프 웰링턴(소고기에 뒥셀 소스를 입힌 뒤 반죽으로 싸서 굽는 영국 요리-옮긴이)을 만들 수 없다. 뇌 구조가 유사하다는 것만으로는 서로 다른 동물들이 유사한 주관적 경험이나 인지능력을 가졌다는 증거가 되지 않는다. 그렇기 때문에 여러분은 추가적으로 마치 의식이 있는 것처럼 행동하는 동물들의 행동학적 증거를 뇌 구조와 짝지어 보아야 한다.

행동학적 증거에는 두 가지 유형이 있다. 첫 번째가 가장 재미있는데 술에 취하는 것과 관련이 있기 때문이다. 체내에 들어

말할 수 없겠습니다

온 알코올이 우리 마음의 기능에 어떤 영향을 미치는지는 잘 연구되어 있다. 알코올은 우리를 흥분시키고, 운동 조절 능력을 떨어뜨리며, 심하게는 의식을 잃게 만들 수도 있다. 하지만 술을 마시면 뇌에서 행복감을 주는 도파민이 분비되기 때문에 우리는 덜 바람직해도 이러한 여러 효과를 용인한다. 다시 말해서 우리는 즐겁기 때문에 술을 마신다. 관찰 결과에 따르면 코끼리들도 이렇게 행동한다.

과학의 이름으로 코끼리에게 술을 주는 일도 허용되었던 1980년대 초, 연구자들은 포획 후 미국 캘리포니아주 사파리 공원에서 지내던 코끼리 무리에게 다양한 도수의 에탄올이 담긴 양동이를 주었다. 알코올의 농도는 0도, 7도, 10도, 14도, 25도, 50도였다.[6] 코끼리들은 각자 원하는 양동이의 에탄올을 마실 수 있었다. 그 결과 이 동물은 7도의 알코올 용액을 가장 선호했다 (맹물보다도 좋아했다). 그리고 그 양동이에 든 용액을 마신 후 코끼리들은 술에 취한 사람들처럼 행동했다. 몇몇은 눈을 감고 발을 흔들며 서 있었고, 몇몇은 땅에 드러누웠다. 그리고 대부분 자기 코를 몸통에 둘렀는데 이것은 코끼리들이 아플 때 하는 행동이었다. 더 공격적인 코끼리들 중 몇몇은 훨씬 더 호전적으로 변했다. (술집에서 일어나는 싸움을 목격한 사람이라면 어떤 상황인지 알 것이다.) 취하면 본성이 드러난다는 의미를 담은 '와인 속에 진실이 있다'는 말은 인간뿐만 아니라 코끼리에도 적용되는 것처럼 보인다. 윤리적으로 괜찮은지 조금 의문이 드는 이 실험에서 코끼리들은 우리 모두에게 매우 익숙한 행복감을 경험하기 위해 (과하지 않고) 적당히 취할 만큼의 알코올 도수를 찾는 듯했다. 이렇듯 동물들이 알코올을 추구하는 행동을 보이려면 다음 두 가지가 사실이어야 한다. 첫째, 알코올은 사람의 뇌와 같은 방식으로 코끼리의 뇌에 영향을 미친다. 둘째, 코끼리 역시 사람과 마찬가지로 술을 마실 때 주관적 행복감을 경험한다.

두 번째 유형의 행동학적 증거는 '의식에 관한 케임브리지 선언'에서 "의도적인 행동을 드러내는 능력"이라 묘사한 것이다. 우리가 2장에서 살핀 바에 따르면 '의도적인 행동'이란 어떤 동물이 마음속에 목표를 가지고 하는 행동을 말한다. 동물은 그 목표가 달성되었는지 여부를 결정하고자 적극적으로 상황을 감시한다. 그리고 이 정의는 목표에 대한 주관적 인식을 전제로 한다. 무언가를 '마음속에' 간직하는 것은 자신의 의도를 의식한다는 뜻이다. 다시 말해 어떤 동물이 무언가를 하려는 의도가 있는 것처럼 보인다면 의식을 가졌다는 행동학적 증거를 갖췄다고 이해할 수 있다.

브루스의 사례를 살펴보자. 뉴질랜드가 고향인 브루스는 호기심과 문제 해결 능력이 뛰어나기로 유명한 앵무새의 한 종인 케아앵무kea다. 2013년에 브루스는 부리의 윗부분을 잃은 채 야생에서 구조되었다. 제 역할을 하지 못하는 부리는 케아앵무는 물론이고 모든 새에게 큰 골칫거리다. 먹이를 먹기가 어려워질 뿐 아니라 '깃털 고르기preening'라고 불리는 행동을 하는 데에도 훨씬 힘들어진다. 이것은 새가 먼지와 기생충을 제거하기 위해 위아래 부리 사이로 깃털을 물어 다듬는 행동이다. 브루스는 부리 윗부분이 없다는 핸디캡이 있었지만, 그것을 극복할 해결책을 고안했다. 이것은 동물도 의도적인 행동을 할 수 있다는 매우 강력한 근거가 되었다.[7]

브루스는 깃털을 손질할 시간이 되면 작은 돌을 찾기 위해 울타리를 뒤졌다. 그 돌은 아래 부리와 혀 사이에 편안하게 들어갈 만한 적당한 크기여야 했다. 그런 다음 브루스는 자기 깃털을 돌과 혀 사이로 미끄러뜨리며 말끔하고 완벽히 다듬었다. 오클랜드 대학교의 연구자 아말리아 바스토스Amalia Bastos와 동료들은 브루스가 조약돌을 이용해 깃털을 다듬는 것이 동물도 의도적인 행동을 할 수 있다는 명백한 증거임을 보여 주는 우아한 장치를 고안했다. 먼저 브루스는 조약돌을 주웠을 때 93.75%의 확률로 깃털을 손질하는 데 사용했다. 여기에 대해 바스토스는 이렇게 말했다. "브루스가 조약돌을 건드리면 이후에 거의 깃털 고르기가 뒤따랐는데 이것은 이 새가 깃털을 손질할 도구로 사용할 의도를 갖고 돌을 주웠음을 암시한다." 그리고 브루스가 깃털을 손질하다가 돌을 떨어뜨렸을 경우 95.42%의 확률로 돌을 다시 줍거나 비슷한 돌을 찾아 손질을 이어 갔다. 알맞은 도구를 정확하게 파악하는 능력과 일을 완수하는 끈기를 보면 브루스는 이 해결책을 우연히 찾은 게 아닌 것 같았다. 브루스는 깃털을 손질하려는 의도가 있었고, 케아앵무라는 종이 갖는 정상적인 행동 레퍼토리의 일부가 아닌 해결책을 고안해야 했다. 바스토스가 《가디언》과 인터뷰한 내용에 따르면 "보통 케아앵무는 야생에서 도구를 사용하는 모습을 보여 주지 않는다. 그렇기에 자신의 장애를 극복할 혁신적 방식으로 도구를 사용했던 이 새는 지능적 측면에서 상당한 유연성을 드러냈다. 새로운 문제가 발생했을 때 적응해 유연하게 해결했기 때문이다."[8]

내 생각에 이것은 동물이 의도적 행동을 한다는 확고한 증거이다. 브루스의 사례에 앵무새가 일부러 술에 취했다고 여겨지는 사례(호주에는 '술 취한 앵무새 나무'라 불리는 나무가 있는데 이 나무의 발효된 열매는 붉은목오색앵무red-collared lorikeet를 유혹한다), 그리고 과학자들이 앵무새에서 발견한 "의식과 관련한 시상 피질 체계에서 포유류와 해부학적 상동성과 기능적 유사성이 있음"[9] 사례를 합치면 어떻게 될까? 앵무새 같은 조류는 '의식에 대한 케임브리지 선언'에 규정된 의식을 가진 존재가 충족해야 할 모든 기준을 만족시키는 셈이다.

혁신적이거나 유연하고 의도적인 행동을 보이는 돌고래, 코끼리, 까마귀 같은 다른 종들에도 이런 추론을 쉽게 적용할 수 있다. 유인원처럼 뇌가 인간과 유사한 구조를 가진 종들도 마찬가지다. 하지만 꿀벌은 어떨까? 내가 안드레아에게 말한 것처럼 과학자들은 정말로 곤충이 의식을 뒷받침하는 데 필요한 뇌 구조를 가진다고 생각할까? 곤충들이 앵무새 브루스처럼 의도적인 행동을 보일까? 술에 취할 수 있을까? 이 질문들에 대한

말할 수 없겠습니다

답은 모두 '그렇다'이다.

결코 단정할 수 없는 의식의 존재 여부

mm

내 주장을 뒷받침하려면 라스 치트카Lars Chittka를 소개해야 한다. 벌의 인지를 연구하는 치트카는 런던에 있는 퀸 메리 대학교에서 교수로 일하는 행동 생태학자로, 곤충의 지능이 높다는 사실을 열심히 알리고 있는 가장 저명한 인물일 것이다. 치트카는 비록 곤충의 뇌가 크기는 작아도 주관적 경험을 포함해 복잡한 인지능력을 생성하는 데 필요한 모든 것을 갖췄음을 주장하는 논문을 여러 편 출판한 바 있다. '의식을 갖추는 데 큰 뇌가 필요하지 않다'는 입장의 기본적인 의견에 따르면 복잡성을 생성하는 것과 관련해서는 뉴런의 수가 아니라 뉴런이 연결되는 방식이 더 중요하다. 인간이 850억 개의 뉴런을 가진 데 비해 벌의 뇌에는 뉴런이 고작 100만 개뿐이다. 하지만 이 100만 개의 뉴런은 꿀벌의 뇌에서 최대 10억 개에 달하는 시냅스(서로 다른 뉴런들 사이의 연결 부위)를 만들 수 있는데, 이것은 엄청난 처리 능력을 가지는 거대한 신경망을 만들기에 충분한 양이다.[10] 치트카에 따르면 "뇌가 더 커진다고 해서 복잡성도 더 커진다는 법은 없다. 단지 같은 신경 회로가 끝도 없이 반복될 뿐이다. 하지만 그 정도로는 기억되는 이미지나 소리에 세부 사항을 추가할 수는 있어도 복잡한 수준의 지각이나 이해는 불가능하다. 더 큰 두뇌는 많은 경우 더 나은 프로세서가 아니라 단지 더 큰 하드 드라이브에 지나지 않을 수 있다."[11]

그렇다면 뇌의 구조는 어떨까? 인간(또는 뇌가 큰 다른 동물들)의 뇌에는 의식을 생성하는 것이 어떻게 연결되는지와 관련해 특별한 무언가가 있는 것이 확실한가? 치트카에 따르면 그렇지 않다. "우리가 그토록 찾아 헤맸던 '의식과 신경의 상관관계neural correlate of consciousness, NCC'가 인간에게서는 확인되지 않았던 만큼 특정 동물들이 인간과 같은 유형의 NCC를 가지고 있지 않다고 주장할 수도 없다." 다시 말해, 현재 우리는 뉴런이 연결되고 발화되는 수준에서 어떻게 의식이 발생하는지 이해하지 못하고 있고, 그러므로 곤충의 뇌가 필요한 구조를 가지지 않았다고 가정할 근거가 없다.

곤충이 주관적 경험을 생성하는 정확한 신경 구조(또는 그런 구조들의 조합)를 가질까? 과학을 통해서도 아직 결정적인 증거를 찾지는 못 했지만, 우리는 곤충의 뇌가 '동물의 의식과 관련이 있다고 의심되는' 뇌 구조를 갖고 있다는 사실을 안다. 예컨대 곤충의 경우 '중심 복합체'라는 구조를 갖는데, 이는 우리가 의식과 관련 짓는 인지 과정을 관장하는 곳이며 곤충들의 뇌에서 삼각으로부터 온 정보를 통합하는 곳이다. 그에 따라 곤충은 자신과 주변 세계에 대한 정신적 모델을 만들어 환경을 탐색하

215

고 길을 찾는 데 도움을 받는다. 철학자 콜린 클라인Colin Klein과 신경 생물학자 앤드루 배런Andrew Barron에 따르면 포유류의 중뇌 midbrain는 곤충과 구조가 유사한데, 이러한 구조와 인지능력은 보통 인간의 의식에 관여하는 것으로 알려져 있으므로 "곤충의 뇌 역시 주관적인 경험을 뒷받침하는 능력을 가졌다는 강력한 증거가 존재한다."[12] 이것만으로 곤충이 의식을 생성하는 데 필요한 뇌 영역을 가졌다고 확실히 말할 수는 없지만, 곤충이 실제로 의식을 생성한다는 것을 보여 주는 훌륭한 근거가 된다.

먼저 곤충의 행동은 어떨까? 이들의 작은 뇌가 의식의 존재를 암시하는 복잡한 행동을 만들어 내고 있을까? 그런 것처럼 보인다. 치트카와 연구팀이 호박벌bumblebee을 대상으로 수행한 유명한 실험을 살펴보자. 이 벌들이 복잡한 학습 능력을 갖췄는지 시험하기 위해 연구진은 벌에게 자연에서 마주할 수 있는 어떤 것과도 다른 먹이 보상 과제를 부여했다. 중심에 표적이 그려진 접시 위에 작은 플라스틱 공을 놓은 것이다. 만약 벌들이 공을 잡아 목표물로 끌고 갈 수 있다면 설탕물로 보상을 받는다. 실제로 벌들은 이 과제를 수행했다. 야생에서 먹이를 찾을 때는 이런 기술이 필요하지 않았는데도 말이다. 물론 이 자체로도 놀라운 성과였지만 이후에 일어난 일이야말로 주목할 만했다. 후속 실험에서는 세 개의 공을 접시의 중심으로부터 서로 다른 거리에 놓았다.[13] 그리고 중심에 보다 가까운 두 개의 공은 접착제로 고정했다. 그러자 이 과제를 해결하기 위해 호박벌은 가장 먼 공을 움직여야 한다는 사실을 배워 나갔다. 한편 실험에 익숙하지 않은 관찰자 벌들은 실험 구역 밖에서 이 '시범' 벌들이 과제를 해결하는 모습을 지켜봤다. 마침내 처음으로 시험 구역에 들어간 관찰자 벌은 지금 마주한 과제의 본질을 진정으로 이해하고 있음을 보여 주었다. 이번에는 공들을 접시에 고정하지 않았는데도 관찰자 벌은 이전 벌들의 행동(중심에서 가장 먼 공을 건드리는 행동)을 단순히 모방하는 대신 가장 가까운 공까지 최단 코스로 나아간 다음, 공을 목표물로 끌고 갔다. 이 벌은 단지 학습된 연관성을 통해 다른 벌의 행동을 모방하지 않았다. 그 대신 공이 목표물에 들어가야 한다는 것과 가장 가까운 공을 잡는 것이 이치에 맞다는 사실에 기반해 행동에 나섰다. 벌은 이 문제에 대해 생각하고 보다 나은 전략을 고안했다. 치트카에 따르면 이것은 벌들이 "자기 행동의 결과 그리고 다른 벌들의 행동이 가져오는 결과에 대해 기본적으로 이해했다. 다시 말해 의식과 유사한 현상 내지 의도성, 지향성을 가졌음을 보여 준다."[14] 그렇다면 이것은 벌들이 '의식에 대한 케임브리지 선언'에 요약된 의도적인 행동의 기준을 충족한다는 증거이다.

그리고 마지막으로, 곤충들이 향정신성 물질을 찾아 나선다는 증거도 존재한다. 신경 과학자 갤릿 쇼햇-오피르Galit Sho-hat-Ophir의 특이하고 멋진 연구를 한번 살펴보자.[15] 갤릿의 연구팀은 붉은 빛에 노출될 때마다 특정한 신경 펩타이드인 코라조닌을 생성하는 뇌를 가진 초파리를 길렀다. 코라조닌은 보통 수컷 초파리가 사정을 할 때마다 뇌에 흘러넘치는 물질이기 때문에 붉은 빛에 노출되는 것은 오르가즘과 유사한 정서적(감정적) 상태를 유도할 것이다. 그 결과 놀랄 것도 없이 연구자들은 이 초파리들이 붉은색으로 빛나는 우리 안에서 머무는 것을 확실히 좋아한다는 것을 발견했다. 그리고 또 다른 실험에서 수컷 초파리 한 무리는 며칠 동안 붉은 빛에 많이 노출된 반면 다른 무리는 한 번도 노출되지 않았다. 둘 중에서 섭취할 먹이를 선택할 수 있을 때 붉은 빛을 빼앗긴(그래서 사흘 연속으로 오르가즘을 느끼지 못한) 초파리들은 에탄올이 함유된 먹이를 더 많이 먹었다. 다시 말해서 이 초파리들은 술에 취했다. 한편 지속적으로 붉은 빛을 쬐며 쾌락을 즐기던 초파리들은 알코올이 든 먹이를 그다지 원하지 않았다. 오르가즘을 박탈당한 초파리들은 아마도 머릿속에 엔도르핀이 넘치게 하려고 향정신성 성분을 선택했을 텐데, 이 사실은 초파리들이 자신의 행복 수준이 낮아졌음을 인식하고 기분을 나아지게 하고자 의도적으로 알코올에 의존했음을 암시한다. 치트카는 이 연구에 대해 이렇게 덧붙였다. "상황을 인식하고 이를 변화시킬 마음 자체가 없는 생명체였다면 대체 왜 향정신성 성분을 찾겠는가?"[16]

이 모든 증거는 곤충들이 주관적인 경험, 즉 의식을 지녔을 매우 현실적인 가능성을 드러낸다. 만약 그랬다면 의식은 우리 진화의 역사에서 아주 초기에 인간과 파리의 공통 조상으로부터 진화한 특성임이 분명하다. 이 고대의 공통 조상은 아마도

5억 년 전에 바다에 살았던 무척추동물일 것이다.[17] 내 짐작에 따르면 이것은 오늘날 대부분의 동물들이 의식을 지니고 있으리라는 것을 뜻한다. 만약 그렇다면 우리 곁의 평범한 이웃(내 경우는 친구인 안드레아) 같은 이들이 곤충이나 닭이 의식을 가졌다는 게 터무니없는 생각이라고 여기는 이유는 무엇일까? 다시 말해 동물이 본능에 따라 달릴 뿐이라고 여기는 이유가 무엇일까? 여기에는 17세기의 철학자 르네 데카르트René Descartes까지 거슬러 올라가는, 동물에 대한 기존의 오랜 관점이 바탕에 깔려 있다. 데카르트는 비 인간 동물을 '동물 기계'라고 여겼다. 안드레아 라면 이 관점에 흡족해하며 동의할 것이다. 내가 감히 말하건대 동물의 인지를 연구하는 연구자들 상당수는 여전히 곤충이 주관적인 경험을 가진다는 주장에 회의적이다. 비록 나는 개인적으로 치트카의 의견에 동의하지만 말이다.

연구자들이 회의적인 이유는 매우 단순하다. 대부분의 사람들은 '의식'이라는 단어를 사용할 때 주관적인 경험에 대해서만 이야기하지 않는다. 그 밖에도 자기 인식self-awareness 같은 다른 여러 인지적 특성을 함께 고려한다. 앞에서 안드레아는 내 수컷 꿀벌들이 의식이 있다고 가정하는 것은 미친 짓이라고 말했는데, 그 이유는 이 곤충이 스스로를 자각하는 것이 불가능하다고 생각했기 때문이다. 하지만 자기 인식과 의식은 동의어가 아니나. 그뿐만 아니라 사람들은 의식에 대해 생각할 때 삽화적 예견 능력이라든지 심지어 마음 이론과 같은 인지적 기술들을 포함시키는 경향이 있다. 분명 이들은 구분되어야 함에도 불구하고 말이다. 나는 이 장의 후반부에서 사람들이 의식과 혼동하는 개념과 그 차이에 대해 더 자세히 설명할 예정이다. 이것은 우리가 인간의 의식에 놓인 가치에 대해 더 섬세하게 이해하도록 도움을 준다. 하지만 그러기 전에 먼저 우리는 의식이 애초에 인간과 동물의 마음을 만들어 내는 과정에서 이 모든 다른 과정들과 함께 어떻게 작동하는지에 대해 조금 더 깊이 이해할 필요가 있다.

뇌 속에서 진행 중인 의식이라는 즉흥극

비록 인지나 신경 생물학과 관련해 의식의 본성을 설명하는 많은 모델이 있지만, 그것은 여러분이 머리를 싸매야 할 만큼 어려운 주제다. 하지만 나는 이 복잡한 주제를 이해하는 가장 좋은 방법을 찾는 데 성공했다. 내가 이미 알고 있는 것과 연관 짓는 것이다. 바로 즉흥극이다. 즉흥극이란 무대 위의 즉흥연기자들에 의해 만들어지는 대본이 없는 연극의 한 형태다. 이것은 여러분이 창의력을 재충전하고 친구들과 배꼽 잡고 웃을 환상적인 방법이기도 하지만, 마음이 어떻게 작동하는지에 대한 완벽한 비유이기도 하다.

여러분의 마음을 즉흥극이 벌어지는 극장이라고 상상해 보라.[18] 무대는 스포트라이트가 하나 켜진 것을 제외하면 어두침침하다. 이 무대 위에는 열 명 정도의 즉흥연기자들이 있고 이들 모두는 주목받을 기회를 얻고자 열심히 애쓴다. 이 비유에서 스포트라이트는 주관적 경험(의식)에 해당한다. 이 스포트라이트 속에서 즉흥연기자가 하는 행동은 여러분의 마음이 경험하는 감각질로 바뀐다. 무대 위의 다른 즉흥연기자들, 관객들, 그리고 무대 뒤에서 일하는 사람들(부스 안의 음향 담당자들, 발코니에 서 있는 감독, 무대 양 끝에 숨어 있는 무대 관리자 등)은 다들 스포트라이트 안에서 무슨 일이 일어나는지 지켜본다. 즉 의식적인 경험의 내용은 마음을 가로질러 전파되고 엄청난 수의 인지적 과정들이 그것을 분석한다.

이 비유에서 무대 위의 사람들은 여러분이 의식할 수 있는 모든 것을 뜻한다. 여기에는 여러분이 보고, 듣고, 만진 것에서 오는 감각 입력이 포함된다. 하지만 그뿐만 아니라 배고픔 같은 내적인 동기부여 상태라든가 두려움 같은 감정 상태도 있다. 그리고 잠재의식적 과정에 해당하는 무대 밖에 있는 사람들은 결코 스스로 감각질을 생산하지 않지만, 그럼에도 즉흥적인 연기(마음의 작동)에 필수적이다. 예컨대 보조 무대 관리자는 근육 기억에 해당한다. 이것은 자전거를 타는 능력처럼 일단 배우고 나면 뇌의 무의식적 영역에서 자동으로 처리된다. 무대 관리자가 자기 일을 제대로 하고 있다면 결코 눈에 띄지 않고 잠재의식 수

말할 수 없겠습니다

준에서 일한다. 하지만 무대 관리자가 없다면 즉흥극은 진행될 수 없다.

여러분의 마음속 극장은 이렇듯 스포트라이트 안에 서 있지 않을 무의식적인 요소들에 의해 주로 채워진다. 심장박동이나 소화계를 조절하는 머릿속 영역처럼 말이다. 아니면 그것은 우리의 정신이 재빠른 결정을 내리기 위해 사용하는 무의식적 편향과 발견법일 수도 있다. 대니얼 카너먼은 저서 『생각에 관한 생각』에서 이런 것을 '시스템 1' 사고로 설명했다. 이것은 무대 뒤에서 작동하는 잠재의식적 인지 과정에 의해 즉각적이고 자동적으로 결정이 이루어지는 방식을 가리킨다.

여기서 짚고 넘어가야 할 중요한 점은 주목받는 사람이 없다면 즉흥극을 할 수 없다는 것이다. 시스템 1 사고 혼자서는 연극을 할 수 없다. 동물을 포함해 마음이 이러한 스포트라이트를 필요로 하는 이유는, 그것이 의식을 갖는 동물로 하여금 일상적 결정을 내리도록 돕게 하기 때문이다. 이 스포트라이트는 여러분의 마음속에 있는 모두에게 그 순간 누가 그 쇼의 주인공인지 알려 주며, 모든 사람들은 그 즉흥연기자가 극을 진행하도록 돕고자 끼어든다. 다시 말해서 의식은 여러분의 마음이 결정을 내리고 행동을 일으키도록 돕기 위해 존재한다.

그리고 실제 즉흥극 무대가 그렇듯 결국 주목을 받는 즉흥 연기자들은 참신하거나 예상치 못한 일을 하거나 시끄럽게 떠들며 관심을 받고자 하는 사람들이다. 가장 시끄러운 즉흥 연기자는 관심의 초점에 들어감으로써 문제를 해결하거나 다음에 무엇을 해야 할지 결정하는 데 도움을 받기 위해 여러 인지 시스템—잠재의식적인 것을 포함한—을 끌어모을 수 있다.

예를 하나 들어 보자. 여러분은 소파에 앉아 책을 읽는 중이다. 이 행동은 여러분의 이해력이나 언어능력을 포함하는 몇 가지 인지 시스템을 활성화하는데, 이런 시스템은 거의 잠재의식적인 차원의 것이다. 스포트라이트는 책 페이지의 단어들에 의해 상상된 시각적 이미지에 초점을 맞추고 있으며 이것은 마음의 나머지 부분이 지금 즐기고 있는 감각질을 생성한다. 이때 갑자기 새로운 즉흥연기자가 주목을 받는다. 그의 이름은 '배고픔'이다. 여러분의 마음속 극장은 이제 무대에서 누군가가 외치는 배고픔의 감각질에 초점을 맞춘다. 이 배고픔이라는 연기자는 여러분의 마음속에 있는 엄청난 수의 인지 시스템으로부터 일련의 행동을 유발한다. 그러면 여러분의 운동 동작을 통제하는 잠재의식 시스템이 책을 닫기 시작한다. 이제 간식을 찾을 시간이다. 아마도 여러분은 갑자기 스니커즈 초코 바가 먹고 싶게 될 것이다. 이것은 어젯밤 텔레비전에서 본 스니커즈 광고에 대한 잠재의식적 반응이다. 이 광고는 관객이 '스니커즈를 달라!'라고 외치는 것과 같아서 즉흥연기자들은 여기에 대응해야 한다. 이제 무대 관리자는 연기자에게 자기가 부엌에서 스니커즈를 본 기억이 있다고 속삭인다. 이 무대 관리자는 잠재의식적 기억 시스템을 나타낸다. 이제 또 다른 즉흥연기자가 잠깐 주목을 받는다. 삽화적 예견 능력이 그 주인공이다. 이들은 무대에 올라 극을 진행하는 것을 돕고 지원한다. 삽화적 예견 능력은 무대 관리자가 스니커즈를 봤다고 한 부엌의 간식 서랍을 여러분이 들여다보게끔 하는 의식적 경험을 일으킨다. 무대 위와 무대 밖의 이 인지 시스템들이 힘을 합치면 여러분은 스니커즈를 찾기 위해 부엌으로 걸어 들어가겠다고 결정하게 된다.

어떤 동물이 약간의 숙고가 필요한 결정을 내려야 할 때마다 바로 이 주관적 경험이라는 스포트라이트가 나타나야만 한다. 그래야 감각질이 생성될 수 있다. 감각질은 행동의 화폐와 같다. 철학자 수전 랭거Susanne Langer가 말했듯이 "느끼는 것은 무언가를 하는 것과 같다."[19] 이것은 동물들이 애초에 주관적인 경험을 진화시킨 이유이다. 또한 동물의 마음을 구성하는 필수적 요소로 의식을 포함시키는 이유이기도 하다.

정도의 차이였을 뿐

~~~~

내 친구 안드레아가 아직 나를 버리지 않았으면 좋겠다. 왜냐하면 지금이야말로 내가 인간의 의식이 동물의 의식과 달라 보이는 이유를 밝힐 수 있는 시점이기 때문이다. 이 즉흥극 모델은 중요한 사실을 드러냈다. 즉 인간의 의식은 다음과 같은 이유로 특별하다. 인간이라는 종은 잠재적으로 의식의 스포트라이트에 발을 들여놓을 수 있고, 자신을 위한 감각질을 만들어 낼 인지 과정을 훨씬 더 많이 지닌다. 우리는 보다 의식적인 것이 아니라 단지 많은 것들을 의식하고 있을 뿐이다. 이것은 우리가 꼭 알아 두어야 할 중요한 차이인 만큼 나 자신의 경험을 바탕으로 예를 들어 설명해 볼까 한다.

몇 년 전, 내 친구 모니카는 자신이 가지고 있는 장애, 즉 시각 실인aphantasia이 어떤 것인지에 대해 설명하고 있었다. 전체 인구의 약 1%에서 나타나는 이 증상은 마음의 눈으로 이미지를 볼 수 없는 것이다. "시각 실인을 가진 사람들은 눈을 감았을 때 껌껌한 검은색만 보일 뿐, 사과의 이미지를 떠올릴 수 없지." 모니카가 설명했다.

"안됐네. 잠깐만, 그럼 너는 눈을 감으면 사과에 대해 생각할 수 없는 거야?" 내가 물었다.

"아니, 그건 아니야. 사과를 생각할 수는 있지만, 보통 사람들이 하듯 사진처럼 볼 수 없는 거야."

"그렇구나. 하지만 아무도 마음의 눈으로 사과의 이미지를 사진처럼 보지는 못 해. 그건 불가능하다고."

"대부분의 사람들은 그렇게 해."

"아니, 불가능해. 눈을 감으면 내가 사과가 어떻게 생겼는지에 대해 생각하고 있다는 건 알지. 그렇다고 사과를 보지는 않아."

말할 수 없겠습니다

"음, 저스틴? 아마 너에게도 시각 실인이 있는 것 같아."

그 말을 듣고 나는 아내를 불러 눈을 감고 사과를 떠올릴 때 실제로 사과의 이미지를 볼 수 있는지 물었다. 아내는 가능하다고 답했다. 그리고 내가 질문을 던진 모두가 비록 세세한 사항이나 선명함의 정도는 달랐지만 사과의 이미지를 사진처럼 마음의 눈으로 볼 수 있다는 사실이 밝혀졌다. 모니카의 말이 맞았다. 나에게도 시각 실인이 있었다.

신경학적으로 전형적인 대다수의 사람들과는 달리 나의 의식은 상상 속 사물의 이미지를 만들지 못한다. 이런 능력은 슈퍼마켓에서 땅콩버터가 어디에 있는지 알아내는 데 도움이 된다. 물론 나는 슈퍼마켓 내 땅콩버터의 위치를 알고 있으며 단어를 활용해 그것이 어디에 있는지 설명할 수 있다. 나는 모종의 방식으로 그것의 위치를 '느낀다.' 단지 마음속에서 슈퍼마켓 판매대의 진열 방식을 '볼' 수 없을 뿐이다. 나에게는 의식적인 시각적 상상력이 결여되어 있다. 나는 SF 소설을 읽을 때 책에서 그리고 있는 우주정거장의 이미지를 떠올릴 수 없다. 그리고 눈을 감아도 딸의 얼굴을 눈으로 보듯 떠올리지 못한다. 그렇다고 내가 다른 사람들보다 의식적 능력이 떨어지는 것은 아니다. 즉흥적인 무대를 가로질러 날아가는 의식적 경험은 아마 여러분과 같을 것이다. 다만 스포트라이트를 받기 위해 기다리는 즉흥연기자가 한 명 부족할 따름이다.

우리만의 전유물은 아닐 수도 있다

동물의 의식에 대해 생각할 때 우리가 정말로 알고 싶은 것은 동물들이 과연 의식을 가지고 있는지, 만약 그렇다면 의식을 얼마나 많이 가지고 있는지가 아니다. 그보다는 각 동물 종이 즉흥적인 무대로 내보낼 수 있는 인지 과정이 궁금한 것이다. 이런 점을 감안하면 인간이 더 많은 것을 의식한다고 말할 때, 그것은 정확히 무엇을 의미하는 것일까? 바로 인간의 마음이 우리 종에만 완전히 독특하게 나타나는 여러 인지 과정을 의식적으로 인식할 수 있도록 진화했다는 뜻이다. 대부분의 동물에게는 그 과정이 잠재의식의 수준에서만 일어나지만 말이다. 이 말의 뜻을 더 설명하기에 앞서 우리는 동물들의 주관적 경험 중 스포트라이트를 받을 수 있는 대상에 어떤 것들이 있는지 생각해 봐야 한다. 바로 감정과 느낌이 그것이다.

감정을 뜻하는 영어 단어 'emotion'은 라틴어 'emovere'에서 왔는데, 이 단어는 움직이거나 동요하는 무언가를 뜻한다. 어원을 생각하면 감정이란 동물이 몸을 움직여 생존을 보장받을 행동을 하도록 자극하는 것, 또 동시에 이 같은 목표를 완수하기 위해 뇌가 활성화된 상태임을 의미한다.[20] 신경 생물학자 자크 판크세프Jaak Panksepp는 동물의 (그리고 인간의) 마음에서 감정 상태를 만들어 내는 근본적인 신경학에 대한 연구를 설명하기 위해 '정서 신경 과학'이라는 용어를 만들어 대부분의 포유동물에서 찾

말할 수 없겠습니다

을 수 있는 일곱 가지 감정을 꼽았다. 무언가에 대한 추구, 정욕, 보살핌, 놀이, 분노, 두려움, 공황이 그것이다.[21] 동물 행동의 상당수는 이러한 정서 체계가 마음과 상호작용해서 자손을 갈망할 만큼 오래 살도록 동기를 부여하는 방식으로 설명할 수 있다. 먼저 무언가에 대한 추구는 먹이와 주거지를 찾게 한다. 정욕은 짝짓기를 원하도록 하며, 보살핌은 자손을 양육하거나 사회적 동료를 돕도록 한다. 놀이는 우리가 신체적 기술을 연마하는 동시에 사회적 동료와의 관계를 유지하도록 돕는다. 분노는 공격자들로부터 자신, 식량 자원, 집을 방어하도록 한다. 두려움은 우리에게 무엇을 피해야 할지, 또 방어해야 할지 알려 준다. 마지막으로 공황은 다른 무엇보다 사회적 동료를 찾아야 하는 이유를 제공한다.

이러한 감정 중 상당수는 포유류가 아닌 동물 종의 마음에도 비슷한 형태로 존재할 가능성이 높다. 그리고 이러한 잠재의식적 감정 가운데 많은 것들이 의식적 경험으로 전환되어 동물들이 결정을 내릴 더 나은 장비를 갖추도록 돕는다. 잠재의식의 감정들이 즉흥 무대로 나아가고 의사 결정에 사용하기 위한 주관적 인식의 스포트라이트로 향할 때 과학자들은 가끔 그것에 새로운 이름을 붙이기도 한다. 바로 '느낌'이라고 말이다. 프란스 드 발은 『동물의 감정에 관한 생각』에서 이렇게 우아한 설명을 덧붙인다. "감정이 수면으로 올라와 물거품이 일 때 '느낌'이 발생하며 그에 따라 우리는 그 존재를 인식하게 된다."[22]

하지만 인간은 보다 독특하다. 우리는 의식적인 느낌으로 전환되는 감정들을 더 많이 지니고 있다. 앞서 우리는 꼬리감는원숭이에 대한 연구를 통해 이들이 '공평함에 대한 느낌'을 가진다는 사실을 살폈다. 이런 느낌은 영장류에는 존재할 가능성이 높지만, 꿀벌에게는 존재하지 않을 수도 있다. 그뿐만 아니라 향수와 같은 느낌 역시 정신적 시간 여행이 가능한 우리의 독특한 능력 덕분에 발생한다. 죄책감도 마찬가지로 우리가 마음 이론을 통해 타인과관계를 맺는 독특한 방식에 의존한다. 하지만 유감스럽게도 우리는 타자의 마음을 알기 힘들다. 그런 이유로 동물의 행동을 관찰하는 것만으로 그 동물이 복잡한 감정을 경험하고 있는지, 아니면 기본적인 감정을 경험하고 있는지 구별하기란 악명 높게 까다로운 문제다.

예컨대 '동물의 감정'을 다루는 수업의 첫 시간이 되면 나는 덴버라는 개의 유튜브 영상 하나를 학생들에게 보여 준다.[23] 이 영상에서 주인이 집을 비운 동안 덴버는 고양이 간식 한 봉지를 다 먹었다. 그러자 카메라가 덴버 주위를 돌고 주인은 덴버에게 간식을 훔쳐 먹었는지 묻는다. 그러면 덴버는 시선을 피하면서 귀를 축 늘어뜨리고 눈을 가늘게 뜬 채 입가를 핥는다. 마치 고양이 간식을 먹은 데 대해 죄책감을 느끼는 것 같다. 내가 그순간 덴버의 마음속에서 무슨 일이 일어나고 있는지 학생들에게 물으면 모두 덴버가 죄책감을 느낀다는 상식적 결론에 도달한다. 그러면 나는 개들이 순종을 드러내는 신체 언어가 무엇인지, 그리고 덴버의 이런 행동은 자신과 맞서 대립적 태도를 보이는 주인 앞에서 자기가 무언가 잘못했는지 아닌지의 여부와 상관없이 나타날 수 있다는 연구 결과를 보여 준다. 물론 그렇다고 해서 개가 자신이 무언가 규범을 위반했음을 의식적으로 자각할 수도 있다는 것, 또 그것이 죄책감으로 이어질 수도 있다는 것을 부정하려는 의미는 아니다. 내가 말하려는 것은 단지 덴버가 보여 준 행동은 개가 다른 개나 사람과 싸움을 피하려할 때 나타난다는 사실이다. 다시 말하면 그것은 판크세프가 보다 기본적인 정서 상태의 하나로 꼽았던 '두려움'의 행동적 표현일 가능성이 더 높다.

감정 말고도 동물의 뇌는 배고픔이나 갈증 같은 항상성을 유지하는 감각을 생성한다. 이 감각들이 우리가 행동하도록 자극하는 데 얼마나 필수적인지 고려하면 동물들은 그것 역시 주관적으로 경험할 가능성이 높다. 그리고 여기에 더해 통증, 온도, 압력을 비롯해 눈, 귀, 피부, 혀 등 우리의 감각기관이 뇌로 보내는 모든 것을 포함하는 '감각적 정서'가 있다. 이 모든 기본적인 감각 신호는 우리 마음의 무의식적 부분에 의해 카너먼이 말한 시스템 1에 해당하는 행동을 만들어 내는 데 사용된다. 타오를 듯이 뜨거운 베이킹 철판을 실수로 만졌을 때 얼른 손을 떼는 것이 그런 행동의 예이다. 하지만 감각적 신호는 종종 의식적 자각에도 영향을 미친다. 이것은 우리가 더 복잡한 행동을 계획하는 데 도움이 된다. 예컨대 우리는 뜨거운 철판에 다시 화상을 입지 않도록 손에 끼울 오븐용 장갑을 찾는다. 판크세프는 모든 포유류(그리고 '의식에 관한 케임브리지 선언'이 주장하는 바가 옳다면 다른 종들 역시)의 뇌가 이렇게 감정적이거나 항상성 유지와 관련된, 그리고 감각적인 정서 상태를 생성할 수 있는 피질 하부 영역을 가지고 있다고 주장했다.

비 인간 동물들이 갖는 정서 시스템의 훌륭한 점이라 함은 각각의 종들이 자신만의 감각적, 생리학적, 사회적 체계에 고유한 감각의 태피스트리를 갖는다는 부분이다. 예컨대 돌고래는 반향 정위(자기가 발산한 소리가 물체에 반사되는 것을 듣고 사물의 위치나 특성을 파악하는 것-옮긴이) 능력을 통해 우리가 보기에 특이한 지각 정보를 자신의 의식적 마음으로 전달할 수 있다. 돌고래들은 물속으로 딸깍 소리를 내보내 주변 환경에 있는 사물의 형태, 밀도, 움직임을 자세하게 설명하는 음향적 이미지를 만들 수 있다. 반향 정위는 소리를 이용해 모래에 파묻힌 물고기를 '볼' 수 있게 해 주며 심지어는 어떤 물질을 통과할 수도 있다. 또 돌고래들은 옆에서 헤엄치는 다른 돌고래들이 내는 반향 정위 신호를 엿듣기도 한다. 그러면 이 동물은 인간이 도저히 이해할 수 없는 방식으로 자기 친구들이 정확히 무엇을 감지하고 있는지 알 수 있다. 마치 내가 눈을 감은 채로 여러분 옆에 앉아 있는 것만으로도 여러분이 스마트폰을 통해 보고 있는 이미지를 내 마음속에 기져오는 것과 같다. 이것은 우리 인간에게 아예 생소한 인지적, 의식적 과정이지만 돌고래들이 살아가는 데 중요한 역할을 한다. 동물계는 정말이지 인간에게서 비슷한 것을 찾을 수 없는 그들만의 인지적, 감정적, 감각적 과정들로 넘쳐 난다. 그렇다고 해서 이런 동물 종들이 우리 인간보다 '더 의식적'인 것은 아니다. 단지 각 종의 즉흥극 무대에서 함께 일할 연기자들의 서로 다른 집합을 제공할 뿐이다.

이제 인간의 사례로 돌아올 때다. 다른 동물에게서는 볼 수 없는 몇 가지 복잡한 감정, 그리고 느낌을 갖는다는 것 외에도 인간은 의식과 마음에서 이용할 수 있는 것들의 복잡성과 그 수 때문에 독특한 존재다. 그중 자기 인식이라는 개념부터 살펴보자.

자기 인식에 대한 하나의 정리된 개념은 존재하지 않는다. 이 용어에는 서로 다른 종들이 각각의 형태로 지니고 있는 여러 '자각'이나 '인식'을 포함한다. 그리고 시간적 자기 인식, 신체적 자기 인식, 사회적 자기 인식의 세 가지 주요 범주로 나뉜다.[24] 중요한 것은 동물이 의식을 가지지 못하는 상태에서도 이러한 유형의 자기 인식 중 하나를 가질 수 있다는 점이다. 이상하게 들릴 수도 있지만 정말로 그렇게 작동한다. 예를 들어 시간적 자기 인식은 자신이 가까운 미래에도 계속 존재할 것이라는 사실을 이해하는 마음의 능력이다. 거의 모든 동물이 마음속에 이런 능력을 갖췄을 것이다. 그렇지 않으면 동물들은 결코 목표나 의도를 가질 수 없을 테니 말이다. 앵무새 브루스는 돌을 이용해 깃털을 다듬을 의도를 가졌다. 브루스의 마음이 이 행동을 통제하고 조절할 수 있는 유일한 방법은 자신이 미래에도 계속 존재하리라고 마음속으로 인식하는 것이다. 하지만 그렇다고 해서 브루스의 시간적 자기 인식이 의식의 스포트라이트를 받으며 즉흥 무대에 서 있다는 의미는 아니다.

우리 인간은 자신의 시간적 자기 인식 능력을 실현할 때 어떤 일이 일어나는지 알고 있다. 예컨대 정신적 시간 여행을 하거나 삽화적 예견 능력을 발휘할 수 있다. 시간적 자기 인식이 무대 위에 오를 때 우리는 '나의 마음은 여기 존재하고 그렇게 계속 존재할 것이다'라는 느낌을 받아 다른 모든 인지 체계에 방송한다. 그렇게 함으로써 우리는 우리 마음의 과거와 미래에 대해 그리고 종국에는 언젠가 더 이상 존재하지 않게 될 상황에 대해 상상할 수 있다(바로 죽음에 대한 지혜이다). 하지만 브루스를 비롯한 다른 여러 동물들은 비슷한 상황에 놓인 자신을 상상할 수 있을 것 같지 않으며, 우리는 이들 동물의 경우 시간적 자아 인식이 무대에 발을 들여놓지 않을 것이라 가정한다. 그럼에도 동물들은 여전히 목표 지향적인 행동을 할 수 있다. 이들의 시간적 자기 인식은 마음이 놓일 무의식적 발판이 되기 때문이다.

신체에 대한 자기 인식도 마찬가지다. 이것은 자신의 몸이 이 세상에 존재하고 다른 것들과 분리되며 마음에 의해 통제될 것이라는 인식이다. 어떤 동물이든 공간 안에서 몸을 움직일 수 있고 물리적 대상과 상호작용을 할 수 있다. 이것은 신체에 대한 자기 인식이 기본적인 인지능력의 한 종류라는 사실을 암시

말할 수 없겠습니다

한다.

동물의 자기 인식을 갖고 있는지에 대한 고전적 실험 방법 가운데 '거울 자기 인식 시험'이 있다. 먼저 동물이 눈치채지 못하게 몸통이나 머리에 표시를 한 다음 거울에 접근하게 한다. 동물이 거울을 사용해 자신에게서 보이는 새로운 표시를 살핀다면 우리는 그 동물이 '자기 인식'을 갖고 있어서 거울에 보이는 상이 자신이라는 사실을 안다고 가정할 수 있다. 침팬지, 돌고래, 코끼리를 포함해 여러 종들이 이 시험을 통과한다. 하지만 이 실험이 실제로 밝혀낼 수 있는 것은 어떤 종들이 의식적으로 신체 자각을 할 수 있다는 점이다. 개나 고양이처럼 이 시험을 통과하지 못하는 종들이 자신의 신체를 자각하지 못한다고 여기는 건 말도 안 되는 일이다. 이들의 마음은 하루 종일 몸을 통제하느라 바쁘며 그 안에 신체에 대한 자각이라는 개념이 숨겨져 있을 것이다. 하지만 개나 고양이가 침팬지처럼 자기 몸의 본성에 대해 의식적으로는 생각할 수 없을 가능성이 크다. 그래서 개와 고양이는 거울 앞에서 당황한다.

마지막으로 우리는 사회적 자기 인식을 가지고 있다. 이것은 사회적지위, 관계의 강도, 성격에 대해 사회적 세계에서 타인과의 관계를 의식적으로 인식하는 능력이다. 이것은 타인이 우리를 볼 수 있는 것처럼 스스로를 볼 수 있는 능력을 제공하며 마음 이론이 뿌리내리게 한다. 그뿐만 아니라 우리에게 거짓말을(그리고 헛소리를) 할 수 있는 능력을 갖게 하고, 타인을 안다고 여기거나 믿는 바를 바탕으로 타인이 어떻게 행동할지 예측하도록 한다. 그리고 이것은 우리에게 타인의 행동과 관련된 우리의 행동을 분석할 수 있는 능력을 제공한다. 그리고 이는 우리의 규범을 도덕으로 전환하는 데 도움이 된다. 앞선 사례들에서 살폈듯 동물 종의 상당수가 사회적 자기 인식을 갖추고 있다. 예컨대 그 능력은 내가 키우는 닭들이 서열을 구성하도록 만든다. 하지만 내 닭들이 자기들의 사회적 자아를 의식적으로 인식하거나 그럴 필요가 있을 것 같지는 않다. 닭의 무리는 그 안에서 개체의 지위에 대해 의식적으로 곰곰이 생각할 필요 없이 무의식적인 규범에 의해 완벽하게 잘 운영된다. 하지만 인간만이 갖는 사회적 자아에 대한 의식적인 성찰은 우리가 인간 문화에서 볼 수 있는 놀라운 사회적 복잡성뿐만 아니라 (그 가치가 무엇이든 간에) 복잡한 도덕적, 윤리적, 법적 체계를 만드는 것으로 이어진다.

우리는 동물의 지능에 대해 질문을 던질 때 여러 종들이 이 세 종류의 자각을 의식의 무대로 끌어올릴 수 있을지 궁금해한다. 개체 또는 집단의 일부로서 자기 자신에 대해 생각할 수 있는 능력을 갖는다는 것은 복잡한 행동을 만들어 낼 능력을 크게 높일 수 있게 됨을 의미하며, 그렇기 때문에 이것은 흥미로운 질문이다. 인간은 이 세 가지 형태의 자기 인식을 의식적 분석에 활용할 수 있는 능력을 지녔고 그런 까닭으로 독특한 존재다.

이제 여기에 스스로의 생각과 인지능력을 의식하는 능력을 추가하자. 이것을 메타 인지라고 한다. 이 개념을 설명하기 위해 내가 가장 좋아하는 예를 들어 보겠다. 플로리다에 있는 돌고래 연구 센터의 연구원들은 나투아라는 이름의 돌고래가 높은 소리(2,100헤르츠 이상)를 들으면 어떤 패들을 누르고, 낮은 소리(2,100헤르츠 미만)를 들으면 다른 패들을 누르도록 훈련시켰다. 나투아는 정확한 패들을 눌렀을 때 물고기로 보상을 받았고 잘못된 패들을 누르면 한동안 실험이 중단되었다. 실험이 중단된다는 건 나투아가 물고기 보상을 받을 기회가 사라진다는 의미였다. 이 실험은 나투아에게 비교적 간단했지만, 그러다 낮은 소리가 높은 소리에 점점 가까워지면서 더 이상 둘을 잘 구별하지 못하게 되는 순간이 왔다. 그러자 그 시점에서 나투아는 무작위로 패들을 누르기 시작했다. 틀린 응답을 하면 한동안 물고기를 받을 수 없기에 나투아는 진지했다.

소리의 높낮이를 구별하기 어려워졌을 때 나투아가 스스로 확신하지 못한다는 점을 인지했는지 알아보기 위해 세 번째 패들이 도입되었다. 긴급 구제용 패들이었다. 나투아가 이 패들을 누르면 구별하기 쉬운 어조가 새로 제시될 때까지 잠시 기다렸다가 다시 시도할 수 있었다. 높낮이가 확실하지 않은 경우 오답을 선택한다면 오래 기다려야 했기에 이것은 최선의 선택이었다.

높은 톤과 구별하기 어려운 낮은 톤을 들려주자 나투아는 꽤나 예상 가능한 반응—정답을 도저히 알아내기 어려울 때 보일 것으로 예상되는ㅡ을 보였다. 천천히 패들에 다가가 확실히 주저하는 모습으로 고개를 절레절레 저었던 것이다. 그러다 결국에는 구제용 패들을 눌렀다. 이러한 행동에 대한 가장 적절한 설명은 나투아가 (메타 인지를 통해) 자신이 정답을 모른다는 사실을 알았고, 문제를 해결하기 위해 자신이 겪고 있는 어려움을 의식적으로 인식했다는 것이다.

메타 인지는 자신이 아는 지식에 대해 생각하는 능력으로, 동물이 무언가를 모를 때 그 사실을 인지할 수 있도록 도와준다. 자신의 무지를 인식하는 과정은 의사 결정 과정에 도움이 될 더 많은 지식을 찾도록 촉진한다. 소수의 동물 종들만이 이러한 노선을 따라 메타 인지에 이르렀다고 제안하는 연구들이 존재한다. (여기에는 많은 논란이 따른다.) 이런 동물 중에는 원숭이, 돌고래, 유인원, 개, 쥐가 포함된다. 나투아에게 확실히 보이는 것처럼 만약 메타 인지가 동물에게 존재한다 해도, 그것은 여러 동물 종에 특별히 널리 퍼지지는 않았을 수도 있다. 하지만 이 능력이 우리 인간에게는 인간 고유의 사고를 가능하게 하는 기반이다. 우리는 분명히 메타 인지에 대해 의식적으로 인식한다. 이것은 우리가 자신의 사고에 존재하는 틈새와 문제를 정확히 집어내고 우리가 마음대로 사용할 수 있는 다른 모든 인지능력을 활용해 해결책을 찾도록 영감을 준다. 또 우리는 스스로의 생각을 의식적으로 정리하기 위해 수학과 언어를 사용한다. 여기에 더해 인과적 추론과 삽화적 예견 능력이 있어 우리는 우리가 직면

말할 수 없겠습니다

한 문제에 대해 무한히 많은 해결책을 상상할 수 있다.

우리가 '지능적'이라고 부르고 싶어 하는, 복잡한 일을 해내는 인간의 능력은, 사실 우리가 의식을 지닌다는 점과 관련이 있다. 하지만 우리 마음속에 일련의 인지 과정을 지니고 있다는 의미에서만 우리는 주관적 경험의 스포트라이트를 받는 방법을 훈련할 수 있다. 또 이것을 통해 인지 과정을 보다 효율적으로 조정할 수 있고 그에 따라 복잡한 문제를 해결할 수도 있다. 모든 동물들은 감각질이 풍부한 삶을 살고 있는데 그것은 이들이 활용할 수 있는 인지 과정의 복잡성이나 개수와는 상관없다.

그래서 나는 친애하는 나의 친구 안드레아에게 확신을 갖고 말할 수 있다. 내가 그 불운한 수컷 벌들의 삶을 조금 더 행복하게 만들었다고 말이다. 나는 그 벌들이 마지막으로 죽기 전 조그만 머리로 꿀을 먹는 즐거움을 의식했으리라 생각한다. 하지만 그럼에도 인간의 마음이 수컷 벌의 마음보다는 훨씬 더 많은 것을 의식한다는 데는 의심의 여지가 없다. 우리 의식의 내용에는 다른 무언가가 있다는 안드레아의 추측은 사실이다. 문제는 다음과 같다. 그래서 대체 어쨌다는 건가? 우리가 하나의 종으로서 지금껏 성취한 모든 것들은 이러한 인지능력이나 그것들에 대한 우리의 주관적인 인식 덕분일까?

우리는 다음 장에서 두 가지 큰 문제를 다룰 것이다. 그것은 우리 종이 성공을 거두고 있다는 신호일까? 지구에 좋을까?

ιιιιιιι

인간의 시간 여행 능력은
망가졌을지도 모릅니다

언론, 기계, 철도, 전신의 발명은

이전 천 년 동안 누구도 감히 예상하지 못했던 전제이다.

- 니체[1]

'수완 좋은 브라운Capability Brown'이라는 별명으로 불렸던 랜실롯 브라운Lancelot Brown은 영국에서 가장 유명한 조경사다. 동시에 그는 임박한 인류의 멸종에 아주 조금은 책임이 있는 사람이기도 하다.

1715년에 태어난 그의 이름 앞에 수식어로 붙은 'capability'라는 단어는 브라운 자신이 영국 귀족들에게 그들의 사유지가 '개선될 수 있는 훌륭한 가능성'을 가졌다고 설명하면서 자주 사용했던 단어였다.[2] 브라운은 자연에 보다 가까운 정원을 선호했다. 그는 지나치게 사람의 손을 탄 울타리, 돌이 깔린 길, 조각상 같은 나무들의 숲, 널찍한 잔디밭이 딸려 있고 호수가 내려다보이는 웅장한 전망 속 커다란 분수가 놓인 전형적인 17세기식 프랑스 정원을 자기만의 자연주의 정원으로 바꾸고자 했다. 브라운은 역사 드라마 시리즈 〈다운튼 애비〉를 촬영한 장소로 유명세를 탄 하이클레어성을 포함해 당대 영국 사유지 정원 170여 곳을 업그레이드했다. 드라마의 오프닝 크레디트에는 한 남자와 그의 개가 완벽하게 말끔히 손질된(브라운이 디자인한) 잔디밭 위를 걷는 모습과 함께 뒤쪽으로 성이 어렴풋이 보인다. 나중에 밝혀지겠지만 브라운의 유해한 유산은 정확히 이런 모습의 잔디밭에 의해 형성된 것들이다.

특히 미국 대통령이었던 조지 워싱턴George Washington과 토머스 제퍼슨Thomas Jefferson은 브라운의 열렬한 팬이었다. 제퍼슨의 몬티첼로 사유지와 워싱턴의 마운트 버논 사유지 모두 브라운의 방식을 본떠 조경이 이뤄졌으며 오늘날까지도 미국에서 가장 유명한 정원으로 손꼽힌다. 그래서 19세기 초 무렵 이 사유지의 모습은 수없이 많은 우편엽서에 그려졌고 수백만 미국 가정의 식탁에 뿌려졌다. 엽서의 내용이 사실 그대로라면 이 그림에나 나올 것 같은 집 앞에는 잔디밭이 펼쳐져 있고 부유하고 세련된 사람들이 양산을 들고 거닐거나 배드민턴을 치고 있을 것이다. 잔디밭은 열심히 일하고 스스로 무언가를 만들고 싶어 하는 미국인이라면 누구나 돈을 충분히 벌고 셔틀콕을 칠 수 있을 만큼 충분한 자유 시간을 누릴 것이라고 제안하는, 당시 급

성장하던 미학적 윤리의 일부였다. 그것은 모든 이들에게 적용되는 꿈이기도 했다. 물론 잔디를 다듬고 유지해야 했던 노예들을 제외하면 말이다. 이것은 오늘날까지도 이 나라에서 펼쳐지는 일종의 역설이다.

19세기 초, 평범한 미국인들은 잔디밭을 가꾸는 데 필요한 시간, 돈, 노동력을 제공할 노예가 없었다. 오직 엄청나게 부유한 계층만이 그런 사치를 감당할 수 있었다. 그나마 1830년에 에드윈 비어드 버딩Edwin Beard Budding에 의해 잔디 깎는 기계가 발명되면서 잔디밭을 관리하는 일이 수월해지기 시작했다. 그렇게 그다음 세기에 걸쳐 잔디밭은 개인적, 국가적 부유함과 번영의 상징이 되었다. 또 자동차가 미국에서 지배적인 교통수단이 되면서 자동차 운전자들이 요란한 소리를 내며 교외의 길거리를 달릴 수 있게 해 준 정원은 개인이 얼마나 성공했는지를 보여 주는 일종의 상징이었다. 하얀 말뚝 울타리 뒤로 깔린, 짧게 잘 손질된 정원의 잔디밭은 미국적 풍물을 드러내는 궁극적 상징이었고 오늘날까지도 그렇다.

그만큼 미국인들은 자기 집 잔디밭을 사랑한다. 오늘날 미국에 깔린 잔디밭의 면적을 다 합하면 16만 3,812km² 정도로[3] 플로리다주 면적과 맞먹는다. 매사추세츠, 로드아일랜드, 델라웨어, 코네티컷주는 전체 면적의 20%가 잔디밭으로 덮여 있을 정도다.[4] 그리고 미국에 기주하는 1억 1,600만 가구 중 무려 75%가 어떤 종류이든 잔디밭을 가지고 있다.[5] 인류가 지금껏 지구상의 땅을 숱한 방식으로 변화시켜 오기는 했지만, 특히 잔디밭을 조성하려는 집착은 동물계에서 유례를 찾을 수 없는 방식으로 주변 풍경을 바꾸어 놓았다. 그나마 가장 비슷한 예는 브라질 동부에 먼 옛날부터 전해 내려오는 광대한 흰개미 둥지의 네트워크이다. 이 거대한 둥지는 평균 높이가 2.4m 정도이며 총 23만km²에 달하는 지역을 가로지르는 엄청난 규모로, 우주에서도 보일 정도다.[6] 흰개미들은 거의 4,000년 전부터 이 둥지를 지었으며 개별 구조물은 20m마다 하나씩 총 2억 개나 있다. 흰개미들이 운송을 위해 땅굴을 파거나 자기가 살던 거주지에 필요 없는 흙을 버리는 과정에서 이러한 둥지가 서서히 형성되었다. 본질적으로 이곳은 거대하고 장엄한 쓰레기장인 셈이다. 하지만 인간이 만든 잔디밭과 달리 이 둥지는 환경에 긍정적인 영향을 준다. 예컨대 이곳은 브라질의 카팅가 식생의 밑바닥 층을 이루는데, 이 사막 속 숲은 187종의 벌, 516종의 조류, 148종의 포유류뿐만 아니라 1,000종 이상의 식물이 가득한 생물 다양성의 보고다.[7]

　나는 아마 평생 개인적 이유에서나 직업적 이유로 잔디를 깎는 데만 족히 1,000시간은 보냈을 것이다. 그리고 그 과정에서 솔직히 랜실롯 브라운이나 미국 건국의 아버지들에게 속았다고 느꼈다. 잔디밭은 야생동물들의 서식지로서는 거의 쓸모가 없는 단일 문화의 황무지나 다름없기 때문이다. 잔디밭은 우리에게 식량을 전혀 제공하지 않지만, 우리는 이곳을 가꾸기 위해 시간이나 돈 같은 자원을 엄청나게 쏟아부어야 한다. 그야말로 경제학자 소스타인 베블런이 『유한계급론』에서 제안한 용어인 '과시적 소비'의 전형적 사례다. 베블런은 이 용어에 대해 '자신의 부를 과시하려는 특정한 목적을 위해 상품이나 서비스를 구매하는 것'이라고 정의한다.[8] 게다가 잔디는 환경 운동가들에게 '엿을 먹이는' 존재이기도 하다. 미국인들이 잔디밭을 가꾸기 위해 사용하는 물은 하루에 340억 리터나 된다. 이것은 가정용 물 사용량의 약 3분의 1에 해당한다.[9] 그중 약 절반은 증발되거나 바람에 날리고 다른 곳으로 흘러가는 통에 뿌리에 닿지도 못하고 낭비된다. 게다가 잔디 깎는 기계에만 매년 45억 리터의 휘발유가 사용되는데 이것은 생각보다 환경에 악영향을 준다. 잔디 깎는 기계의 엔진은 자동차 엔진처럼 효율적이지는 않아 휘발유를 많이 사용하고 이산화탄소도 더 많이 배출하기 때문이다. 바꿔 말하면 휘발유로 돌아가는 잔디 깎는 기계를 한 시간 사용하는 것은 자동차를 타고 약 161km를 운전하는 것과 같다.[10] 미국 환경 보호국은 잔디밭을 유지하고 보수하는 데 발생하는 이산화탄소가 미국 전체의 연간 이산화탄소 배출량의 4%를 차지한다고 추정한다.[11] 그 잘난 잔디밭을 가꾸느라 매년 대기 중에 엄청난 양의 이산화탄소가 뿜어져 나오는 것이다.

물론 이것이 다 브라운의 잘못은 아니라고 생각할 수도 있다. 그는 조경에 쏟았던 자신의 노력이 어떤 결말로 이어질지 예측할 수 없었을 것이다. 하지만 그래도 가설을 한번 세워 보

자. 만약 오늘 어떤 시간 여행자가 18세기로 돌아가 브라운을 앞에 앉혀 놓고 잔디밭을 가꾼다는 그의 아이디어가 얼마나 큰 기후변화를 일으키고 인류의 존재 자체를 위협하는 문화적 집착으로 진화할 것인지 설명한다면 그는 과연 자신의 아이디어를 보류할까? 나는 확신할 수 없다. 인간은 미래에 부정적인 결과가 닥칠 것이라는 증거가 있더라도 자신의 행동을 정당화할 수 있는 놀라운 능력을 가졌으니까. 그러니 아무리 카리스마 있고 설득력 있게 이야기할 수 있는 시간 여행자라고 해도 브라운이 한평생 추구했던 일을 포기하도록 설득하는 건 어려울 것이다. 이렇게도 한번 생각해 보자. 우리는 화석연료를 태우는 것이 위험하다는 사실을 알지만 여전히 잔디밭에 대한 집착을 놓지 못하고 있다. 그러니 우리가 아무리 이 널리 퍼진 관습과 관련한 위험성을 머리로 이해하고, 이대로 가면 지구가 멸망할지도 모른다는 위협을 받는다 해도 잔디밭은 끝내 놓지 못할 것이다.

나는 이러한 유형의 인지 부조화를 예지적 근시라고 부른다. 예지적 근시란 미래에 대해 생각하고 미래를 변화시킬 수 있지만, 그와 동시에 앞으로 일어날 일에 대해 실제로 그렇게 많은 관심을 가지기 어렵게 만드는 인간의 특성이다. 이것은 장기적 결과를 초래하는 독특한 인지능력을 이용해 복잡한 결정을 하는 인간의 능력에 의해 야기된다. 하지만 인간의 마음은 주로 미래가 아닌 즉각적 결과를 다루기 위해 진화했기 때문에 우리는 이러한 장기적 결정의 결과를 거의 경험하지 못하고 심지어 이해하지도 못 한다. 이것은 인간의 사고가 갖는 가장 위험한 결함으로, 너무 위험한 나머지 우리 종족의 절멸을 초래할지도 모른다.

바로 이러한 이유로 나는 이런 예지적 근시가 무엇이고 어떻게 존재하게 되었는지, 그것이 우리의 일상생활에 어떤 영향을 미치는지, 왜 인류에게 멸종 수준의 위협이 되는지를 설명하고자 이렇게 한 챕터를 할애했다.

오늘에 충실한 인간

모든 동물과 마찬가지로 인간은 일상적 필요를 충족하는 결정을 매일 내려야 하는 세상에 살고 있다. 음식, 쉼터, 섹스가 그러한 필요이다. 이런 종류의 순간적 의사 결정은 생명체 그 자체만큼이나 오래되었고, 생물학의 기초가 된다. 인간은 앞서 확인했듯 인과적 추론, 삽화적 예견 능력, 의식적 숙고 같은 능력을 갖추고 있는 까닭에 일상적 문제들에 대한 해결책—상당한 파급력을 가진—을 찾을 수 있다. 니체가 말했듯 "이전 1,000년 동안 누구도 감히 예상하지 못했던" 결과를 몰고 올 만큼 기술과 공학에 의존하는 해결책을 고인한 것이다. 모든 동물들과 마찬가지로 인간의 생물학적 특성은 우리가 현재의 상황만을 다루도록 강요하지만, 다른 동물과는 달리 우리의 결정은 앞으로 몇 세대 동안 세상에 해로운 영향을 미칠 기술을 만들어 내기도 한다. 이러한 불연속성이 예지적 근시의 핵심이다.

예를 하나 들어 보겠다. 여러분이 지금 간식을 먹고 싶다고 치자. 지금으로부터 1만 년 전이라면 여러분은 숲속으로 몇 미터 걸어가 나무둥치에 손을 집어넣어 맛 좋은 흰개미를 한 움큼 끄집어냈을지도 모른다. 짠, 간식을 획득해 문제가 해결되었다. 하지만 오늘날이라면 여러분은 부엌으로 몇 미터 걸어 들어가 바나나를 집을 것이다. 배고픔이라는 같은 문제가 생겼고 해결책도 음식으로 동일하다. 다만 이 둘의 차이점은 오늘날 바나나 한 송이를 손에 넣으려면 전적으로 인공적 기술 과정이 필요하다는 것이다. 이 과정은 간단한 간식을 집는 행동에 상상할 수 없을 만큼의 복잡성을 더했다. 그리고 이 과정은 우리가 고려하지 못했던 더 장기적 결과들을 낳는다. 그런데 여기서 '인공적 과정'이란 무엇을 뜻할까?

만약 여러분이 나와 같은 처지라면 바나나가 자연적으로 자라지 않는 지역에 거주하고 있을 것이다. 돌, 델몬트, 치키타 같은 상표로 판매되는 대부분의 바나나는 남아메리카의 농장에서 재배된다. 다시 말해 이 바나나들은 생산 직후 트럭을 통해 남아메리카의 가장 가까운 항구로 운반된 다음 비행기나 배에 실리고 거의 지구 반 바퀴를 이동한 다음 여러분이 사는 나라에서 손질되어 슈퍼마켓에 유통된다. 그런 뒤에야 비로소 바나나를 주문한 여러분의 집 과일 그릇에 놓이게 된다. 이때 만약 여러분이 과대 포장을 하는 곳에서 과일을 샀다면 먼저 비닐봉지에서 바나나를 꺼내야 할지도 모른다. 그런 다음 여러분은 바나나의 색깔과 모양에 경탄할 것이다. 이 두 가지는 과일을 재배하는 데 사용된 비료와 살충제 혼합물에 의해 조작된 요소이다. 여기에는 전 세계로 바나나를 운송하고 이를 석유를 원료로 만든 봉지에 포장하는 작업과 관련한 강력한 탄소 발자국이 확실히 찍혀 있다. 바나나에 대한 우리의 갈망을 지원하기 위해 토종 식물(보통은 고대부터 이어져 온 열대우림)을 모조리 뽑아낸 땅에 농약과 비료를 뿌려 하나의 작물만 재배하는 과정에서 발생한 환경적 영향은 말할 것도 없다.

요점은 간식을 먹고자 하는 우리의 갈망은 1만 년 전과 같지만, 우리는 복잡한 인지능력을 갖추었기에 대규모의 활동(예컨대 석유와 천연가스 채굴, 기계화된 농업, 토양 고갈)에 관여할 수 있었고, 그에 따라 지구 전체는 생물이 도저히 살 수 없는 쓰레기장으로 바뀌고 있다는 것이다. 우리의 부엌은 전 세계적 규모로 연계된 농장과 산업에서 생산한 음식들로 가득 차 있고, 이는 인류의 생존에 근본적으로 위해를 끼치는 중이다.

이 바나나의 예는 예지적 근시가 가져올 두 가지 커다란 부정적 결과를 강조해 드러낸다. 첫 번째는 인간이 다른 동물과 달리 문제에 대해 상기적 해결책을 세울 수 있지만, 이것이 미래 세대에 예기치 못할 결과를 초래할 수 있다는 점이다. 바나

나에 대한 욕구를 충족시키기 위해 열대우림을 개간하는 것이나 랜실롯 브라운에게 영감을 받아 잔디밭을 가꾸고자 수자원을 고갈시키는 것이 그 예이다. 두 번째는 비록 우리가 장기적 해결책의 부정적 결과를 예측한다 해도 그 결과가 즉각적이지 않다면 우리의 마음은 타고난 성향상 이를 크게 신경 쓰지 않는다는 점이다. 여러분은 바나나라는 식물을 단일 재배하기 위해 브라질 열대우림을 개간하는 결정이 미래에 어떤 영향을 미칠지 진정으로 관심을 가지지 못한다. 단지 본능적으로 슈퍼마켓에서 바나나를 집어 카트에 넣을 뿐이다. 이러한 사람들의 타고난 무관심 때문에 시간 여행자가 과거로 돌아간다 한들 브라운에게 잔디밭을 발명하지 말라고 설득할 수는 없을 것이다.

예지적 근시가 어떻게 생겨났는지 이해하기 위해서는 동물의 의사 결정 능력이 미래의 문제를 다루는 데 왜 그렇게 서투른지부터 이해할 필요가 있다.

무의식에서 벌어지는, 결과가 정해진 권력투쟁

우리는 앞에서 뇌가 복잡한 결정을 내리도록 주관적 경험(의식)이 어떻게 여러 인지 체계를 동원하는지 알아 보았다. 인간은 인과적 추론, 정신적 시간 여행, 삽화적 예견 능력, 시간적 자기 인식을 포함한 독특한 인지능력을 갖추고 있어서 무언가 결정을 내릴 때 즉흥 무대에 나가 주관적 인식의 스포트라이트를 받을 수 있다. 하지만 그 밖에 우리에게는 무의식적 인지 체계도 상당수 존재한다. 이 의식적 체계와 무의식적 체계라는 두 가지 체계가 함께 작동해 우리의 의사 결정 행동을 형성한다. 그리고 이것은 궁극적으로 예지적 근시로 이어진다. 이 과정이 어떻게 작동하는지 설명하기 위해 내가 세상에서 가장 좋아하는 존재에 대해 이야기해 볼까 한다. 바로 나의 딸이다.

내 딸은 초등학교에 다니는 아이들이 대개 그렇듯 아침마다 툴툴거린다. 예컨대 약간 건방진 말투로 "난 학교가 싫고 모든 사람, 모든 것들이 다 싫어"처럼 사춘기다운 암울한 선언을 하고는 한다. 이런 아이를 대하는 것은 즐겁지만은 않다. 하지만 조금이나마 좋은 부모가 될 수 있는 팁이 여기 있다. 사춘기의 청소년 자녀에게 "그렇게 부정적으로 굴지 마"라고 말하는 것은 그다지 의미가 없다. 대신 오래된 행동 조작 기법인 '조작적 조건 형성'을 시도해 보면 어떨까. 이것은 무의식적으로 행동을 수정하는 매우 강력한 수단인 만큼, 비록 아이들 자신이 스스로 조종받고 있다는 사실을 완전히 알고 있다 해도 여전히 유효하다.

나는 아침마다 딸에게 더 친절하게 대해 주고자 딸을 앞에 앉히고 내가 앞으로 시도할 조작적 조건 형성이 어떤 원리로 작동하는지 (그리고 그 개념이 무엇인지) 설명했다. 딸아이가 원하는 행동을 할 때마다 즉각적으로 긍정적 보상을 받을 수 있다는 것이 기본 원칙이었다. 우리의 경우 딸이 말을 예쁘게 할 때마다 치즈 팝콘 한 알을 주고는 했다. 그러자 곧 딸아이의 뇌에는 예쁜 말을 하는 것과 맛있는 간식을 받는 것 사이에 잊히지 않는 연관성이 생겼을 것이다. 그리고 아이의 무의식은 팝콘을 먹을 때 따르는 엔도르핀 자극을 얻고자 말을 예쁘게 하도록 자극을 받는다. 이것이 바로 과학자들이 동물의 행동에 대해 실험적으로 접근한 방법이었다. 다만 내 경우에는 나의 동물 피실험자(딸)에게 무엇이 보상으로 준비되어 있는지 정확히 말해 줄 수 있었다. 우리는 이 작업이 딸아이의 뇌에서 더 많은 행복을 느끼도록 훈련시키는 일이라는 것을 인정했다. 나의 딸 역시 완전히 동감하는 바였다.

그리고 이것의 효과는 기대 이상이었다.

매일 아침, 나는 지퍼락 봉지에 치즈 팝콘을 가득 채운 다음 딸아이가 "오늘 아침 밖은 춥지만, 따뜻한 재킷이 있으니 좋아요"라고 말할 때마다 팝콘을 한 알씩 던져 준다. "오늘 점심으로 마카로니 앤 치즈를 먹는 게 너무 기대돼요"라고 말해도 마찬가지이다. 우리의 아침은 갑자기 더 밝고 행복해졌으며, 모두가 기분이 좋아졌다. 비록 딸아이는 학교에 가는 것이 항상 행복하지 않았지만, 그래도 이전보다는 더 행복해진 듯했다.

이것은 뇌가 결정을 내리는 가장 오래된 방법 중 하나다. 초파리에서 십 대 청소년에 이르기까지 뇌는 특정 행동을 생성하는 것이 즉각적으로 긍정적 또는 부정적 결과를 초래할 것이라는 사실을 빠르게 배운다. 이것은 단순하고 오래된 의사 결정 기술로 '발견법heuristic'의 한 종류다. 심리학에서 발견법이란 우리가 빠르게 결정을 내리도록 도움을 주는 무의식적 정신 요령 또는 경험 법칙을 말한다. 내 딸은 더 이상 아침 식탁에서 할 수 있는 대여섯 가지 불평불만에 대해 생각하느라 시간을 낭비할 필요가 없고, 각각의 말이 부모의 신경을 얼마나 거슬리게 할 것인지 미시적으로 분석하지 않아도 되었다. 그 대신 조작적 조건 형성은 딸의 뇌를 유쾌함의 길로 밀어 넣었다.

신속한 결정을 내리려는 뇌는 장기적 결과를 고려하지는 않는다. 다시 말해 무의식적인 신속한 의사 결정은 예지적 근시에 필수적이다. 그것의 역할을 이해하려면 우리는 이러한 무의식적 발견법이 인간의 의사 결정에서 얼마나 흔한지 알아볼 필요가 있다.

만약 여러분이 지난 20년 동안 공항 서점의 서가를 둘러본 적이 있다면 아마 인간의 의사 결정이 무의식적 과정에 의해 지배되는 사례들로 가득한 대중 과학 서적들을 한 번쯤은 마주했을 것이다. 예컨대 말콤 글래드웰의 『블링크』는 우리가 자동적으로(의식적 사고 없이) 결정을 내리는 것이 몇 시간이나 며칠 동안 고민하는 것보다 나은 경우가 많다고 주장한다. 그리고 대니얼 카너먼의 『생각에 관한 생각』은 우리가 어떤 결정을 내리는 과정에서 빠르고 자동적이며 무의식적인 생각(시스템 1)과 느리고 계산적이며 의식적인 생각(시스템 2)에 얼마나 자주 의존하는지 보여 준다. 여기에 대해 카너먼은 이렇게 설명한다. "시스템 1과 2 모두 우리가 깨어 있을 때마다 활성화된다. 시스템 1이 자동으로 실행된다면 시스템 2는 보통 용량의 일부만 사용하는, 편안한 저전력 모드로 실행된다. 시스템 1은 시스템 2를 위해 인상, 직관, 의도, 느낌 등을 지속적으로 생성해 제안한다. 이것이 시스템 2에 의해 승인되면 인상과 직관은 믿음으로 바뀌고 충동은 자발적 행동으로 바뀐다. 대부분의 경우 이 과정이 난항을 겪지 않고 매끄럽게 진행되어 시스템 2가 시스템 1의 제안을 거의 또는 전혀 수정하지 않고 받아들인다."[12]

이 밖에도 상당수의 영향력 있는 책들이 무의식적 사고가 널리 퍼져 있고 큰 힘을 가진다고 설명한다. 예컨대 리처드 탈러Richard H. Thaler의 『넛지』, 찰스 두히그Charles Duhigg의 『생각의 힘』, 조나 레러Jonah Lehrer의 『뇌는 어떻게 결정하는가』, 오리 브래프먼Ori Brafman의 『스웨이』, 리드 몬태규Read Montague의 『선택의 과학』이 그렇다. 이뿐만 아니라 『상식 밖의 경제학』을 저술한 댄 애리얼리Dan Ariely도 마찬가지다. 애리얼리는 인간의 의사 결정을 연구하는 행동 경제학자로 우리는 스스로 생각하는 것처럼 이성적이고 의식적인 의사 결정자가 아니라는 생각을 널리 퍼뜨리는 데 일조했다. 애리얼리는 우리가 주변 환경의 구조에 의해 무의식적으로 결정을 하도록 강요받는다고 주장한다. 외부 환경은 발견법과 인지적 편향을 유발해 우리의 행동을 형성하며 의식적 성찰이나 합리성이 필요하지 않다. 애리얼리가 종종 인용하는 사례는 장기 기증자의 행동이다.[13] 오늘날 유명해진 에릭 존슨Eric Johnson과 대니얼 골드스타인Daniel Goldstein은 연구를 통해 몇몇 유럽 국가의 사람들은 사망 후 자신의 장기를 기증하는 데 동의하는 비율이 매우 높은 반면, 어떤 국가는 그 비율이 매우 낮다는 사실을 발견했다.[14] 이러한 동의율은 문화적 차이와 아무런 관련이 없는 것처럼 보였다. 예컨대 네덜란드 같은 국가는 기부 동의율이 27.5%인 반면, 가까운 이웃이자 문화적, 언어적으로 밀접한 벨기에는 그 비율이 98%에 이르렀다. 이처럼 큰 차이가 벌어진 것은 장기 기증이나 삶을 끝내는 결정에 대해 당사자가 느끼는 방식과는 아무런 관련이 없었다. 대신 그것은 허가증을 신청할 때 작성하도록 요청받은 장기 기증 양식과 관련이 있었다.

네덜란드에서는 사람들에게 장기 기증 프로그램에 참여하고 싶다면 상자에 체크 표시를 하도록 요청했다. 반면에 벨기에에서는 장기 기증 프로그램을 그만두고 싶다면 표시를 하도록 요청했다. 이때 사람들이 장기 기증 문제에 대해 개인적으로 심사숙고한 끝에 어느 쪽이든 체크한 것은 아니었다. 보통 두 양식 모두 표시를 하지 않은 채 그대로 내버려 두었다. 인간은 현상태를 유지하려는 무의식적 편향이 있다. 현 상태를 바꾸는 것과 노선을 유지하는 것 사이에서 선택의 기로에 섰다면 우리는 현재 상태에서 저항을 최소화하는 길을 택한다. 이 사례에서 사람들은 단지 상자를 체크하는 번거로움을 겪고 싶지 않았던 것 뿐이다. '프로그램에서 빠지려면 상자에 체크하는 형식'으로 양식을 변경하면 장기 기증 동의는 급증한다. 사람들이 숨겨진 발견법을 사용해 무의식적 결정을 하도록 이끄는 것은 주변 환경이다. 이 사례에서는 문서 양식이 그 역할을 했다.

중요한 것은 '왜 장기 기증 프로그램에 참여하기로(또는 참여하지 않기로) 결정했는가?'라고 물었을 때 사람들이 자신을 어떤 행동으로 이끌었던 무의식적 사고 과정에 대해 전혀 알지 못했다는 점이다. 애리얼리는 미국 공영 방송NPR에 출연해 진행자인 가이 라즈Guy Raz에게 이렇게 말했다. "중요한 것은 사람들이 당시에 자신이 왜 그런 결정을 내렸는지에 대해 이야기를 꾸며 냈다는 점입니다. 마치 그 결정을 하기 위해 일주일 내내 고민한 것처럼 묘사했죠. 프로그램에 참여하기 위해 체크 표시를 해야 하는 양식을 받은 사람들은 의료 시스템을 믿을 수가 없고 내가 이런 선택을 하면 몇몇 의사들이 생명 유지 장치의 플러그를 너무 일찍 뽑아 버리지 않을까 걱정된다고 말했어요. 반면 프로그램에서 빠지기 위해 체크 표시를 해야 하는 양식을 받은 사람들의 경우, 부모님은 타인을 보살피는 멋진 사람으로 자신을 키웠다는 식으로 이야기했죠."[15]

이들이 거짓말을 하고 있는 것은 아니다. 단지 그들의 의식적 마음은 왜 그런 행동을 했는지에 대한 사후적 설명을 찾고 있을 뿐이다. 하지만 이것은 일종의 망상이다. 여기에 대해 애리얼리는 『상식 밖의 경제학』에서 이렇게 말했다. "우리는 보통 스스로 내리는 결정이나 삶이 나아갈 방향을 궁극적으로 통제하는 운전석에 앉아 있다고 여긴다. 하지만 안타깝게도 이런 인식은 실제에 가깝다기보다 우리의 욕구, 즉 우리 자신을 어떻게 보고 싶어 하는지와 더 관련이 있다."

이 장기 기증의 사례는 특히 예지적 근시와 관련이 있다. 죽은 후에 간과 심장이 어떻게 처리되어야 하는지에 대한 질문은 여러분이 극도로 복잡한 생각을 하도록 요구한다. 여러분이 죽음에 대한 지혜를 완전히 갖추고 있는 것도 사실이다. 또한 여러분은 마음 이론을 통해 미래에 장기를 기증하는 것을 스스로 어떻게 느낄지(즉 미래의 정신 상태를 모델링하는 능력)는 물론이고 다른 사람들(예컨대 여러분의 장기를 받게 될 사람들)이 그 결정에 대해 어떻게 느낄 것인지 예측해야 한다. 장기 기증 문제는 우리가 5장에서 논의했던 인간의 의식과 의사 결정의 가장 복잡한 매트릭스를 요구한다. 다른 동물에게는 결여된 능력이다.

그럼에도 우리가 간을 기증하기로 한 결정은 궁극적으로 이 모든 복잡한 인지능력과는 거의 관련이 없다. 그 대신 결코 의식적 인식으로 이어지지 않는, '단지 귀찮아서 박스에 체크하지 않는' 하나의 조촐한 발견법으로 귀결된다. 우리는 마음속 보이지 않는 힘에 의해 이 결정에 내몰린다. 우리의 결정을 지배하는 이러한 숨겨진 힘을 드러내는 연구 사례는 무척 많아서 인간이 대체 자유의지를 가지고 있는지 의심스러울 정도이다.

망가졌을지도 모릅니다

이제 내가 가장 좋아하는 세 가지 사례를 소개해 볼까 한다.

예컨대 여성들은 난소에서 배란이 일어난 직후와 생리가 시작되기 직전에 파트너가 아닌 남성에게 가장 끌림을 느낀다.[16] 이때 그들의 현재 파트너 얼굴이 비대칭적이라면 다른 남성에게 훨씬 더 강하게 끌릴 것이다. 그러니 만약 여러분이 이성애자 또는 양성애자 여성인데 갑자기 근처 스타벅스의 바리스타에게 끌림을 느낀다면 그것은 단지 그가 귀엽게 미소를 지으며 재미있게 말하는 사람이어서만은 아니다. 여러분의 현재 파트너의 코가 비뚤어져 있고, 여러분의 몸은 보다 대칭적인 얼굴을 한 누군가를 원하기 때문이다.

여러분이 만약 뉴욕 같은 도시에 사는 백인 남성이라면 비디오 화면 속에서 천천히 조준하는 총 이미지를 얼마나 빨리 인식할 수 있는지 기록하는 실험을 해 볼 수 있다. 이때 화면에 흑인 남성의 얼굴이 먼저 비치면 총을 더 빨리 인식할 수 있을 것이다.[17] 이미지가 너무 빨리 지나간 나머지 의식적으로 인지하지 못하더라도 마찬가지이다. 그 이유는 무엇일까? 북아메리카에서 자란 백인들은 흑인 남성을 범죄와 연관시키는 무의식적 편견을 키우기 때문이다. 심지어 자신은 절대로 인종차별주의자가 아니라고 맹세하는 백인 남성들도 마찬가지다.

그리고 여러분은 슈퍼마켓 선반에서 24종의 잼을 발견할 때보다 6종의 잼을 봤을 때 잼을 구매할 가능성이 더 높다.[18] 이유가 뭘까? 인간의 마음은 고려할 선택지가 너무 많아지면 선택의 과부하를 겪기 때문이다. 잼의 선택지가 많아질수록 우리가 아무것도 사지 않을 가능성 역시 높아진다. 잼을 구매하는 결정은 잼 내용물이 아니라 선반에 진열된 잼의 종류와 가짓수를 기반으로 하는 경우가 많다.

이러한 인지적 편향과 발견법의 사례는 끝도 없이 계속 이어진다. 하지만 우리가 챙겨야 할 중요한 메시지는 다음과 같다. 비록 우리는 스스로 느리고 신중하며 합리적 생각을 통해 의식적 결정을 내린다고 여기지만, 그런 결정은 종종 우리가 자각하지 못한 채 거품처럼 흘러가는 수많은 무의식적 과정의 산물이거나, 최소한 그 영향을 받은 결과물이다.

인간의 사고와 일상적 의사 결정의 상당 부분이 무의식적 힘에 의해 영향을 받는다는 사실은 예지적 근시를 이해하는 데 중요하다. 이것은 우리가 비록 의식적으로 어떤 문제를 숙고하고 있을지라도 우리의 결정이 종종 마음속의 보이지 않는 감정과 발견법의 산물이라는 점을 강조한다. 그리고 이러한 감정과 발견법이 장기적 미래의 일이 아닌 즉각적 문제를 해결하기 위한 것인 만큼 예지적 근시가 뿌리를 내릴 여지가 있다.

우리가 한 시간이든, 내일이든, 지금부터 1년 뒤든 미래와 관련한 결정을 내려야 할 때 우리의 삽화적 예견 능력과 시간적 자기 인식은 스스로를 그 미래에 투사할 수 있도록 해 준다. 그러면 우리는 우리가 선택한 것과 선택하지 않은 것들 모두를 바탕으로 미래에 우리가 어떻게 느낄지 상상할 수 있다. 하지만

259

인간만의 독특한 인지능력에서 탄생한 먼 미래에 대한 상상과 가까운 미래에 일어날 시나리오는 우리가 느끼는 감정적인 무게 면에서 같지는 않다. 지금 당장 닥친 배고픔을 의식적으로 인식하면 우리는 편향과 발견법을 유발하는 무의식적 능력들로 이루어진 부대를 모집하게 된다. 이것들은 우리가 지금 무엇을 해야 할지 결정하는 데 도움이 된다. 우리는 지금으로부터 5개월 뒤 배가 고픈 심정을 상상할 수도 있을 테지만, 그런 경우 이 무의식적 능력 부대는 당장 배가 고플 때만큼 우리의 의사 결정에 큰 영향력을 행사하지 못한다. 이러한 무의식적 과정은 미래를 이해하기 위해 만들어진 것이 아니다.

이것이 예지적 근시의 역설이다. 우리는 미래에 우리가 어떻게 느낄지 상상할 수 있지만, 그 감정들은 현재의 감정만큼 큰 의미를 갖지 못한다. 삽화적 예견 능력이 주관적 경험의 즉흥 무대에 올라 마음의 무의식적 영역에 방송을 할 때 그 영역들은 자기가 무엇을 보고 있는지 이해하지 못한다. 그 영역들은 현재의 일을 다루기 위해 수억 년 동안 진화했기 때문이다. 먼 미래는 이런 영역에서 아무런 의미가 없다. 이렇게 미래를 이해하고 그 안에 있는 자신을 상상할 수 있는 우리의 능력은 자기가 해야 할 일을 진정으로 이해하지 못하는 의사 결정 시스템과 경쟁을 벌인다.

우리는 의사 결정이 우리 종에서 어떻게 작용하는지 그리고 예지적 근시가 그 과정에서 어떻게 관여하는지에 대해 조금 더 이해하게 되었다. 이제 미래에 초점을 맞춘 의사 결정이 잘못되었을 때 어떤 일이 벌어지는지 살필 시간이다.

내일 일은 내일의 내가 해결할 것이라는 믿음

иши

예지적 근시는 우리가 미래에 대해 더 좋은 결정을 내리는 일을 어렵게 한다. 당장 닥친 문제에 더 큰 영향을 받기 때문이다. 이런 어려움이 우리의 일상에서 어떤 영향을 미치는지 설명하기 위해 나 자신의 이야기를 예로 들어 보겠다. 내가 지난 48시간 동안 내린 결정을 내 모든 문제에 대한 최적의 해결책을 알고 있는 의사 결정 로봇의 권고와 비교한다고 해 보자. 편의를 위해 이 로봇을 '예지 로봇'이라고 하겠다. 이 로봇의 목표는 나의 건강과 행복뿐 아니라 미래 자손들의 건강과 행복을 극대화하는 것이다. 여러분은 나 역시 같은 목표를 가지고 있으리라 생각할지 모르지만, 내가 내린 실제 결정은 이와 상당히 동떨어져 있다.

첫 번째 사례는 내가 밤늦게까지 노래를 불러 재낀 일이다.

몇 년 전부터 나는 몇 명의 친구들과 매주 모여 음악을 했다. 우리는 모두 고등학교 시절부터 록 밴드에 몸담았던 중년의 아빠들이다. 여러분이 들어 본 '중년의 위기' 시나리오 가운데 가장 진부할지도 모르지만 말이다. 우리는 밤 10시 반까지 연습하다가 꽤 흥이 나고 기분이 좋아졌다. 아이들이 다음 날 학교에 가야 했기 때문에 11시를 넘어서까지 연습을 해서는 안 되었지만, 그래도 우리는 그때까지 즐거운 시간을 보내는 중이었다. 그러다 이윽고 악기 케이스에 눈길을 주며 슬슬 짐을 꾸릴 무렵, 한 친구가 물었다. "우리 한 곡만 더 할까?"

결정을 내려야 했다. 예지 로봇은 '아니오'만이 유일한 합리적 행동 방침이라고 말할 것이다. 이제는 장비를 챙기고 11시까지 집에 도착해 잠자리에 들 때라고 말이다. 최소 7시간의 수면을 취해야 나의 건강과 행복 수준이 극대화될 것이고, 이것은 부인할 수 없는 사실이다. 하지만 그때 나는 어떤 결정을 내렸을까?

"그래, 한 곡만 더 하자." 나는 이렇게 말했다.

그 순간 나는 어떤 일을 하는 것이 옳은지 의식적으로 인식하고 있었다. 하지만 동시에 내 머릿속에는 수많은 경쟁적 정보들이 넘쳐 났다. 그중 일부는 무의식적인 것들이었고 그것들은 결국 나를 그곳에 남아 있도록 했다. 나는 분명 나 자신을 즐기고 있었으며 1990년대의 그런지 록 음악을 숨이 차오를 때까지 불러 대며 계속해서 엔도르핀을 방출하고 싶었다. 어쩌면 내가 일찍 떠나면 다른 친구들이 실망할까 봐 걱정했을지도 모르지만 말이다. 내가 어울리는 무리는 또래로부터의 유해한 압력을 잘 받는 편은 아니었지만, 인간의 기본적인 조건에 대한 사회적 우려에서 벗어날 수는 없었다. 또래들과 사회적 유대감을 유지하고 싶은 무의식적 욕구는 나로 하여금 그 자리에 남아 있도록 만들었다. 물론 나는 (삽화적인 예견 능력을 통해) 보통 잠자리에 드는 시간을 넘겨서까지 깨어 있기로 한다면 다음 날 어떤 모습이 될지 상상할 수 있는 능력을 갖추었다. 투덜거리면서 몸을 제대로 가누지도 못 하는 엉망진창의 모습이 될 것이다. 누구나 이게 어떤 느낌인지 안다. 다음 날 아침 일찍 일어나야 한다는 것을 알면서도 밤을 새워 텔레비전을 보는 사람이 얼마나 많은가? 이런 삽화적 예견 능력과 지성으로 다음 날 내가 피곤할 것이라는 사실을 알았지만, 그 순간 나는 나 자신에게 최고인 선택을 할 수 없었다. 너무 재미있었으니까. 그래서 우리는 몇 곡을 더 연주했고 나는 자정이 되어서야 집에 도착했다. 그리고 당연히 다음 날 나의 몸 상태는 완전히 엉망이었다.

이것은 예지적 근시가 작동하는 사례다. 비록 나는 늦게까지 잠을 자지 않는 것이 내 미래의 감정적이고 생리적 상태에 어떤 영향을 미칠지 (지적인 차원에서) 머리로는 정확히 알았지만, 내 마음은 그 행동의 결과가 (결정 과정에서) 의미 있다고 여기지 않았기에 잘못된 선택을 정당화했다. 머리로는 내가 피곤하리라는 것을 알고 있었다. 그리고 실제로 다음 날, 일어나자마자 피곤을 느꼈다. 하지만 그 순간이 오기 전까지는 내 결정이 일으킨 결과가 모두 나에게 닿지 지는 않았다.

두 번째 사례는 내가 바쁜데도 홀마크 채널에서 하는 영화를 보고 싶었던 일이다.

프리랜서인 나는 대부분의 시간을 집에 있는 작업실에서 보낸다. 그리고 우리 집 작업실에는 일을 계속하도록 어깨너머에서 감시하는 상사가 존재하지 않는다. 그 대신 내가 할 일의 목록, 마감일 그리고 '어떤 일을 해야만 한다'는 막연한 느낌만 존재할 뿐이다. 바꿔 말하면 자기 규율이 나의 생산성을 결정하는 셈이다. 하지만 어제는 정말로 그런 느낌이 들지 않았다. 나의 꾸물거림 수준은 사상 최고치를 찍었다. 그래서 아내는 내가 이렇게 침체된 기분에서 벗어나도록 돕고자 점심 식사를 한 뒤 함께 홀마크 채널에서 하는 크리스마스 영화를 보자고 제안했다. 우리 부부는 숱한 영화를 함께 관람하고는 했으며 엉망진창인 영화를 보면서도 실없이 웃음을 터뜨렸다. 이것은 내 기분을 고양시키는 확실한 방법이었고, 아내의 제안은 결국 옳았다.

이제 나는 결정을 내려야 했다. 영화를 시청하며 오후 시간을 흘려보내거나, 아니면 그대로 다시 일을 하러 가는 것이다. 예지 로봇이라면 분명한 답을 제시할 것이다. 컴퓨터 앞에 앉아서 일을 좀 하라고 말이다. 그렇게 하지 않으면 끔찍한 결과를 맞을 수 있다. 마감을 어기거나 나에게 일을 준 클라이언트를 실망시키게 되어 앞으로 더는 일을 받지 못해 손해를 볼 수도 있다. 그러면 경제적 어려움은 말할 것도 없고 심각한 감정적 고통으로도 이어질 것이다. 그러니 두 번 생각할 것도 없다. 영화는 건너뛰고 어서 일을 하러 가야 한다.

그래서 나는 어떤 선택을 했을까? 나는 〈로열 크리스마스〉라는 영화를 보고 말았다. 물론 결코 엉망진창인 영화는 아니었다. 로즈 맥아이버Rose McIver의 연기를 보는 건 정말 즐거운 일이었다.

하지만 내가 이것을 어떻게 정당화했을까? 나도 예지 로봇만큼이나 무엇이 나를 위태롭게 하고 무엇이 옳은 행동인지 잘 알고 있었다. 그렇지만 동시에 나는 그 순간 내 머릿속에 흐르는 부정적 생각들을 없애기 위한 무언가를 하고 싶었다. 그렇게 하기 위한 가장 간단한 방법은 다른 일에 잠깐 눈을 돌리는 것이었다. 게다가 아내와 영화를 보는 것은 내 인생의 동반자와 함께 좋은 시간을 보낸다는 의미이기도 했다. 이것 자체로도 가치가 있는 일인 것이다. 내 마음은 즉각적인 만족을 얻을 필요성과 내 결정이 일으킬 장기적인 부정적 결과 사이에서 균형을 맞추는 데 어려움을 겪고 있었다. 나는 예지적 근시를 가졌던 탓에 미래에 닥칠 나의 고통에 이상하게도 무관심해졌다.

동물의 인지능력에 대한 연구로 유명한 심리학자 에드워드 와서먼Edward Wasserman과 토머스 젠탈Thomas Zentall은 2020년, NBC 뉴스에 기고한 글에서 왜 나와 같은 인간들이 자신의 결정이 미칠 장기적인 결과에 대해 관심을 갖는데 그토록 서투른지 설명했다.

(인간이 다른 여러 동물들과 공유하는, 진화적으로 보다 오래된 뇌의 시스템에 의해

망가졌을지도 모릅니다

매개된다고 여겨지는) 우리의 긴급한 생존 욕구들은 우리가 여전히 충동적으로 행동한다는 사실을 뜻합니다. 그리고 한때 우리의 생존과 번식을 촉진했던 행동들은 더 이상 차선책이 아닙니다. 왜냐하면 이제 장기간에 걸친 우발적 상황이 우리의 삶에서 점점 더 중요한 역할을 하는 환경에서 살게 되었기 때문입니다.[19]

　이 글은 왜 내 일상이 예지적 근시로 가득 차 있는지 요약해 보여 준다. 또한 훨씬 더 사악한 결과 중 하나를 드러내기도 한다. 인간은 장기간에 걸친 우발적 상황으로 가득한 세상에서 살고 있는 만큼 우리의 잘못된 결정이 우리 자신의 일상생활에만 영향을 미치는 게 아니다. 현재를 살아가는 사람들은 지금으로부터 한참 세월이 지나서야 다른 사람들도 부정적 결과를 느낄 수 있는 결정을 하고 있다. 때로는 미래의 여러 세대가 지나야만 느낄 수 있을지도 모른다. 그럼에도 우리의 마음은 애초에 이러한 결과를 몸소 느끼도록 설계되어 있지 않다. 사실 의사 결정의 측면에서 미래로 더 나아갈수록 우리는 신경을 덜 쓰는 경향이 있다. 지금으로부터 300년 뒤, 여러분이 이미 죽은 뒤의 세상을 상상하는 것은 삽화적인 예견 능력에 포함되었을지도 모르는 감정적 측면을 훨씬 덜 기능하게 만든다. 우리는 스스로를 시간 여행의 중심에 투사하기보다 우리는 상상하기도 힘든 가상의 풍경을 거니는 자손들의 모습을 상상하려 애써야 한다. 그것은 지금껏 우리의 마음이 진화해서 내린 결정의 여러 종류를 제거하는 지적 연습이다. 이런 식으로 예지적 근시는 우리에게 커다란 해를 끼칠 수 있다.

지금 우리 처지는 끓는 물 속 개구리 아닌가?

ᴜᴜᴜᴜ

2016년, 글로벌 챌린지 재단에서는 "향후 100년 이내에 인류가 멸종할 가능성이 9.5%"라는 내용의 보고서를 발표했다.[20] 멸종의 가능성을 높이는 가장 주요한 원인 세 가지는 첫째, 핵전쟁에 의한 대학살. 둘째, 기후변화. 셋째, 생태 붕괴였다.[21] 이 모든 요인은 더 이상 인간의 생명을 유지할 수 없을 만큼 끔찍한 방식으로 지구에 해를 끼친 기술들(예컨대 핵무기와 내연기관)을 세상에 가져온 인간의 인지능력이 불러일으킨 결과이다.

우리가 이러한 기술이 야기한 (잠재적으로) 부정적일 수 있는 결과를 알지 못했던 것은 아니다. 특히 핵분열 기술에 대한 연구는 처음부터 한 번에 수백만 명을 죽이는 폭탄이라는 부정적 결과를 바랐기 때문에 수행되었다. 핵무기를 만드는 데 책임이 있는 사람들은 예지적 근시 때문에 그런 행동을 했다는 이유로 공개적인 비난을 받기도 했다. (물론 칭찬을 받기도 했지만.) 맨해튼 프로젝트에 참여한 과학자 중 한 명이 로버트 크리스티Robert Christy는 이렇게 말했다. "나는 히로시마 원폭 희생자의 사진을 본 적이 있다. 팔에 살점이 조각조각 매달린, 무척 심각한 화상을 입은 사람이었다. 하지만 폭탄을 연구할 때 우리는 그런 생각을 하지 않는다. 단지 당면한 문제를 풀 생각만 할뿐이다."[22]

우리가 미래를 예측하는 인지능력을 의식의 무대에서 밀어내고, 대신에 지금 당장 닥친 문제들만 다루도록 하는 건 쉬운 일이다. 이 능력은 의사이자 과학자인 아지트 바르키Agit Varki가 우리 자신의(그리고 타인의) 죽음을 따로 분리해 생각하는 데 필요하다고 주장한, 일종의 부정과 밀접하게 관련이 있다. 이런 부정은 우리가 죽음에 대한 생각들을 어두운 무의식 속으로 밀어넣고 폭탄을 만드는 일을 계속하도록 돕는다.

그리고 이제 예지적 근시가 일으키는 실존적 위협의 가장 좋은 사례가 등장한다. 앞에서 글로벌 챌린지 재단이 지적했던 인류 멸종을 일으킬 두 번째와 세 번째 가능성을 모두 망라한 의사 결정과 부정에 대한 이야기이기도 하다. 그뿐만 아니라 앞으로 초래할 파괴에 대해 완전히 알면서도 세상에 무언가를 가져오는 결정을 포함한다. 바로 화석연료에 대한 이야기이다.

먼저 한 가지 짚고 넘어가야겠다. 최근의 인류 역사에서 화석연료의 연소에 따른 탄소 배출이 기후변화를 일으킬 수도 있다는 것이 단순한 가능성이 아니라 확실한 지식으로 넘어간 적은 한순간도 없었다. 사람들 사이에 공감대가 형성되기까지는 시간이 걸렸다. 그렇기는 하지만 이 정도가 지구환경에 심각한 피해를 주는 석유산업에 대해 우리가 알고 있는 전부다.

6장 인간의 시간 여행 능력은

1968년, 스탠퍼드 연구소에서 일하던 두 연구자였던 엘머 로빈슨Elmer Robinson과 R. C. 로빈스R. C. Robbins는 대기오염 물질에 대한 보고서를 미국 석유 연구소에 제출했다.[23] 이들은 화석연료를 태웠을 때 방출되는 이산화탄소의 위험에 대해 알리고자 애썼다. 그리고 "이산화탄소는 지구의 열 균형을 확립하는 데 중요한 역할을 하며, 대기 중의 이산화탄소가 너무 많으면 온실 효과가 발생해 남극 만년설이 녹고 해수면이 상승하며 해양의 온난화, 광합성 증가가 발생할 것"이라고 경고했다. 그리고 이렇게 결론을 내렸다. "인류는 현재 자신을 둘러싼 환경인 지구에 대해 방대한 지구 물리학 실험을 하는 중이다. 2000년까지 상당한 기온 변화가 일어날 것이 거의 확실하며 기후변화 또한 나타날 수 있다. 그런 만큼 우리 환경에 대한 잠재적 피해가 심각할 수 있다는 데에는 의심의 여지가 없어 보인다." 로빈슨과 로빈스는 당시의 지배적 과학 이론에서 결론이 난 사안을 석유산업 분야에 설명하려 애썼다. 이것 중 어느 것도 놀랄 일은 아니다. 50년 이상이 지난 지금, 이는 너무나 자명한 진리와도 다름없는 취급을 받고 있다. 하지만 여기에 대해 석유산업계는 화석연료의 채굴을 늦추지 않는 방식으로 대응해 왔다.

그로부터 10년 뒤인 1978년, 나사 우주 연구소의 소장인 제임스 한센James Hansen 박사가 미국 상원의 에너지 및 천연자원 위원회에 소환되었다. 한센은 그 자리에서 로빈슨과 로빈스가 경고했던 내용이 실제로 부인할 수 없는 현실이라는 점을 미국 정부와 전 세계에 증언했다. "이제 지구온난화는 온실효과와 관측된 온도 상승 사이의 인과관계를 높은 신뢰도로 설명할 수 있는 수준에 도달했습니다. 온실효과는 실제로 감지되었고 지금 우리의 기후를 바꾸고 있다는 것이 제 의견입니다." 한센이 상원에 설명한 것처럼 이 온실효과의 원인은 화석연료를 태워서 발생한 이산화탄소였다. 그렇지만 이번에도 석유산업계는 화석연료의 채굴 속도를 줄이지 않았다.

이후 2014년, 엑슨모빌은 보고서를 하나 발표했다. "우리 회사는 기후변화의 위협을 심각하게 받아들이고 있으며 이러한 위험을 염두에 두고 시설의 운영과 투자를 관리하도록 유의미한 조치를 계속해서 취하고 있습니다."[24] 이 보고서는 엑슨모빌이 기후변화가 '현실'이며 화석연료 산업이 문제를 바로잡는 데 역할을 할 수 있다는 점을 최초로 인정한 사례로 널리 보도되었다. 그럼에도 불구하고 이번 역시 석유산업계의 반응은 똑같았다. 화석연료를 채굴하는 속도를 늦추지 않았다.

이 같은 과학적 증거에도 불구하고 화석연료 업계는 어째서 동요하지 않을 수 있었을까? 로빈슨과 로빈스가 1968년에 처음 보고서를 발표한 이후로도 화석연료의 채굴량이 매년 증가했던 이유는 무엇이었을까?[25] 만약 우리가 그 위험에 대해 그렇게 오랫동안 이미 알고 있었다면 왜 관련 업계는 더 빨리 조치를 취하지 않았을까? 여기에 대한 답은 화석연료 업계의 의사 결정권자들이 문제를 마주한 각 단계에서 절박함을 느끼지 못했기 때문이다. 그들이 고려할 문제는 보다 먼 미래와 관련이 있었다. 그들이 다들 죽고 한참 시간이 지난 뒤의 일이었기 때문이다. 그런 반면 직접적 이득 측면에서 그동안 화석연료 업계는 얼마나 많은 부를 창출했으며, 얼마나 많은 백만장자를 만들었고, 얼마나 많은 일자리를 가져왔는가? 인류의 번영은 (현재에도 미래에도) 석유 업계에서 생산되는 연료로 자동차, 기차, 비행기가 얼마나 많이 세상을 돌아다니는지에 달려 있다.

여기에는 예지적 근시가 작동한다. 이것은 아무리 비난을 받아도 즉각적인 문제와 그에 따른 즉각적인 이익에 초점을 맞추기 때문에 증거를 무시할 수 있다. 로버트 크리스티가 원자폭탄을 만지작거리며 손볼 때와 마찬가지였다. 물론 때로는 그저 사실을 외면하는 것 이상의 행동을 하기도 했고, 적극적으로 진실을 모호하게 가리기도 했다. 2021년 7월, 당시 엑슨모빌의 연방 관계 선임이사였던 키스 맥코이Keith McCoy는 녹음 테이프에 등장해 이 회사가 그런 일을 했다는 사실을 인정했다. "우리가 과학의 일부에 맞서 공격적으로 싸웠냐고? 그렇다. 우리가 초기의 노력에 대항하기 위해 이 어둠 속 그룹에 가입했냐고? 역시 그렇다. 하지만 여기에 불법적인 것은 없었다. 단지 우리는 우리가 했던 투자와 주주들에 대해 관심을 가졌을 뿐이다."

하지만 나는 키스 맥코이를 콧수염 끝을 꼬면서 못된 짓을 저지르는 악당으로도, 예지적 근시의 희생자로도 보지 않는다. 대부분의 인간들처럼 그는 자신의 현재 행동이 몰고 올 미래 결과가 어떨지 진정으로 느낄 준비가 되어 있지 않았다. 우리 중 아무도 그렇지 않다. 그리고 우리의 사회적, 재정적, 정치적 시스템은 이 사실을 결과적으로 반영한다. 2020년에 발표된 국제 재난 위험 보고서에 따르면 "우리의 정치적, 법적 시스템은 (기후 문제와 정반대인) 단기적이고 직접적인 구조적 인과관계 문제들을 해결하기 위해 개발되었다."[26] 이것은 인류의 멸종이 임박했음을 예측하는 보고서를 앞에 두고도 정부와 기업 모두가 행동하기를 주저하는 이유를 설명한다. 우리는 예지적 근시라는 발판 위에 우리 사회를 구축해 왔기 때문이다.

그렇지만 가끔은 먼 미래를 완전히 느끼며 정치적, 법적 시스템을 쿡쿡 찔러 변화시키고자 안간힘을 쓰는 사람들이 있다. 예컨대 그레타 툰베리가 그렇다. 2020년 1월, 툰베리는 다보스에서 열린 세계 경제 포럼 연례 회의에 '기후위기를 해결하기 위한 학교 결석 시위' 캠페인의 일환으로 참석해 연설을 했다. 툰베리는 미래 시나리오를 바라보면서도 지금 당장 닥친 공포감에 시달리는 사람처럼 이렇게 말했다.

우리 모두에게 선택권이 있습니다. 우리는 미래 세대의 환경을 지켜 줄 수 있는 변혁적 행동을 시작할 수 있죠. 아니면 평소와 마찬가지로 각종 산업을 계속 이어 가다가 환경을 지키는 데 실패할 수도 있습니다. 현재 우리는 사회의 거의 모든 것을 송두리째 바꿔야 합니다. 저는 여러분이 당혹스러워하기를 바랍니다. 제가 날마다 느끼는 두려움을 여러분도 느꼈으면 합니다. 그런 다음 여러분도 행동에 나서기를 바랍니다. 마치 당장 위기에 닥친 것처럼 행동했으면 합니다. 우리가 사는 집에 불이 난 것처럼요. 왜냐면 실제로 지금 그런 위기이기 때문이죠.[27]

확실히 우리 인류는 지금 자기 집에 불이 난 것처럼 행동하지 않는다. 기후변화가 인류의 탄소 배출에 따른 실제 문제라는 인식이 널리 퍼졌음에도, 그리고 전 세계 국가 지도자들이 탄소 배출을 억제하겠다고 약속하고, (지구온난화를 일으키는 가스 배출 감축을 목표로 하는) 파리협정에 서명했음에도 불구하고 여전히 전 지구적으로 우리가 방출하는 탄소의 양은 늘어나고 있다. 실제로 온실가스 배출량은 2030년까지 16% 증가하는 추세를 보이고 있다.[28] 그렇다면 이번 세기말까지 대기 온도는 섭씨 2.7도 증가할 것이다. 그에 따라 심각한 홍수, 농작물 경작 실패, 폭우, 폭염이 닥치고 지구의 대부분을 거주 불가능한 구역으로 만들 산불이 발생할 것이다.[29] 이러한 대기 온도 상승은 이미 전 세계에서 가장 취약한 인구 집단에게 피해를 주기 시작했다. 바로 이러한 까닭으로 향후 100년 내에 인류가 멸종할 확률이 9.5%인 것이다. 그렇지만 아무리 심각한 문제라고 해도 예지적 근시 때문에 우리 인류가 그런 일이 벌어지는 것을 막을 만한 정치적 의지가 있는 것처럼 보이지 않는다. 2021년 9월, 그레타가 이탈리아 밀라노에서 열린 청소년 기후 정상회담Youth4Climate에 전 세계 지도자들을 다시 부른 이유도 바로 이것이었다.

오늘날 우리가 듣는 '더 나은 미래를 건설하자'Build back better(2020년 미국 대선에 출마한 조 바이든 캠프가 내건 슬로건-옮긴이) 어쩌고저쩌고. 녹색 경제 어쩌고저쩌고. 넷 제로Net zero 2050 어쩌고저쩌고. 이것이 바로 우리가 소위 정치 지도자라는 사람들로부터 듣게 되는 전부입니다. 좋은 말처럼 들리지만, 아직까지 행동으로 이어지지 않은 말들이죠. 이러한 공허한 약속 속에 우리의 희망과 야망이 풍덩 잠겨서 사라집니다. 정치가들은 지난 30년 동안 이렇게 어쩌고저쩌고 말만 많았지만, 실제로 우리를 어디로 이끌었을까요? 우리는 여전히 지금 닥친 문제를 되돌릴 수 있습니다. 그러려면 매년 급격하고 즉각적으로 탄소 배출량을 줄여야 합니다. 하지만 지금 정치가들이 그런 것처럼 우리가 행동에 나서지 않으면 해결이 불가능합니다. 의도적인 것처럼 행동에 나서지 않는 지도자들의 모습은 현재와 미래의 모든 세대에 대한 배신입니다.[30]

예지적 근시는 우리 모두에게 그런 것처럼 전 세계 지도자들에게도 분명히 영향을 미친다. 그것이 만들어 내는 인지적 불협화음에 영향을 받지 않는 사람은 아무도 없다. 심지어 전 인류, 전 세계의 멸종처럼 심각한 위기를 앞에 둔다면 더더욱 그렇다. 오늘 태어난 아이가 자동차 사고로 죽을 확률보다 전 지구적 멸종으로 죽을 확률이 5배 더 높다는 사실을 생각해 보라.

잠깐만 시간을 내어 고민해 보자. 사람들이 얼마나 자주 자동차를 운전하는지를 감안해 앞의 문장을 다시 읽어 보라. 하지만 솔직히 말한다면 나는 개인적으로 그 위험을 전혀 느낄 수 없다.

딸아이를 매일 학교에 태워다 주는데 아이가 자동차 사고로 죽을 확률이 9.5%라는 사실을 안다면 가능한 한 빨리 대체 수단을 찾을 것이다. 그 위험성에 대해서는 뼛속 깊이 느낄 수 있다. 그렇지만 대신 내가 딸아이를 계속해서 학교에 데려다줄 때 내 증손녀가 생태학적 위기로 사망할 가능성이 9.5%라고 한다면 과연 나는 운전을 멈출까? 그렇지 않다. 비록 그것이 미래의 자손에게 닥칠 일이라 해도 나는 아마 아무런 일도 없다는 듯 스바루 자동차를 계속 운전할 것이다.

인간은 단기적 결정에 사용하는 것과 같은 기준으로 장기적 행동의 결과를 평가할 능력이 없다. 그렇다면 그레타는 어떻게 된 것일까? 어째서 그레타는 우리 중 상당수와 비교했을 때 독특해 보이는가? 그레타는 자신의 자폐증 성향이 미래의 문제에 집중하고 예지적 근시에 주의를 기울이지 않는 능력을 제공했다고 여겼다.[31] "저는 아스퍼거 증후군을 가지고 있어서 가끔은 보통 사람들과 약간 다르게 느끼고 행동합니다. 하지만 적절한 상황에서 남과 다르다는 건 저에게 초능력을 줍니다."[32] 그레타는 트위터에 이렇게 썼다. 소수의 선견지명이 있는 예외를 제외하면 우리 인류라는 종은 스스로의 결정에 대해 그렇게 느끼도록 설계되지 않았다. 즉 우리 중 상당수는 그레타와 같은 초

능력을 갖고 있지 않다. 그러니 예지적 근시 때문에 우리는 일종의 불구가 되고 만 것이다.

　나는 나중에 밀레니엄의 전환기가 되어 이 책을 읽고 있을지 모를 독자 여러분에게 직접 이야기를 건네고 싶다. 그 가운데는 나의 후손들도 포함될 것이다. 나는 내 세대를 대표해 사과하고자 한다. 나는 1970년대에 태어나 1980년대에서 1990년대 사이에 북아메리카에 몰아친 산업과 자본주의의 붐 속에서 성장했다. 당시 우리의 행동이 지구의 건강에 어떤 영향을 미칠지에 대해서는 거의 논의하지 않았다. 비록 이따금 여러 과학자들이 '재활용'이라든가 '산성비', '지구온난화'에 대해 이야기했지만, 보통 사람들은 우리가 어둠의 길로 향하고 있다는 게 명확해졌을 때(대략 이번 밀레니엄으로 바뀌었던 2000년대 즈음)까지 기후변화에 대해 제대로 알지 못했다. 개인적으로도 미안하다는 말을 전하고 싶다. 이것이 여러분에게 어떤 의미일지 정확히 알고 있음에도 계속해서 스바루 자동차를 운전하고 있으니 말이다.

　우리 인류는 번영한 만큼 동시에 그에 따른 희생자가 되었다. 역사상 우리 종처럼 지구환경을 근본적으로 변화시킨 종은 없었다. 그리고 이제 모든 것을 시야에 두고 바라볼 때가 되었다. 예지적 근시의 망령이 우리 위로 어둡게 드리우는 상황에서 이제 인간의 지능이 어떤 가치를 갖는지 슬슬 평가해 볼 때다.

7장

ɩɩɩɩɩɩ

인간만이 예외라는 가정은
잘못되었다고 생각합니다

과학은 이제 철학자의 미래 과제를 위한 길을 닦아야 한다.

이 과제를 잘 이해하려면 철학자들은

가치에 대한 문제를 해결하고 가치의 위계를 결정해야 한다.

- 니체[1]

에릭 바시아Eric Barcia는 버지니아주 스프링필드에 있는 레이크 애코틴크 공원에 위치한, 철로가 놓인 트레슬교의 높이를 신중하게 계산했다. 다리의 가장자리에서 그 아래 콘크리트 배수로까지의 높이는 약 21m였다. 그의 할머니가 "우리 손주는 학교에서 아주 똑똑한 학생이었어요"[2]라고 묘사했던 아마추어 번지점프 애호가인 바시아는 약 21m쯤 되는 번지점프용 끈 다발을 테이프로 묶어 줄을 하나로 만들었다. 1997년 7월 12일 이른 아침, 바시아는 발목에 임시 번지 줄을 맨 다음 다른 한쪽 끝을 트레슬교에 고정해 아래로 뛰어내렸다.

그런 뒤 얼마 지나지 않아 바시아는 다리 아래에서 조깅하는 사람에게 시신으로 발견되었다. (바시아가 간과한 것처럼) 번지점프용 줄은 늘어나기 때문에 결과적으로 줄의 길이는 실제로 필요한 것보다 약 18m나 더 길었다.

여기서 우리는 바시아의 어리석음을 비웃고 넘어가기 쉽다. 하지만 이것은 어리석음에 대한 이야기가 아니다. 번지용 줄의 길이를 계산하는 데 실패했던 바시아의 사연은 인간의 인지능력에 대한 보다 더 큰 이야기의 슬픈 각주에 불과했다. 그 다리의 가장자리에 서서 정교하게 계획을 세우는 능력 자체는 인간의 마음이 놀라운 힘을 가졌다는 증거이다. 바시아가 사망한 원인은 단지 수학적 오류 때문이었다. 심지어 엄청나게 똑똑한 로켓 과학자들도 비슷한 실수를 한다.

1999년, 1억 2,500만 달러가 투입된 화성 기후 탐사선이 화성의 대기권에서 타 버린 일을 기억하는가? 나사의 제트 추진 연구소에서 일하는 엔지니어들은 탐사선의 궤적을 계산하는 데 미터법을 사용했지만, 궤도선의 소프트웨어를 제작한 록히드마틴의 엔지니어들은 인치, 피트, 파운드를 사용한 것이다. 그 결과는? 탐사선이 화성 궤도에 진입했을 당시 비행 높이는 170km나 낮았다. 그래서 이 탐사선은 바시아와 마찬가지로 추락해 무자비하게 산산조각이 났고, 인간의 창의력을 보여 주는 놀라운 이야기는 그렇게 비극적인 종말을 고했다.

이 책의 목표는 바시아 같은 사연이 인간 지능의 가치에 대해 무엇을 말해 주는지 알아보는 것이었다. 1장부터 나는 인간의 마음이 다른 동물에 비해 예외적이거나 훌륭한지 알아보기 위해 '지능'의 개념 아래 묶이는 인지 기술들의 목록을 만들었다. 혹시 우리가 (개인적으로나 종 차원에서) 인간이 아닌 다른 동물의 마음을 지니게 된다면 더 잘 해 나갈 수 있을까?

앞서 살펴본 아마추어 번지점퍼에 대해 좀 더 자세히 알아보자. 정확히 그의 마음속에서는 무슨 일이 일어났기에 스스로를 죽음으로 몰고 갔을까? 바시아는 분명 며칠, 더 나아가 몇 주 전부터 번지점프를 계획했을 것이다. 다시 말해 대부분의 다른 동물 종들과 달리 바시아는 다리에서 뛰어내려 기쁨이나 두려움, 흥분 같은 긍정적 느낌을 경험할 자신의 미래 시나리오를 상상할 수 있었다. 아드레날린 중독자에게 기대할 수 있는 바와 정확히 같다. 그 계획 자체는 원인과 결과의 밀접한 관계에 대한 지식, 다시 말해 우리 종의 특징인 인과적 추론의 한 형태를 포함했다. 대부분의 동물들도 무언가 사물이 무너지는 현상에 대해 알기는 하지만, 바시아는 그 밖에도 인장 하중(하중이 재료를 끌어당길 때 작용하는 힘-옮긴이), 궤도, 고전 역학에 대해 더 깊은 지식을 가지고 있었다. 예컨대 바시아는 발목에 줄을 묶으면 점프를 해도 땅에 부딪히지 않을 수 있다는 사실을 알았다. 그리고 물론 바시아는 21.3m 높이의 다리에서 뛰어내리는 행동이 그 어떤 상황에서도 본질적으로 위험하며 따라서 무섭다는 사실을 완벽하게 알고 있었다. 그러나 스릴을 추구하는 사람이라면 누

잘못되었다고 생각합니다

구나 이렇게 말할 것이다. 이 두려움을 극복하는 것 자체가 재미의 일부라고. 그래서 결국 그는 번지점프를 했다. 결코 자살을 시도한 것이 아니었다. 우리가 이 책을 통해 다루었던 인간 마음이 가진 독특한 특성들 모두가 이 사례에 분명히 드러나 있다.

이제 우리가 3장에서 만난 돌 던지는 침팬지 산티노가 바시아 옆에 서 있었다고 상상해 보자. 산티노와 바시아의 사고 과정에는 도대체 어떤 차이가 있을까? 침팬지는 우리와 가장 가까운 진화적 친척이므로 산티노와 바시아가 이 시나리오에 놓였을 때 어떻게 접근할 것인지 비교해 본다면 우리 마음에 대한 중요한 단서를 얻을 수 있을 것이다. (일단 기록된 바에 따르면 산티노는 분명 엔도르핀 러시를 위해 발목에 밧줄을 묶고 다리에서 몸을 던지지 않았다.)

기본적인 사실부터 시작해 보자. 인간이 아닌 동물들이 스릴을 추구하는 행동을 할까? 신기하고 새로운 것을 추구하는 행동을 하는 동물 종은 꽤 많다. 스릴을 추구하는 가까운 사촌인 셈이다. 고양이가 그렇다. 유튜브에는 고양이들이 잠재적으로 위협을 주는 시나리오(예컨대 높은 나무나 좁은 공간)를 좋아해 위험한 장소에 스스로 들어가는 예들이 가득하다. 하지만 동물들이 신기함을 추구할 뿐만 아니라 스릴을 추구한다는 가장 분명한 사례는 2017년에 BBC가 제작한 다큐멘터리 시리즈 〈야생의 스파이〉에 등장하는 인도의 야생 마카크원숭이macaque다.[3] 이 원숭이들은 야외 분수대 위에 자리 잡은 4.5m 높이의 기둥에 올라가 작은 계산 착오라도 있어 물에 들어가지 못할 경우 심각한 부상이나 사망에 이를 수도 있는 좁은 수영장으로 몸을 던진다. 이 것은 비록 콘크리트 도로 위의 21.3m 높이 다리에서 뛰어내리는 것보다는 훨씬 덜 위험하지만, 그래도 위험이 예상되는데도 (어쩌면 그 때문에) 즐거움을 얻기 위한 활동에 스스로 참여한다는 사실을 부정할 수 없다.

그렇다면 무엇이 산티노가 번지점프를 하는 것을 막고 있을까? 침팬지도 수영장에서 다이빙하는 마카크원숭이처럼 위험한 스릴을 추구하는 행동을 하고 싶어 할 가능성이 있다. 그렇지만 번지점프와 수영장 다이빙은 스릴을 경험하는 데 필요한 인지 기술 측면에서는 같지 않다. 산티노는 필요한 재료를 마련할 계획을 머릿속으로 생각해야 한다. 번지점프용 줄을 만드는 데만 며칠이 걸릴 테고, 여기에는 산티노가 가졌을 것 같지 않은 정신적 시간 여행 기술도 필요하다. 그뿐만 아니라 원인과 결과에 대한 정교한 이해, 즉 탄성을 가진 물질로 고정된 낙하 물체에 무슨 일이 벌어지는지에 대한 이해도 필요하다. 그런 다음 산티노는 이렇게 정교한 도구들을 조합해 자기 몸을 다리에 안전하게 고정할 수 있는 방법을 찾아야 한다. 이것은 산티노가 가진 능력을 훨씬 넘어서는 기술이다. 침팬지들에게는 이 같은 전문성이 부족하다. 비록 산티노가 번지점프를 하려는 열망을 가졌다 한들, 번지점프를 실행에 옮길 만큼 똑똑하지는 않았던 것이다.

하지만 그것은 좋은 일이다. 바시아의 번지점프 계획은 인

잘못되었다고 생각합니다

간의 복잡한 인지능력이 잘못 발현된 사례였다. 그의 어리석음이 아니라, 그의 지능이 사고사의 직접적 원인이었다. 서류상으로 덜 똑똑한 산티노는 그렇기 때문에 보다 적절하게 행동한다. 다시 말해 높은 지능은 때때로 매우 어리석은 행동을 초래한다.

인간 지능이 가진 함정 또는 무능을 강조하는 또 다른 인간과 동물의 지혜 대결 사례가 있다. 우리의 피를 빨아 먹는 빈대에는 세 가지 종이 존재한다(일반 빈대로 불리는 시멕스 레크툴라리우스 *Cimex lectularius*, 반날개빈대로 불리는 시멕스 헤미프테루스*Cimex hemipterus*, 그리고 렙토시멕스 보우에티*Leptocimex boueti*).[4] 빈대는 우리의 체온, 체취 그리고 우리가 숨을 쉴 때 내뿜는 이산화탄소에 끌린다.[5] 이 곤충은 이상하리만큼 몸이 납작해서 우리가 결코 찾아볼 생각도 못한 곳까지 숨어들 수 있다. 예컨대 종이 한 장 두께의 작은 틈 사이로 미끄러져 들어갈 수 있다. 그리고 이 곤충은 우리의 피만을 빨아 먹고 살기 때문에 우리가 자는 곳 근처에서 은신처를 찾는다. 빈대는 우리가 침대에서 움직이지 않아 보다 공략하기 쉬운 표적이 되는 상황을 가장 좋아한다. 그래서 이 곤충의 몸은 전체적으로 우리가 언제 가장 취약한지를 알아내기 위해 인간의 행동을 읽고자 한다. "빈대는 우리가 방심할 때까지 먹이를 찾으러 나오지 않을 거예요." 조디 그린Jody Green 박사는 줌 영상 통화로 이렇게 설명했다. 조디는 네브래스카 링컨 대학교에서 연구하는 도시 곤충 학자이자 교육자이다. 빈대, 이, 흰개미, 벼룩처럼 우리를 성가시게 해서 미치게 만드는 곤충들의 행동이 조디의 전문 분야이다. "이 곤충들은 여러분의 수면 일정을 익힙니다. 만약 여러분이 밤에 일하고 낮에 잠을 잔다면 이 패턴에 적응할 거예요. 그렇게 이 곤충들은 여러분의 수면 패턴에 자기를 맞춰요. 여러분이 휴가를 간다면 돌아오기만을 기다릴 수도 있죠."

빈대의 은신 전략은 상당히 정교해질 수 있다. 이 곤충은 성장하면서 외골격을 벗어 텅텅 빈 껍질로 남겨 둔다. 여러분이 집에서 살충제를 뿌릴 때 가끔씩 어린 빈대들은 성체가 남긴 가까운 외골격을 향해 돌진해 살충제가 치익 하고 지나가는 동안 그 안에 숨는다. "그러면 더 안전하게 몸을 보호할 수 있죠." 조디의 설명이다.

하지만 빈대가 가진 주요 은신 전략은 전혀 눈에 띄지 않거나 살충제를 뿌릴 생각도 하지 못하는 곳에 숨는 것이다. 호텔 객실을 예로 들어 보겠다. 호텔에서는 매일 침구를 교체하면서 방을 철저히 청소한다. 그럼에도 호텔 방은 빈대들에게 인기 있는 핫스폿이다. 여러분의 집과 마찬가지로 호텔 객실에서도 정기 청소를 할 때 간과되는 장소들이 많기 때문이다. 어떤 물건들은 거의 세탁되지 않는다. 커튼이나 침대보가 그렇다. 꽤나 높은 확률로 빈대들이 우글거리는 곳들이다.

가장 술수가 뛰어나고 교활한 빈대의 호텔 내 은신처는 아마도 여러분이 방해할 가능성이 가장 적은 곳일 것이다. 바로 탁자 서랍에 있는 성경이다. 북아메리카의 거의 모든 호텔 객실에는 지난 100년 넘게 무료로 성경을 배포해 온 기독교 복음주의 단체인 '가디언스 인터내셔널'의 캠페인 덕분에 성경이 한 권씩은 놓여 있다. 그리고 이 책에는 몸이 편평한 빈대들이 틈새로 미끄러져 지날 수 있는 수백 페이지가 존재한다. 그러니 이곳은 빈대 무리에게 가장 완벽한 은신처이다. 만약 여러분이 빈대는 없는지 호텔 방을 샅샅이 뒤지고 있다면 성경이야말로 가장 먼저 뒤져야 할 물건이라고 조디 박사는 제안한다. "물론 빈대를 찾겠다고 성경을 뒤적이는 게 바람직한 것은 아닐 수도 있겠지만요."

빈대는 우리가 이전 장에서 살핀 삽화적 예견 능력이나 인과적 추론을 활용하지 않는, 비교적 단순한 의사 결정 기술을 사용해 이렇게 정교한 은신 전략을 세울 수 있다. 그럼에도 이 단순한 빈대들의 전략은 숨바꼭질이라는 전투에서 복잡한 인간의 전략—빈대보다는 복잡할 것이라 예상되는—을 종종 능가하고는 한다. 하지만 이것이 이 이야기에서 가장 중요한 교훈은 아니다. 빈대를 발견하고 터뜨려 죽이는 일이 너무 어렵기 때문에 인간은 전문가들에게 빈대를 죽이기 위한 아주 정교한 해결책을 고안하도록 했다.[6] 흔히 DDT라고 불리는 화학물질인 디클로로디페닐 트리클로로에탄dichlorodiphenyltrichloroethane은 원래 모기를 죽이는 데 사용했던 강력한 살충제이다. 말라리아나 장티푸스 같은 모기 매개 질병이 확산되지 않도록 2차 세계대전 동안 널리 사용된 살충제이기도 하다. 하지만 이 성분은 빈대를 죽이는 데도 뛰어난 성능을 자랑한다. 전쟁이 끝난 뒤에 DDT 는 북아메리카에서 상업적으로 이용 가능해졌고 일반 시민들 은 집 주변에 이 살충제를 마구잡이로 뿌리기 시작했다. 여기에 는 그럴 만한 이유가 있었다. 1900년대 초 미국의 거의 모든 가 정에 빈대가 들끓었기 때문이다. 그로부터 10년이 지나지 않아 서 그 성분이 인체에 얼마나 나쁜지 밝혀지기도 전에[7] 북아메리 카에서의 DDT 대량 살포는 대륙 전체에 걸쳐 빈대를 퇴치하는 결과로 이어졌다. 완전히가 아니라 '거의'였지만 말이다.

그리고 이 무시무시한 숙청에서 살아남은 빈대들은 DDT 에 대한 내성을 키웠다. 인간들이 승리의 축배를 드는 동안 내 성을 갖게 된 이 빈대들은 처음에는 천천히 숫자를 불리기 시작 했다. 그러다 1990년대에 이르러서는 개체 수가 폭발적으로 증 가했다. 2000년대 중반에는 미국의 모든 주에서 빈대가 발견되 었다. 2018년, 한 보고서에 따르면 미국의 해충 방제 회사 가운 데 97%가 작년 어디에선가 빈대를 처치했다고 한다.[8] 다시 말해 요즘에는 DDT에 내성을 가진 빈대들이 도처에 널려 있다. 사 실 오늘날의 빈대는 거의 모든 살충제에 내성이 있다. 결국 우 리의 가장 현명한 해결책도 빈대들의 단순한 마음속 전략을 이 기지는 못 한 것이다. 게다가 이 사례에는 예지적 근시 때문에 인간의 인지 전략이 크게 몰락했다는 사실을 강조해서 드러내 는 대목이 있다.

바로 무턱대고 많은 양의 DDT를 뿌려 댔던 게 빈대와의 전

잘못되었다고 생각합니다

쟁에서 패배한 까닭이라는 것. 이 성분은 우리 삶의 틈새 곳곳으로 스며들었고, 우리는 그 사실을 이제 막 알아차리고 있다.

미국에서는 1972년에 DDT 사용을 금지했음에도, 현재 미국에 살고 있는 모든 사람들(금지 법안 이후에 태어난 아이들 포함)은 몸에 미량의 DDT를 지니고 있다.[9] DDT는 물에서 150년의 반감기를 가진다.[10] 다시 말해 1940년대 사람들이 빈대를 퇴치하고자 집의 바닥과 벽에 DDT를 뿌려 놓았다면 결국 대걸레를 빠는 양동이 안에서 여전히 안정된 상태로 남아 있을 것이다. 그리고 양동이에서 빠져나온 DDT는 생활하수에 섞여 하수처리장으로 들어가거나 강과 바다로 들어가 물고기를 비롯한 수생동물들의 몸속에 쌓이기 시작했다. DDT에 흠뻑 젖은 물고기 가운데 일부가 결국 사람들의 저녁 식사에 올랐고, 그렇게 이 화학물질은 우리의 몸속 조직에 축적되어 죽을 때까지 머무르게 되었다. 어머니들은 모유를 통해 DDT를 아기들에게 전달할 수 있기 때문에 심지어 현재 태어나는 아이들도 DDT를 피하는 것은 거의 불가능하다. 설상가상으로 DDT라는 화학물질에 노출된 여성들은 자녀와 손자, 손녀들에게까지 후생 유전학적 변화를 유도했다. 그리고 이러한 변화들은 비만의 증가와 직접적 관련성을 갖게 되었고, DDT에 노출된 조상의 혈통을 가진 여성의 경우, 유방암 유병률이 크게 증가했다.[11]

워싱턴 주립 대학교의 후생 유전학 전문가인 마이클 스키너Michael Skinner는 이렇게 말한다. "여러분의 증조할머니가 임신

중 DDT에 노출되었다면 여러분은 비만에 대한 민감성이 극적으로 증가할 수 있습니다. 그리고 여러분은 화학물질에 대해 지속적으로 노출되지 않고서도 이런 민감성을 여러분의 손자에게까지 물려줄 겁니다."[12] 인간은 빈대와의 싸움에서 패배했을 뿐만 아니라 그들과 싸우기 위해 사용한 엄청나게 영리해 보였던 기술적 해결책은 결국 우리 자신과 손자를 독성 물질에 노출시키고 말았다. 이것은 인간의 지능을 특별한 것으로 생각하고 그 특별함이 좋다고 가정할 때 발생하는 문제이다. 인간과 동물의 인지능력은 그렇게 크게 다르지 않지만, 인간의 인지능력이 보다 복잡하게 작용하는 경우라 해도 항상 더 나은 결과를 가져다주는 것은 아니다.

바시아 대 산티노, 빈대 대 DDT의 싸움에서 복잡하고 인간적인 사고방식은 모두 패배했다. 이것이 내가 말하고 싶은 '인간 예외주의의 역설'이다. 비록 인간이 인지능력에 있어서는 정말로 예외적이라 해도 다른 동물들에 비해 삶이라는 게임을 더 잘 수행한다는 의미는 아니다. 사실 이 역설 때문에, 놀랍고도 복잡한 지능을 지녔다는 점 때문에 인간은 보다 덜 성공적인 종이 될 수도 있다.

잘못되었다고 생각합니다

생존을 담보하지 못하는 놀랍고 복잡한 지능

ııııı

우리가 진화에 대해 말할 때 '성공'이란 정확히 무엇일까? 진화적인 성공이란 어떤 종이 효과적인 생물학적 설계 덕분에 오랜 기간 상대적으로 동일하게 유지되었음을 의미할 수도 있다. 아니면 그 종이 엄청난 개체 수를 자랑하며 전 세계에 퍼졌다는 것을 의미하기도 한다. 하지만 어떤 정의든 동물계에서 '진화적 성공'의 사례를 보고 싶다면, 인간처럼 복잡한 인지능력을 갖춘 존재가 아니라 단순한 인지를 가진 생물들을 살펴봐야 한다.

맹장과 직장 사이에 위치한 결장에 대해 잠깐 이야기를 해보겠다. 여러분은 인체가 세균들로 가득 차 있다는 사실을 이미 알지도 모른다. 사실 여러분의 몸에는 인간의 세포뿐 아니라 그와 동일한 정도로 세균이 가득하다. 여러분 한 사람, 한 사람의 몸속에 존재하는 세균의 개체 수는 줄잡아 38조에 이른다.[13] 세균의 세포는 인간 세포에 비해 크기가 작다. 여러분이 겉보기에 대체로 인간인 것처럼 보이고 그렇게 느껴지는 것은 이러한 이유 때문이다.

그렇지만 실상은 다르다. 여러분은 아무리 잘 쳐봐야 반쯤만 인간이다. 이 세균들의 대다수는 여러분 몸 속 결장에 산다. 이 때문에 여러분은 대변을 볼 때마다 수십억 마리의 세균을 배출한다. 대변의 절반은 세균 세포로 이루어져 있다.[14] 사실상 여러분이 아침마다 배출하는 대변에는 현재 지구상에 살아 있는 인간보다 더 많은 수의 세균이 존재한다. 오늘날 지구상에는 500양(壤, 5 뒤에 0이 30개이다-옮긴이) 마리의 세균이 살고 있다. 이 것은 우주에 있는 별들보다 더 많은 숫자다.[15] 숫자로만 보면 세 균은 지금껏 살았던 생명체 중 가장 성공을 거뒀다는 게 분명하 다. 그리고 이들은 아무리 상상의 나래를 펼쳐 본들 복잡한 인 지능력이라고는 한 톨도 갖지 않은 생명체이다.

그렇지만 이처럼 수적인 측면에서 진화의 명백한 챔피언들 (예컨대 세균 같은 원핵생물들)을 제쳐 두고 그 대신 어떤 종이 현재의 형태로 가장 오랫동안 존재해 왔는지 살펴보더라도 역시 보다 크고 똑똑한 척추동물보다는 단순한 인지능력을 가진 존재들이 승리한다는 사실을 다시금 발견할 수 있다. 악어를 생각해 보 자. 악어류의 조상은 지금으로부터 약 9,500만 년 전인 백악기 중반에 처음 나타났다.[16] 그 말은 이 악어의 조상이 강둑에서 햇 볕을 쬐는 동안 티라노사우루스, 벨로키랍토르, 트리케라톱스 를 비롯해 영화 〈쥐라기 공원〉에 등장하는 모든 종들이 그 주변 을 지나갔다는 뜻이다. 악어들은 공룡을 포함해 지구상 모든 생 물 종의 4분의 3을 죽인 대멸종에서도 살아남았다.

아마도 악어는 지금껏 살았던 대형 척추동물들 가운데 가 장 성공적인 종일 것이다. 그럼에도 악어는 대부분의 파충류들 이 그렇듯 복잡한 인지능력을 갖춘 것으로 유명하지는 않다. 비 록 놀이 행동을 보이고[17] 심지어 도구를 사용하기도 하지만,[18] 악어는 문제 해결력이 그렇게 좋지 않다. 삽화적 예견 능력, 인과적 추론, 마음 이론을 비롯해 인간에서 발견되는 어떤 대단한 기술도 악어는 갖추지 못했다. 어쩌면 이것은 표본 추출 편향 때문일지도 모른다. 내가 아는 한 악어의 인지능력을 연구하는 실험실은 없으니 말이다. 심리학과 학부생들이 악어를 fMRI 기계에 집어넣도록 기꺼이 허가를 내줄 대학 연구실이라니, 도저히 상상할 수 없다. 하지만 이것은 중요하지 않다. 악어들은 그러한 인지능력 없이도 잘 살아가고 있으니 말이다. 때로는 인지능력과 관련해서는 때때로 단순한 게 복잡한 것보다 더 나은 법이다.

진화가 복잡성에 대해 별 관심이 없다는 사실을 설명하기 위해 멍게의 사례를 하나 더 들어 보겠다. 멍게는 피낭동물아문에 속하는 해양 동물이다. 이 무리 안에는 약 2,150종이 포함된다. 멍게는 유생 단계일 때 올챙이와 꽤 유사하다. 헤엄쳐 다닐 수 있도록 머리와 꼬리를 비롯해 조그만 뇌와 연결된 척수를 가지고 있다. 멍게는 일단 성숙해지면 바위 위에 단단히 자리를 잡는다. 그런 다음 자신의 뇌와 척수를 소화시키고 그 바위 위에서 먹이를 걸러 먹으며 남은 생을 보낸다. 자연선택은 생각을 할 기회를 아예 없애는 것이야말로 멍게에게 진화적으로 최선의 길이라고 결론을 내린 것이다. 왜냐하면 앞서 인간의 경우에서 보았듯이 복잡한 인지능력은 존재를 아예 없앨 수도 있는 골칫거리가 될 수 있기 때문이다.

이처럼 세균에서 멍게, 악어에 이르기까지 단순한 유기체들은 복잡한 인지능력 없이도 수백만 년 동안 자연선택이라는 게임에서 승리를 거뒀다. 이는 단순한 인지적 특성들이 진화적 성공을 이루는 데 있어서는 꽤나 무적이라는 사실을 보여 준다. 우리가 빈대에게서 보았던 지루하고 오래된, 학습된 연관성이 그 예다. 우리가 1장에서 만났던 개 루시는 숲을 걷는 동안 흔들린 오리나무 가지가 위험을 의미한다는 사실을 알기 위해 학습된 연관성을 활용했다. 루시와 나는 둘 다 그 나뭇가지를 보고 일순 얼어붙었다. 왜? 질문의 전문가라는 나의 능력이 가지가 움직인 이유를 보다 깊이 이해하도록 해 주었을지 모르지만, 루시와 내가 보인 이후의 행동은 같았다. 자연선택은 우리가 경계심을 일으키기까지 얼마나 복잡한 인지 과정을 거쳤는지 신경 쓰지 않는다. 단지 그것이 우리를 살아 있도록 하는 데 효과적인지, 아닌지에만 신경을 쓴다.

우리 인간이 지닌 인과적 추론 능력은 꽤 인상적이며 왜? 전문가로서의 특성 또한 우리가 많은 것을 성취하도록 도왔다. 하지만 인과적 추론은 새로 등장한 신참이다. 우리가 그것을 학습된 연관성에 필적할 만큼 든든한 인지적 해결책으로 여기려면 그 능력을 10억 년 정도는 지니며 지켜봐야 할 것이다. 그러나 예지적 근시로 인해 우리 종에게 멸종 위험(기후변화, 핵전쟁, 생태적 붕괴 등)이 임박해 있는 만큼 우리가 앞으로 10억 년은 고사하고 1,000년 이상 지구상에 존재할 수 있는 가능성은 매우 낮아 보인다. 그런 점에서 인도네시아 술라웨시섬의 반인반수 고대 동굴벽화는 우리 운명을 상징적으로 예언하고 있다. 이 벽화는 도덕과 삶의 의미에 대해 우리가 복잡하게 사고할 수 있다는 증거이다. 하지만 그럼에도 불구하고 벽화 자체는 점점 희미해지고 있다. 4만 년 동안 존재해 왔던 이 벽화는 인류가 초래한 기후변화에 따른 가뭄과 고온 현상 탓에 빠르게 파괴돼 가는 중이다.[19]

그런 이유로 바시아는 인간 예외주의의 역설을 보여 주는 우리 종의 궁극적 상징이라 할 만하다. 유전자 풀에서 그가 제거된 것은 인간으로서 그가 가진 복잡한 인지능력 때문이었다. 우리는 예지적 근시라는 저주를 받아 자기 소멸이라는 번지 줄을 발목에 묶는 데 몰두하는 것처럼 보인다. 크게 보면 우리는 세균이나 악어보다 훨씬 먼저 지구에서 사라질 운명이다. 이것은 사물을 바라보는 어둡고 기분 나쁜 관점이다. 어쩌면 여러분이 바라던 거창한 결론은 아닐 수 있다. 그렇지만 다행히 인간의 지능이 갖는 가치에 대한 나의 암울한 평가에 모두가 다 동의하는 건 아니다.

우리는 살아남을 수 있는가?

내 친구 브렌던은 논쟁이나 도전적인 아이디어를 조목조목 검토하고 분석하는 일에 거침이 없는 언론인이다. 우리는 종종 함께 아침을 먹기 위해 식당에서 만난 뒤 커피를 너무 많이 마신 나머지 우리가 열정을 갖고 살피는 문제에 대해 마구 떠들어 댄다. 예컨대 우리는 덴마크의 드라마 시리즈 〈여총리 비르기트〉 시즌 1에서 덴마크 총리인 비르기트 뉘보르의 남편이 왜 그렇게 동정심 없는 인물이었는지에 대해 길게 토론하던 끝에 인간의 지능이라는 문제까지 다다랐다. 나는 지능이란 어떤 가치를 담고 있는 용어이니 아예 무시하든지, 아니면 대신 어떤 판단도 없이 개인의 인지 기술들을 그저 분류하고 기술하기만 해야 한다고 주장했다. 우리가 인지능력의 가치를 그것의 복잡성이 아니라 생물학적 성공 여부로만 판단한다면, 인간은 자연이라는 현장에 등장한 지 얼마 되지 않는 존재라 제대로 평가할 수 없을 뿐 아니라 예지적 근시 때문에 자연선택에서 엇나갈 가능성이 높다. 우리가 인지능력을 평가할 때 진화적으로 유리한 행동을 할 수 있는지를 중시한다면, 우리보다는 악어가 보다 지능적인 동물에 어울릴 것이다.

"그런 점에서는 악어가 우리를 이기고 있지." 내가 말했다.

"아니야, 우리가 이기고 있어." 브렌던이 주장했다. "우리만큼 지구를 강력하게 지배한 동물은 또 없을 테니까."

"'지배'라니 그게 무슨 말이야?" 내가 반격했다. "지금 네 엉덩이 안쪽에는 지구상에서 살아가는 인간의 수보다 더 많은 세균들이 살고 있다고. '지배력'을 순전히 숫자로만 판단한다면 우리가 세균에게 뒤지는 셈이야."

"물론 세균이 숫자상으로는 많겠지만, 우리처럼 대화를 나눌 수는 없잖아." 브렌던이 반박했다. "우리는 스스로의 삶에 대해 돌아볼 수 있지만 세균이나 악어는 그렇게 하지 못해. 우리는 단순히 식량과 은신처를 찾는 것 이상의 일들을 해 왔지. 그런데도 어떻게 우리가 이기지 못한다는 말을 할 수 있어? 나는 항상 우리가 이기고 있다는 것을 당연하게 생각해 왔어. 우리 인류가 지금껏 해 온 일들을 봐!"

이어서 브렌던은 인류가 만들어 낸 위대한 업적의 예를 줄줄이 늘어놓았다. 우주 탐사, 핵분열, 백신, 법체계, 거대도시, 산업화된 식량 생산, 인터넷, 음악, 예술, 시, 연극, 문학 등. 다른 동물들이 아닌, 인간만이 만들어 낼 수 있는 것들의 목록은 놀라울 만큼 길다. 이 모든 것들은 언어, 문화, 과학, 수학 등에 대한 우리의 능력을 바탕으로 만들어졌다. 하지만 나는 이것들 가운데 그 무엇도 중요하지 않다고 주장했다. 단지 쓸데없는 소음과도 같다고 말이다. 10억 년에 걸친 동물 인지능력의 역사에서 이러한 업적들은 단순한 마음을 가진 생물들이 훨씬 오래 지배해 온 이야기에 반짝 등장했다 사라지는 연기 같은 각주에 불과하다.

"그건 헛소리야." 브렌던이 말했다.

내가 정말 달 위에 착륙하는 것과 같은 성과와 업적들이 진정한 가치가 없다고 주장했던 걸까? 만약 우리가 숫자 대결(현재 우리 종의 개체 수) 혹은 영속성 대결(우리 종이 얼마나 오랫동안 존재하고 또 앞으로 존재할 가능성이 있는지) 측면에서 생물학적 성공에 가치를 부여하지 않는다면 우리의 인지능력과 그것이 만들어 내는 행동의 가치를 판단하기 위해 또 어떤 방법이 있다는 것일까? 우주의 물리적 특성을 이해하고 조작하는 우리의 특별한 능력은 그 자체로 좋은 것일까? 일단 브렌던은 그렇다고 주장했다. 브렌던은 생물학에 얽매이지 않고 지식이나 진리, 아름다움 그 자체가 가치를 지닌 것으로 추구하려 했다. 반면 나는 진화적 적합도의 관점에서 가치를 다루고 있었다. 나에게 코페르니쿠스와 에이다 러브레이스Ada Lovelace(세계 최초의 프로그래머-옮긴이)는 인류의 지적 성취를 보여 주는 놀라운 등불이다. 하지만 우리 종족이 앞으로 30만 년 뒤에 멸종한다면 그 성취도 소용이 없다. 브렌던에게는 코페르니쿠스나 러브레이스처럼 우주의 비밀을 푸는 데 도움이 되는 결과를 얻는 게 낫지, 악어처럼 물속에서 10억 년 동안 첨벙대며 생존하는 것은 별 가치가 없었다.

나는 우리가 중간에서 타협점을 찾을 수 있다고 생각한다. 다시 말해 브렌던의 철학적 성향과 나의 냉혹한 과학주의를 함께 녹여 내 가치를 판단할 방법이 있을 것이다. 그리고 요즈음 내 삶의 모든 것이 그렇듯 이 또한 내가 키우는 닭에서 힌트를 찾을 수 있다.

무엇이 중요한가?

인간의 지능은 어떤 가치를 가지는가? 다른 종들과 달리 인간만할 수 있는 몇 가지 일들이 존재한다. 이것들 때문에 앞에서 브렌던이 옹호했던 인류의 기나긴 성취가 가능했으며, 이것은 우리가 가진 독특한 인지능력 덕분이다. 나는 이러한 성취와 관련해 '좋은 것'이 무엇을 의미하는지와 관련해 씨름했고 그 결과 인지적으로 좋은 것은 개별 동물과 세계 전체에, 현재와 예측 가능한 미래에 모두 가장 큰 쾌락을 주는 것들이라는 결론을 내렸다. 내가 보기에는 무엇이 '성공'인지 이야기할 때 이 중간 입장이 가장 타당하다. 나는 이러한 이유로 성공이 숫자 대결(예컨대 개별 인간의 수)이나 영속성 대결(예컨대 악어가 얼마나 오래 전부터 살아왔는지)에 근거해서는 안 된다고 생각한다.

지구가 수십억 년 뒤 태양에 의해 삼켜진다는 건 변하지 않는 사실이다. 그렇게 되기 전까지 우리가 상상할 수 없는 이상한 진화적 선택압에 의해 형성된 수백만의 새로운 종들이 지구상에 존재할 것이다. 어쩌면 인간은 멸종되고 물건을 잡을 수 있는 꼬리에 완전한 마음 이론을 갖추고 우주 탐험에 대한 탐욕스러운 욕망을 품은 거대한 까마귀 종이 우리를 대체할지도 모른다. 누가 알겠는가? 그리고 그게 과연 중요한가? 태양은 결국 지구상의 모든 생물들과 함께 새로 등장한 이 초-까마귀 종족들 역시 전부 집어삼킬 것이다. 그렇다면 개체 수니 생물학적 수명이니 하는 것들도 장기적으로 볼 때 중요하다고 할 수 없다. 그렇다면 삶의 가치는 '지금 그리고 여기'라는 관점에서 생각해야 한다. 여러분, 나 그리고 지금 이 순간에 살아 있는 동물 종들에게 가장 중요한 것은 즐거움과 쾌락이다.

모든 생명체는 한순간의 짧은 삶을 위해 존재한다. 그리고 그 눈 깜짝할 사이에 운 좋게도 뇌를 가졌다면, 그 생명체는 하루하루 감각질이라는 쿠션 위에 둥둥 떠 있을 것이다. 감각질은 삶에 연료를 공급해 동물들이 행동하고, 생각하고, 그들 자신이 되게 한다. 이것은 우리에게도 중요하다. 우리는 지배의 개념에서 벗어나 보편적으로 보이는 한 가지에 대해 가치를 둘 수 있다. 바로 긍정적인 감각질, 즉 쾌락을 추구하는 것이다. 브렌던과 나는 모든 동물들이 가치를 두는 한 가지는 '쾌락의 극대화와 불행의 최소화'라는 사실에 동의한다고 생각한다.

생물학적 관점에서 뇌가 하는 일은 동물이 생존하고 번식하도록 돕는 행동을 이끄는 것이기 때문에 이 '쾌락의 극대화'라는 아이디어는 타당하다. 뇌는 동물이 올바른 방향으로 향하고 있다는 사실을 알리기 위해 쾌락의 감각질을 만들어 낼 것이다. 동물 행동학 연구자인 조너선 밸컴Jonathan Balcombe은 저서『즐거움, 진화가 준 최고의 선물』에서 이 아이디어에 대해 다음과 같이 탐구한다.

동물계는 매우 다양한 모습으로 숨 쉬고, 감각하며, 느끼는 생명체들로 가득하다. 이들은 단순히 살아 있는 것이 아니라 삶을 살아간다. 그리고 생명체들 각자는 서로 조화를 이루며 함께 지내기 위해 애쓴다. 먹이를 찾아 먹고 스스로의 몸을 보호하며, 번식하고, 좋은 것을 찾아가는 반면 나쁜 것을 피하기 위해 기민하게 움직인다. 이들이 얻을 수 있는 '좋은 것들'은 다양하다. 먹이, 물, 움직임, 휴식, 쉼터, 햇빛, 발견, 기대, 사회적 상호작용, 놀이, 짝짓기 등이다. 그리고 이러한 좋은 것들을 얻는 것은 적응이기 때문에 진화는 동물들이 이런 보상을 경험하는 능력을 갖추도록 했다. 우리와 마찬가지로 이들 생명체들은 쾌락을 추구하는 존재들이다.[20]

쾌락의 감각질은 진화를 이끄는 원동력이다. 쾌락은 그것을 경험하는 뇌에 본질적으로 보상을 줄 뿐만 아니라 동물들이 자신의 생물학적 적합도를 높이는 목표를 추구하도록 해 준다는 점에서 생물학적으로도 보상을 준다. 윤리학적 관점에서 여러분은 의식을 가진 가장 많은 존재들에게 세상에서 가장 큰 쾌락을 주는 행동들이 가장 큰 가치를 지녔다고 주장할 수 있다. 브렌던이 나열한 인류의 업적(백신이나 농경 등) 역시 정확하게 그런 이유로 본질적으로 가치가 있다고 여겨진다.

사실 이렇듯 쾌락에 초점을 맞춘 가치를 추구하는 것은 오래된 윤리학 논의를 떠올리게 한다. 지금으로부터 두 세기 전, 제러미 벤담Jeremy Bentham과 존 스튜어트 밀John Stuart Mill이 처음으로 내세운 공리주의 철학에서 쾌락과 행복은 핵심이었다.[21] 벤

담은 쾌락에 기초한 자신의 공리주의 도덕철학을 다음과 같이
설명했다.

자연은 인류를 고통과 쾌락이라는 두 주인의 지배 아래 놓았다. 우
리가 무엇을 해야 하는지 지적하고 결정하는 것은 그들만이 할 수
있는 일이다. 한편으로는 옳고 그름의 기준이, 또 다른 한편으로는
원인과 결과의 사슬이 그들의 왕좌에 묶여 있다. 그들은 우리가 하
는 모든 것, 우리가 생각하는 모든 것에서 우리를 지배한다. 우리
가 그 종속을 떨쳐 버리고자 노력을 한다고 해도 결국 그 지배를 증
명하고 확인할 수밖에 없다.[22]

이 공리주의 철학을 감각질의 생물학적 가치와 결합하면
브렌던이 말한 대로 어떤 동물이 '이기는지' 판단할 시스템을
갖추게 된다. 이 대결에서 승리한 종들은 가장 많은 쾌락을 경험
하면서 그들의 삶을 살아가는 종들이다. 하지만 불행히도 우리
가 생물학적 성공을 세상에서 쾌락을 창출하는 능력으로 다시
바꾼다 해도 인간은 여전히 예외주의의 역설과 마주하게 된다.

브렌던이 인간을 특별하게 만드는 요인의 하나로 꼽은 언
어에 대해 생각해 보자. 사실 언어는 인간이 아닌 종들에서는
전혀 찾아볼 수 없는 현상이다. 다른 모든 인지적 기술과 마찬
가지로 언어의 구성 요소 자체는 다른 여러 동물 종들의 의사소
통 시스템 안에서도 발견된다. 다른 동물의 크기, 색깔, 종을 묘

사할 수 있는 프레리도그의 경고 울음도 그렇고,[23] 우리가 문법의 원시적인 형태를 감지할 수 있는 새나 고래가 부르는 노래의 복잡한 구조도 그렇다.[24] 하지만 의미 있는 단어 요소들을 결합해 머리에 떠오르는 모든 아이디어를 문장으로 표현할 수 있는 생성 문법 체계를 활용하는 종은 인간뿐이다.

여기서 던질 수 있는 첫 번째 질문은 다음과 같다. 언어를 사용하는 우리가 하나의 종으로서 지구를 공유하는 비언어적 동물들보다 더 많은 쾌락을 경험할까? 일단 언어는 노래나 농담, 이야기를 만드는 데 재료로 쓰인다. 이것들은 인생에서 내가 주기적으로 경험하는 가장 큰 즐거움의 원천이다. 내가 키우는 닭들은 이 기쁨을 결코 알지 못할 것이다. 하지만 그렇다고 과연 닭들이 덜 행복할까? 이것은 까다로운 질문이다.

우리가 횟대에 올라가 쉬도록 진화하지 않은 것처럼 닭도 언어를 사용하도록 진화하지 않았다. 그럼 밤에 나뭇가지에 올라 잠을 자지 않는다고 내 삶이 피폐해졌을까? 당연히 그렇지 않다. 내 몸의 생물학적 구조는 횟대에 오르도록 만들어지지 않았고, 그 대신 언어를 배우고 사용하기 위해 고안되었다. 만약 내가 언어에 노출되지 않고 자랐다면 나는 훨씬 더 슬픈 삶을 살았을 것이다. 반면 닭들은 생물학적으로 그렇게 설계되지 않았기 때문에 자기들이 무엇을 놓치고 있는지 결코 알지 못한다. 닭은 땅바닥을 뒤지며 애벌레를 찾아 먹는 데서 즐거움을 얻는다. 닭은 드라마 〈여총리 비르기트〉를 보면서 우리처럼 즐거움을 느끼지는 못 할 것이다. 그런 만큼 언어를 사용하지 않는 우리의 동물 형제들이 쾌락의 측면에서 손해를 본다고 가정할 이유는 없다.

그렇지만 우리 인간은 바로 그 언어능력 때문에 손해를 보고 있는지도 모른다. 우리는 2장에서 언어가 발달함에 따라 남을 속이는 능력이 가속화되었던 인류의 사례를 탐구했다. 거짓말하고, 속이고, 설득하고, 꼬드기는 우리의 능력은 이 세상에서 벌어지는 온갖 악행에 부분적으로 책임이 있다. 또 언어능력은 폭군이나 지도자들에게 권력을 줄 수도 있다. 히틀러의 연설(그리고 니체의 글)이 독일에서 나치즘이 부상하도록 이끌었다는 점을 생각해 보라. 그리고 심지어 지도자들이 딱히 달변가가 아니라 해도 그들의 말은 여러 국가에 걸쳐 수백만 명에게 고통과 죽음을 안길 대량 학살—맹목적 애국주의에 따른—을 일으킬 아이디어를 전달할 수 있다.

언어는 우리 종이 영광스러운 여러 성취(예컨대 예술, 과학, 문화)를 달성하도록 함과 동시에 비참함과 파괴를 널리 퍼뜨리기도 한다. 언어와 그것을 가능하게 하는 근본인 사회적 인지 기술이 없다면 닭들이 대규모로 일제히 연합해 '위대한 닭 나라'의 영광을 추구하며 전 세계에 죽음을 몰고 다니는 일도 애초에 불가능하다. 인간의 인지적 성취가 대부분 그렇듯 언어는 쾌락만큼 불행을 일으키곤 하는 양날의 칼이다. 우리가 하나의 생물종으로서 언어가 없었다면 더 행복했을까? 그럴 가능성이 꽤 크

잘못되었다고 생각합니다

다. 만약 인간이 언어를 사용하지 않는 유인원으로 남았다면 이 세상에 이리도 많은 죽음과 불행이 닥쳤을까? 아마 아닐 것이다. 언어는 동물계 전체에 즐거움보다 불행을 야기할 가능성이 크다. 언어는 인간 예외주의 역설의 희생양이다. 언어는 인간의 마음이 이처럼 독특한 정체성을 갖게 된 궁극적 상징과도 같지만, 이러한 경이로움에도 불구하고 (우리 자신을 포함한) 이 행성의 생명체들에게 기쁨보다 불행을 더 많이 안기는 데 기여했다.

과학과 수학에 대한 우리의 능력은 또 어떤가? 참고로 우리가 가진 수학적 능력은 다른 모든 동물의 마음속 깊은 곳에서도 뿌리를 찾을 수 있다.

점박이하이에나는 경쟁하는 다른 하이에나 무리가 몇 마리로 이루어져 있는지 셀 수 있다. 이런 능력은 그 무리와 싸울 만한 가치가 있는지 결정하는 데 도움이 된다.[25] 갓 태어난 담수어 구피는 적어도 3까지 셀 수 있으며 둘 이상으로 이루어진 물고기 무리에 합류하는 것을 선호한다. 이것은 이 물고기가 수적으로 안전을 확보하는 손쉬운 기술이다.[26] 또 꿀벌은 벌집에서 먹이가 있는 곳까지 날아가는 길에 지형지물이 몇 개인지 수를 셀 수 있다. 예컨대 가는 길에 집이 몇 곳인지 세면 나중에 맛 좋은 꿀을 따 먹을 꽃밭으로 돌아갈 길을 찾는 데 도움이 된다.[27] 하지만 인간은 이러한 수학적 능력을 새로운 수준까지 끌어올렸다. 시공간이 중력에 의해 어떻게 뒤틀리는지 설명하는 아인슈타인의 중력장 방정식은 하이에나와 꿀벌의 수학적 능력에 뿌리를 두고 있을지 모르지만, 그 둘은 나의 계피 향 나는 양초와 태양만큼이나 천지 차이다.

과학 역시 비슷하게 정교한 수준에서 작동한다. 우리가 스테로이드에 대한 인과적 추론을 할 수 있는 것은 '왜? 전문가'로서의 능력 덕이다. 과학적 방법론은 우리가 가설을 시험하도록 하고 인과관계를 밝힐 도구를 제공한다. 그에 따라 우리는 세균 이론이나 양자역학처럼 기존의 패러다임을 바꾼 아이디어를 얻어 왔다. 우리의 집단적 문화는 과학과 수학을 바탕으로 만들어졌으며 오늘날의 세계는 이러한 도구와 인지 기술들 덕분에 존재한다. 그리고 인간이 아닌 동물에게는 이런 기술들이 가장 기본적인 형태로밖에 존재하지 않는다. 그렇다면 과학과 수학은 인류에게 비정상적 수준의 쾌락을 주는 것일까? 틀림없이 그렇다. 과학과 수학은 (원자폭탄 사례처럼) 우리에게 죽음과 파괴를 가져다준 반면, 현대 의학이나 식품 생산에도 관여했다. 그 덕에 우리 종이 느낄 수 있는 쾌락과 즐거움이 급증했다. 이는 우리의 일상생활이 다른 종들보다 약간 덜 고통스럽다는 것을 의미한다. 다른 동물들은 우리 인간들에 비해 식량과 거처를 찾고 질병과 싸우느라 더 많은 시간을 보낸다.

그렇지만 동시에 과학과 수학은 우리로 하여금 원자폭탄을 만들게 했고, 슈퍼마켓에 가득한 바나나뿐만 아니라 이산화탄소가 가득한 대기권을 가져다주었다. 그러니 과학과 수학이 다 좋은 것만은 아니다. 언어와 마찬가지로 양날의 칼이다. 평균적

인간은 과학과 기술의 발전 덕분에 10만 년 전에 비해 더 잘 살수 있게 되었지만, 지구 자체(그리고 그 위에 서식하는 생명체들)의 사정은 훨씬 나빠졌다. 인간이 저지른 행동 때문에 현재 멸종 위기에 처한 100만여 종의 동물에게는 즐거움이 훨씬 줄어들었다.[28] 그리고 만약 우리가 이번 세기말이 되기 전에 멸종한다면 (그럴 가능성이 9.5%다) 우리가 얻을 쾌락이라는 순이익도 물거품으로 돌아갈 것이다. 우리가 가진 과학적 사고와 수학적 능력은 인간 예외주의 역설의 또 다른 충격적 사례다. 대단한 동시에 끔찍할 수 있기 때문이다.

최종 평결

〰〰〰

그렇다면 인류는 평균적으로 더 많은 쾌락을 생산하고 경험한다는 점에서 다른 종들을 능가하고 있는가? 이 질문에 대답하기 전에 먼저 '평균'이라는 개념에 대해 솔직하게 이야기할 필요가 있다.

예컨대 나는 평균적인 인간이 아니다. 나는 보건, 교육, 생활수준에서 상위권에 드는 나라에 거주하는 중년의 백인 남성이기에 터무니없을 만큼 특권을 누리고 있다. 나는 외국에서 들여온 커피를 홀짝이며 다음 식사는 어떻게 할지 전혀 걱정하지 않은 채 취미로 키우는 닭들이 마당에서 돌아다니는 모습을 보면서 쉴 수 있다. 이것은 결코 정상이 아니다. 오늘날 지구상에 살고 있는 사람 넷 중 하나는 중간 수준에서 심각한 수준에 이르는 식량 불안정성을 경험한다. 이것은 건강한 식단을 꾸리기 위한 식량을 충분히 얻을 수단이 없거나 음식이 아예 부족하다는 것을 의미한다.[29] 새천년이 시작된 이래로 식량 불안정에 시달리는 인구의 비율은 꽤 감소했지만, 여전히 '평균적인' 사람들이 충분한 음식을 먹지 못하는 일은 꽤나 흔하게 발생하고 있다. 캐나다에서 나의 기대 수명은 82.4세로, 전 세계 기대 수명인 72.6세보다 거의 10년이나 많다. 그리고 기대 수명이 불과 53세로 가장 낮은 중앙아프리카공화국에 비하면 거의 30년이나 많다.[30] 2012년 이래 내전으로 어려움을 겪고 있으며, 610만 인구 가운데 340만 명이 인도주의적 구호를 필요로 하는[31] 중앙아프리카공화국에 거주하는 평균적인 사람의 삶은 나와 아주 다를 것이다. 중앙아프리카공화국에 사는 1만 4,000여 명의 어린이 군인들에게는 기쁨과 행복의 순간이 매우 드물 것이라 장담할 수 있다. 그렇다면 전 세계적으로 '평균적인' 인간은 나보다 훨씬 더 고되고 즐겁지 않은 삶을 살고 있는 셈이다.

인간 지능의 역설 때문에 우리는 쾌락의 극대화(내가 살아가는 곳)와 쾌락의 결핍(중앙아프리카공화국) 측면에서 극단적으로 나뉜 세상을 만들었다. 인간 경험의 가치에 대해 아침 식사 자리에서 대화를 할 때는 자신이 가진 특권을 고려해야 한다.

그러면 이제 최종 평결을 내릴 수 있다. 호모사피엔스라고 해서 다른 종들에 비해 평균적으로 쾌락을 경험할 가능성이 딱히 많은 것은 아니다. 언어, 수학, 과학 등에 대한 우리의 능력이 어떤 선물을 주었든(그리고 우리가 얼마나 특권을 누리고 있든) 간에 나의 삶이 내가 키우는 닭의 삶보다 더 많은 쾌락으로 채워져 있다는 증거는 없다.

아무리 행복한 인간이라고 해도 내 닭보다 더 행복하다고 단정할 수 없다. 부정적인 생각이나 감정이 주는 불편함을 최소화하는 방법을 터득하고 조용한 사색 속에서 하루를 보내는 승려의 삶을 생각해 보라. 예컨대 마티유 리카르Matthieu Ricard는 세계에서 가장 행복한 사람으로 꼽히는 티베트의 불교 승려다. 리카르가 개인적으로 최고의 날에 어떤 종류의 부정적인 생각이나 감각 없이 오직 쾌락과 즐거움만을 경험한다고 가정해 보자. 그날 리카르의 뇌는 자신의 신체적, 사회적, 정서적 욕구가 충족되고 걱정할 일도 없다는 것을 알게 해 주는 긍정적인 감각질이 가득할 것이다. 하지만 이것은 내 닭이 매일 경험하는 바와 정말 다를까? 분명 내 닭들은 매일 부정적인 감각질을 거의 또는 전혀 경험하지 않는다. 닭들은 울타리가 쳐져 있어 포식자로부터 안전한, 넓은 장소에서 먹이를 먹을 수 있고 필요한 식량과 물에 쉽게 접근할 수 있다. 그리고 밤이면 가장 좋아하는 장소인 우리 집 서까래에 높이 올라가 쉴 수 있다. 닭의 사회적 인지에 대한 연구에 따르면 이 동물 무리의 정확한 표준은 수탉한 마리, 암탉 열 마리라는데 그 기준에도 정확히 부합한다. 내 닭들은 리카르와 마찬가지로 쾌락이 가득한 삶을 산다. 둘 다 쾌락에 푹 젖은 마음과 정신을 가지고 있다. 다시 말하면 리카르보다 즐거움이 덜한 삶을 살고 있는 사람들(예컨대 나와 여러분, 어린이 군인들, 그리고 다른 모든 인간들)은 엄밀히 말해 삶이라는 게임에서 내 닭에게 지고 있는 셈이다.

물론 내 닭들이 살아가는 방식이 그 종의 표준은 아니다. 이것 또한 인간 지능의 산물이며 인간 예외주의 역설의 슬픈 결과이기도 하다. 인간은 닭에게 쾌락을 극대화하는 삶을 선사할 힘을 가지고 있다. 하지만 동시에 우리는 그 힘을 이용해 야생에 사는 '평균적인' 닭들보다 훨씬 더 많은 고통을 닭에게 안기기도 한다. 인간은 식량에 대한 접근성을 극대화하기 위해 달걀과 고기의 생산을 간소화하는 방법을 창안하는 과정에서 마치 악몽과 같은 농장 닭들의 생활 조건을 만들어 냈다. 오늘날 살아 있는 대부분의 닭들은 정상적인 보금자리, 먹이 찾기, 사회화가 불가능한 좁은 우리에 갇혀 있다. 전반적으로 보면 닭들은 인간보다 더 적은 쾌락을 경험할 것이다.

호모사피엔스의 불안한 미래

~~~~

인간의 마음은 특별하다. 우리는 다른 종들에게서 찾아볼 수 없는 능력을 갖추고 있다. 다른 존재의 마음을 위해 의도적으로 더 많은 즐거움과 쾌락을 만들어 내는 능력이 그렇다. 삽화적 예지 능력과 마음 이론을 갖춘 '왜? 질문'의 전문가로서, 우리는 스스로의 행동이 인간이든 동물이든 다른 존재의 마음에 쾌락과 불행을 일으킬 수 있다는 사실을 안다. 또 우리는 어린이 군인들이나 좁은 우리에 갇힌 암탉들이 비참하다는 사실을 이해한다. 우리는 이런 것들을 알고, 그것을 바꿀 수 있는 능력을 갖고 있다. 우리는 비 인간 동물들뿐만 아니라 모든 인간이 극대화된 쾌락과 즐거움을 경험할 세상을 만들어 나갈 인지적, 기술적 능력을 가지고 있다. 우리가 원한다면 세상을 쾌락의 감각질로 넘쳐 나게 할 수도 있다. 그리고 이것은 인간 지능의 가치를 다른 종의 그것보다 우월한 것으로 자리매김시켰다. 다른 종들은 즐거움으로 가득 찬 세상을 상상조차 할 수 없을 테니 말이다. 만약 인간의 마음이 동물의 마음에 비해 가치 면에서 우월한 한 가지가 있다면 쾌락과 즐거움이 중요하다는 사실을 이해하고 그것을 가능한 멀리, 넓게 퍼뜨리고 싶어 한다는 점이다. 그렇지만 역설적이게도 우리가 실제로 그렇게 하지는 않는다.

내가 〈스타트렉〉 시리즈를 좋아하는 이유 중 하나는 이런 종류의 기술 중심적 유토피아를 그리고 있기 때문이다. 이 유토

7장 인간만이 예외라는 가정은

피아에서 인간들은 오늘날 우리가 겪고 있는 일상적 고통 대부분이 제거된 상태로 서로 어느 정도 조화롭게 살고 있다. 이렇듯 쾌락과 즐거움을 극대화한 〈스타트렉〉의 세계는 환상에 지나지 않는 걸까?

즐거움으로 가득 찬 유토피아 창조라는 점에서 인류의 미래에 대해 두 가지로 생각이 나뉠 수 있다. 한쪽에는 하버드 대학교의 심리학자이자 언어학자인 스티븐 핑커가 있다. 핑커는 왜 우리 종족이 스스로를 더 낫게 향상시킬 희망이 있는지를 자신의 광범위한 저작들을 통해 설명한다. 핑커의 지적에 따르면 인류는 불과 200년 만에 평균수명을 두 배로 늘렸고, 전 세계적 빈곤을 역대 최저 수준으로 줄인 '계몽주의적 사고'("인류를 개선하는 데 이성을 적용한" 셈이다[32]) 덕분에 우리의 삶을 파격적으로 나아지게 만들었다. 우리 종족의 미래에 대해 추측을 해 보라는 질문에 대해 핑커는 낙관적인 편이다. 그리고 "비록 문제를 피할 수는 없지만, 그것을 해결할 수 있으며 그 해결책이 새로운 문제들을 만든다 해도 역시 같은 시기에 해결할 수 있을 것"이라고 주장했다.[33] 반드시 유토피아가 도래할 것이라는 약속은 아니지만, 멸종보다는 낙관적인 〈스타트렉〉풍의 주장이다.

그리고 반대쪽에는 철학자 존 그레이John Gray가 있다. 그레이는 자연 세계에서 인류가 어떤 위치를 차지하고, 또 차지해야 하는지에 대한 많은 책을 썼다. 그는 현대 기술과 의학을 비롯해 그 밖의 모든 것들을 제공한 계몽주의적 사고방식이 멋진 활

잘못되었다고 생각합니다

력을 제공한다는 사실을 인정한다. 그렇지만 인류를 자기 파괴적인 예지적 근시의 끝없는 순환 고리에서 해방시킬 만큼 이러한 장점들이 충분하다는 희망은 별로 없다고 여긴다. 『하찮은 인간, 호모 라피엔스』에서 그레이는 이렇게 말한다.

> 지식의 성장은 실제로 존재하며 전 세계적인 재앙이 닥치지 않는 한 성장세는 되돌릴 수 없다. 정부나 사회의 개선 역시 실제로 일어나기는 하지만, 이조차도 일시적이다. 정부와 사회는 길을 잃을 수 있으며 확실히 그렇게 될 것이다. 역사는 진보하거나 쇠퇴하는 흐름이 아니라 이득과 손실이 반복되는 과정이다. 인류 지식의 성장과 진보는 우리가 다른 동물들과 다르다고 여기게끔 유혹하지만, 실제 우리의 역사를 보면 꼭 그렇지도 않다.

그렇다. 우리가 불가피한 손실이라는 이 순환 고리를 깨고 〈스타트렉〉처럼 기술적으로 아름다운 미래 세계에 살게 될 가능성은 존재한다. 예컨대 울창하고 손대지 않은 열대우림 위로 하늘에 떠 있는 든든한 도시들이 되살아난 지구환경을 뒤덮고 있는 미래. 생물학적 다양성은 회복되었으며, 인류는 땅이나 물을 많이 사용하지 않는 방식으로 지속 가능한 농경을 통해 식량을 얻고, 오늘날의 관행에서 발생하는 동물들의 고통도 사라진 상태다. 이것은 내 딸이 꿈에서 그리는 세계다. 하늘에 떠 있는 도시와 초록색 숲 그리고 생명체들.

딸아이는 나와 함께 핼리팩스에서 열리는 기후변화 대응 청소년 집회에 가는 길에 이것에 대해 이야기했다. 우리는 스바루 자동차를 타고 캐나다 횡단 고속도로를 따라 노바스코샤주의 숲—여기저기 벌채되어 얼마 남지 않은—을 지나갔다. 우리는 핼리팩스 역사상 최대 규모의 군중에 뒤섞여 거리를 행진하며 세계 각국 정부가 기후변화 문제를 해결하기 위한 조치를 취할 것을 요구했다. 집으로 돌아오는 길에 나와 딸은 커피와 함께 도넛을 먹으려고 가게에 들렀고, 인류가 지구를 파괴하는 온갖 방식과 그것을 저지하기 위해 우리가 무엇을 해야 하는지에 대해 이야기를 나눴다.

화석연료를 태우는 자동차, 수입한 커피, 전면적으로 벌채된 숲, 그리고 기후 집회라니. 단 하루 동안 우리는 정말 많은 메시지를 뒤섞인 채로 접했다. 또 동시에 나는 예지적 근시로 오염되어 있었다. 사실 우리 모두가 예지적 근시에 물든 채로 있다.

나는 우리가 인류를 향해 다가오는 실존적 위협에 대한 해결책을 찾을 수 있었으면 한다. 나는 우리가 의사 결정의 사각지대를 어떻게든 우회해서, 기후변화와 생태 붕괴의 위협을 막도록 집단적인 행동을 유도할 법을 제정할 수 있다고 믿는다. 우리 안에 있는 〈스타트렉〉 같은 유토피아가 현실이 되기를 바란다. 그 희망이 어느 지점에서 망상으로 변할지는 잘 모르겠다.

니체가 일각돌고래라면

wwww

우리의 오랜 친구 니체를 다시 만나 보자. 니체는 동물의 행복에 대해 이런 말을 남겼다.

> 여러분 곁을 지나가며 풀을 뜯는 소들을 생각해 보라. 소들은 어제나 오늘이 무엇을 의미하는지 모른다. 그저 뛰어다니고, 먹고, 쉬고, 소화하고, 다시 뛰어다닌다. 소들은 아침부터 낮까지 매일 뛰어다니며 순간의 쾌락과 불쾌에 사로잡혀 우울해하지도, 지루해하지도 않는다. 이는 인간에게서 보기 힘든 모습이다. 여러분은 인간이기 때문에 동물보다 자기가 더 낫다고 생각할지 모르지만, 이런 동물들의 행복을 부러워할 수밖에 없으리라. [34]

문제가 하나 있다면 니체가 소에 대해 잘못 알고 있었다는 점이다. 소들은 '그 순간에만 사로잡히지' 않는다. 대신 소는 대부분의 동물들처럼 가까운 미래에 대한 계획을 세운다. 게다가 우울함을 경험하기도 한다. 이 동물은 죽음에 대한 최소한의 개념을 가지고 있으며 친구나 가족을 잃은 것에 대해 일종의 슬픔을 느낀다.

그렇지만 니체가 쾌락을 느끼는 소들의 능력을 인정했다는 점에서는 옳았다. 이 동물의 행복을 부러워한 것도 옳았다. 어떤 개체인지에 따라 다르지만, 소는 아마 고통받는 영혼을 가졌던 니체보다 평생 더 많은 즐거움과 쾌락을 경험할 것이다. 욕망의 제거를 통해 고통을 끝내려는 불교도와 달리 니체는 고통을 의미를 향해 나아가는 수단으로 받아들였다. 니체에게 불행은 감수할 가치가 있는 스승이었다. 니체에게 인류가 가진 인지 능력, 즉 죽음에 대한 지혜와 인과적 추론, 인지적이고 언어적 능력은 행복을 가져다주지 않았다. 쾌락을 주지도 않았다. 오직 그가 갈망했던 고통을 얻었을 뿐이었다. 결국 만약 니체가 일각 돌고래였다면 더 좋은 삶을 살았을 것이다. 그리고 만약 우리가 전 지구적인 규모에서 쾌락을 늘리고 불행을 줄이는 일에 대해 진지하게 생각한다면, 우리 모두가 일각돌고래일 때 이 세상의 모든 존재들은 더 좋은 삶을 살 것이다. 인류가 오늘날처럼 '인간답게' 살기 위한 파괴적 행동들을 갑자기 중단한다면 그것이 동물계 전체에 얼마나 많은 행복을 몰고 올지 생각해 보라.

인류의 지능은 우리가 생각하는 것처럼 진화의 기적이 아니다. 우리는 부모가 갓 태어난 아기를 사랑하는 것처럼 달 착륙과 거대도시 같은 우리의 작은 성취들을 사랑한다. 부모만큼 아기를 사랑하는 사람은 또 없을 것이다. 하지만 그만큼 지구가 우리를 사랑하는지 묻는다면 결코 그렇지 않다. 우리는 단지 예외적인 존재일 뿐이고, 과거와 현재의 그 어떤 동물보다 이 지구에 수많은 죽음과 파괴를 가져왔다. 우리의 많은 지적 성취는 오늘날 스스로를 멸종으로 이끄는 궤도에 올라 있다. 이것은 바로 진화가 형편없는 적응을 없애는 방법이기도 하다. 우리가 예외적인 정신과 마음을 가졌지만, 그것이 우리 자신을 파괴하는 데 혈안이 된 것처럼 보인다는 것은 엄청난 역설이다. 핑커나 〈스타트렉〉 방식의 해결책을 어떻게든 아슬아슬하게 제때 끌어낼 수 없다면 인간의 지능 그 자체가 아예 사라질 것이다.

여러분 주변의 소, 닭, 고래가 인간다운 인지능력을 갖지 못했다고 해서 불쌍히 여기는 대신 먼저 그 인지능력이 어떤 가치를 갖는지 곰곰이 생각해 보라. 여러분은 그 능력 덕분에 반려동물보다 더 많은 즐거움과 쾌락을 경험하는가? 우리 종족의 지능 덕분에 세상은 더 나은 곳이 되었을까? 만약 이 질문들에 대해 솔직하게 답을 한다면 우리의 자만심은 충분히 꺾일 것이다. 왜냐하면 우리가 지금 이 시점에서 어디로 향하느냐에 따라 인간의 지능은 지금껏 존재했던 것 중에서 가장 어리석은 무언가가 될 수도 있기 때문이다.

나가며
rrrrrr

니체 씨, 우리 이제는 좀 더 겸손해져야겠죠?

늦은 봄, 우리 집 앞 정원은 민달팽이들로 가득하다. 반짝이는 민달팽이의 점액질 자국이 현관에 이르는 진입로를 뒤덮고, 수십 마리의 민달팽이가 매일 아침 내 차 근처에서 쉬어 간다. 그럴 때면 나는 매일의 의식처럼 타이어 밑에서 민달팽이들을 빼내야 한다. 민달팽이를 으깨면서 차를 몰고 간다는 것은 도저히 상상할 수 없기 때문이다. 내게는 그것이 소시오패스의 행동처럼 느껴진다.

니는 운명처럼 평생 이런 일을 겪었다. 나는 어머니가 모든 동물들을 친구처럼 잘 대해 주는 가정에서 자랐다. 어렸을 때 어머니가 약국 앞 인도에서 허우적거리는 박쥐를 밟아 죽이려는 사람들을 쫓아낸 일이 기억난다. 소심한 성격으로는 노벨상을 받을 만했던 어머니가 사람들에게 돌아가라고 소리쳤다. 그러고는 판지 상자를 발견해 박쥐를 들어 올려 구조했다.

동물에 대해 공감하는 나의 사고방식이 어머니로부터 물려받은 것인지, 동물과 상호작용하는 어머니의 행동을 보고 배운 것인지 여부는 중요하지 않다. 나 역시 주변의 생명체들에 대해 어쩔 수 없는 공감을 느꼈다. 내가 매일 아침 타이어에서 민달팽이를 빼내느라 딸아이는 학교에 지각한 일이 적어도 한 번 이상 있었다. 그리고 나는 벌레를 으깨 죽이는 일을 용납하지 못했다. 그래서 여러 해 동안 거미를 싫어하는 사람들이나 파리를 후려쳐 죽이려는 사람들과 어색한(때로는 갈등 섞인) 대화를 나누고는 했다.

동물의 인지능력에 대한 나의 학문적 관심은 이러한 내 성장 과정이 논리적으로 확장된 결과였다. 하지만 동시에 그것은 내가 그동안 습득한 가치나 규범의 제약을 받았다. 그래서 나는 동물에 대해 실험을 하는 대신 관찰만을 토대로 연구했다. 나는 포획된 동물들로부터 데이터를 수집한 적이 없다. 내 마음속 깊은 곳에서는 동물이 갇혀 있다는 건 문제라고 여기기 때문이다. 물론 머리로만 따지면 때때로 동물의 감금이 왜 필요한지, 심지어 몇몇 종들에게는 그것이 좋은 일인지에 대한 근거를 댈수 있다. 몇몇 포획 시설은 훌륭한 연구 성과를 내며, 보존에 관심을 보이고, 동물 복지에 초점을 맞추는 등 좋은 역할을 하고 있기 때문이다. 반면, 동물 복지보다 사람들의 즐거움과 오락을 중요시하는 끔찍한 시설도 있다. 하지만 결국 어느 쪽이든 나는 그런 시설들이 이상하고 어색하다고 느낀다. 동료들은 이런 나에 대해 잘 알고 있으며, 이러한 점이 야생 돌고래 연구를 수행하지 못하게 방해하지도 않았다. 나는 나만의 방식으로 이 분야에서 무언가 기여하기를 희망한다.

그렇지만 이런 나에게도 모기만은 예외다. 나는 모기를 보면 죽인다. 나 자신을 보호하기 위해 폭력을 정당화한다. 바로 여기서 내가 가진 신념의 위선이 드러난다. 내가 만약 공리주의자라면, 즉 모든 생물의 쾌락과 즐거움을 극대화해야 한다고 여긴다면 모기를 죽이지 않는 것은 물론이고 모기가 내 피를 빨도록 내버려 두어야 한다. 나의 몸은 심각한 문제를 일으키기 전까지는 아마도 수천 번쯤 모기에 물려도 문제가 없을 테고, 그러면 수천 마리의 조그만 모기들은 즐거움을 얻을 것이다. 그렇지만 이것은 내게 터무니없는 생각 같다. 그렇게 하고 싶지도 않다.

우리 모두는 동물들을 어떻게 대하는 것이 좋은지에 대해 고유의 생각과 신념을 가지고 있다. 하지만 이런 생각의 대부분은 특별히 섬세하게 고려하거나, 복잡한 윤리적 계산의 결과물로 도출된 것이 아니다. 우리 대부분은 가족, 사회, 주변의 문화로부터 동물들을 대하는 방법을 배운다. 그리고 딱히 검증되지 않은 규범에 따라 살아간다. 예컨대 캐나다 대부분의 지역에서 돼지는 먹어도 개는 잡아먹지 않는다. 하지만 그런 행동을 금지하는 법은 없다. 실제로 여러분이 캐나다에서 개를 식용 목적으로 길렀다면 나중에 그 고기를 소시지나 수프로 자유롭게 만들 수 있다. 그럼에도 캐나다에서는 개를 먹는 관습이 보편적이지 않다. 이것은 단지 이곳 사람들이 준수하는 규범일 뿐이다.

내가 일본에서 연구를 하고 있을 때 한 동료가 고래 고기로 만든 버거를 먹겠냐고 물었다. 나는 거절했다. 그리고 내가 왜 고래를 먹지 않는지에 대해 오랜 토론을 한 끝에 동료에게 개고기로 만든 버거라면 먹겠냐고 물었다. 동료는 먹지 않겠다고 답했다. 일본인들은 개를 음식이 아닌 반려동물로 생각하기에 그 동료에게는 그것이 터무니없는 생각이었다. 나는 일본에서 개고기를 먹는 것에 대한 문화적 금기를 상당수의 북아메리카 사람들이 고래 고기에 대해서 느낀다고 설명했다. 고래의 지능, 개체 수, 잔인한 어업 관행 등에 대해 이야기할 필요가 없었다. 북아메리카에 거주하며, 원주민 출신이 아닌 나 같은 사람들이 고래를 잡아먹지 않는 이유는 그 동물을 먹는 문화적 역사가 (적어도 최근에는) 없었기 때문이다. 그것은 문화적 금기이다. 민달팽이 뒤의 점액 자국처럼 이 금기로부터 윤리적 주장들이 종종 따라 나온다.

생각해 보면 모든 것이 너무 자의적이고 제멋대로이다. 겉보기에 내 신념은 일관적이지 않다. 예컨대 나는 채식주의자가 아니다. 비록 닭들을 돌보고 이 동물의 건강과 행복을 극대화하기 위해 많은 시간을 보냈음에도, 나는 여전히 치킨 버거를 거부하지 않을 것이다. 닭이 이미 패티로 변했다는 이유로 나는 내 행동을 정당화한다. 그들의 행복 수준에 대해 걱정하기에는 너무 늦었다. 물론 내가 키우던 닭이 죽었다면 절대 먹지 않겠지만 말이다. 대신 그 닭에게는 장례식과 정중한 매장 절차를 제공할 것이다. 말도 안 된다. 그렇지 않은가? 나는 동물과의 관계를 한꺼번에 설명할 일관된 도덕적 틀을 갖고 있지 않다. 때때로 나의 신념은 서로 정면충돌하며, 겉보기에는 위선적이다.

그리고 논리적으로 일관성이 없는 것은 나뿐만이 아니다. 미국 동물 복지법에 따르면 연구를 위해 사육된 생쥐, 쥐, 새들은 아예 동물로 간주되지 않는다. 이것은 각 연구실에서 실험동물의 처우에 대한 규제를 회피할 수 있는 방법이다.[1] 미국에서 실험실 연구에 사용되는 동물의 95%는 연방법으로 본래 보장해야 했을 복지 대상에서 예외가 된다. 이러한 허점이 있는 이유는 우리가 동물의 고통에 대한 윤리적 논쟁 대신 경제적 이해 면에서 이들 동물이 어떤 가치가 있는지를 고려하고 싶어 하기 때문이다.

일단 우리가 동물들이 얼마나 고통을 받는지 알기 위해 동물의 마음에 대한 본질을 찾아 나서면 과학은 윤리적 논쟁에 휘말리게 된다. 이 책은 동물의 마음에 대한 재미있는 사실로 가득 차 있고, 나는 여러분에게 동물계에 대한 새로운 사고방식을

321

소개하고 싶다. 하지만 만약 여러분이 자동차로 민달팽이를 으깨고 지나가는 게 한 번쯤은 괜찮다거나, 그렇지 않다는 확실한 주장을 기대했다면 분명 실망할 것이다. 동물의 마음에 대한 과학은 그 자체로 여러분 행동의 도덕성에 대해 어떤 것도 말해 줄 수 없다.

　내가 여기서 펼쳤던, 모든 동물이 의식을 가졌다는 주장이 설득력 있게 들렸으면 한다. 의식은 동물들이 결정을 내리고 행동을 일으키는 데 도움을 주는 주관적 경험이다. 동물들은 시간의 흐름에 대해 무언가를 이해하고 미래에 대한 계획을 세운다. 그것이 종종 바로 앞의 일이기도 하지만 때로는 며칠 뒤의 일이기도 하다. 또한 동물들은 죽음에 대해 무언가를 이해한다. 세상일이 언제, 어떻게 흘러가는지에 대한 정보를 축적함으로써 이런 지식을 얻는다. 비록 왜 그렇게 되는지는 몰라도 말이다. 동물들은 융통성 없는 본능을 통해 행동을 형성하는 대신 주변 환경과 학습된 정보에 노출되며 내재된 성향과 기대를 수정하는 과정을 거치면서 행동한다. 동물들은 누군가를 속일 수 있다. 동물들은 의도와 목표를 가졌다. 그뿐만 아니라 동물은 사회적 행동을 이끄는 규범을 가졌고, 그것이 그들에게 무엇이 공정하고 그들과 다른 개체가 어떻게 대우받아야 하는지 알려 준다. 이 모든 인지적 기술들은 지난 수백만 년 동안 인간이 아닌 동물들이 지구상에서 번성하도록 도왔다. 인간만의 능력인, 추가적인 인지적 기술들(예컨대 언어나 마음 이론, 인과적 추론, 죽음에 대한 지혜 등)은 비교적 새로 생겨난 추가물일 뿐이다. 그리고 아직 무엇이 쓸모 있는지 정하는 위대한 결정권자인 자연선택 앞에서 스스로의 가치를 증명하지 못했다.

동물의 인지능력에 대한 이런 모든 지식을 갖췄음에도 내가 매일 아침 우리 집 진입로의 민달팽이들을 구한 것이 그렇게 정신 나간 행동일까? 이 질문은 나에게 의미 있는 두 가지 물음으로 귀결된다. 첫째, 민달팽이는 세상을 어떻게 경험할까? 둘째, 우리는 그들을 어떻게 대해야 할까?

민달팽이들은 욕구나 목표뿐만 아니라 즐거움, 고통, 만족 등의 의식적인 감각을 경험하는 방식으로 세상을 살아간다. 내가 민달팽이들을 구하는 이유는 이 동물을 죽이는 것이 슬프기 때문이다. 수십억 년 동안 존재하지 않다가 기적적으로 존재하게 된 작은 동물에 대한 무심한 처사처럼 느껴지기 때문이다. 어떤 존재가 지금 여기에 있고, 이 세상을 경험할 능력을 갖췄다는 것은 정말 기적과도 같다. 나는 민달팽이가 일생을 일찍 끝마치게 된 원인이 내가 아니었으면 해서 내가 할 수 있는 역할을 다하고 싶다.

나는 독자 여러분이 이 책을 읽고 나서 동물들도 우리가 탐구할 만한 감각질로 가득 찬 마음을 가졌다는 사실을 알게 되어 즐거워했으면 한다. 그리고 우리 인간의 정신과 마음이 모든 경이로움과 대단함의 전부이자 끝이 아니며, 그런 지적 우월감으로 동물의 고통에 대한 무관심을 정당화해서는 안 된다는 사실

좀 더 겸손해져야겠죠?

을 알게 되었으면 한다.

즐거움과 쾌락의 극대화가 삶과 인생의 궁극적 목표일까? 나는 그렇다고 생각한다. 어쩌면 사랑의 양을 극대화하는 것이 목표일 수도 있지만 말이다. 과학자답게 사고하면서 '사랑'이라는 단어를 꺼내는 것이 불편할 수도 있다. 하지만 동물의 인지 능력을 다룬 이 책에서 그것에 대해 너무 가혹하게 판단할 필요도 없다. 사랑은 보다 화려하고 멋진 펜으로 써 나간 쾌락에 지나지 않는다. 그것의 생물학적 가치는 명백하다. 나는 내 닭들을 사랑하며, 내 닭들은 여기에 대한 보답으로 어쩌면 나를 사랑할지도 모른다. 이것은 우리 모두를 더 행복하게 할 뿐만 아니라 더 건강하게 만든다. 행복하고 건강한 동물이 최고의 새끼를 낳는다. 진화가 관심을 갖는 것은 그것뿐이다. 진화가 사랑에 가치를 두는 이유는 우리가 사랑을 중요시하기 때문이다. 우주 전체적으로는 사랑 같은 것이 쓸모가 없다고 해도 말이다.

니체는 이렇게 말했다. "사랑을 위해 행해지는 모든 것들은 항상 선과 악을 넘어서 일어난다."[2]

이제 나도 이런 감상적인 생각을 지지할 수 있다.

감사의 말

책을 쓰는 것은 이상하리만큼 감정적인 과정일 수 있다. 자신에 대한 회의, 우유부단, 무력한 자각, 반쯤은 망상적인 깨달음이 가득하기 때문이다. 이런 상황에서 갓 내린 커피 한 잔을 들고 온전한 정신으로 우리를 안내하는 것은 주변 사람들이다. 그들을 소개하겠다.

내가 분별력을 유지하도록 그 누구보다 힘써 준 사람은 언제나 그래 왔고, 앞으로도 그렇듯 아내 랑케 드 브리스일 것이다. 아내는 평소에 내게 커피를 만들어 주었을 뿐 아니라 내가 보내준 책의 초안 한 장 한 장에 대해 피드백을 주었다. 그리고 내가 아이디어를 검토하면서 안락의자에 앉아 내뱉는 독백을 들어 주었다. 지루한 과정임이 틀림없었겠지만, 아내는 전혀 불평하지 않고 그 일을 해 주었다. 여기에 대해 너무도 감사한다. 또한 딸아이 밀라는 비록 나의 독백을 들어 주려는 의향은 훨씬 미미했어도, 매일 나를 웃게 해 주었다.

그리고 이 책을 둘러싼 모든 일은 처음부터 내 출판 에이전트인 리사 디모나 덕분에 벌어졌다. 리사는 모든 이에게 꼭 필요한 그런 사람이다. 리사는 나의 옹호자이자 내 아이디어를 듣고 괜찮은지 판단해 주는 사람으로, 그녀의 영향권 안에 있다는 것은 내게 굉장한 행운이었다. 지금도 리사에게서 온 이메일을 받은 편지함에서 볼 때마다 가슴이 두근거린다.

또 프로노이 사카르도 빼놓을 수 없다. 표지의 내 이름 옆에 다른 누군가의 이름이 들어간다면 바로 그일 것이다. 프로노이는 나의 담당 편집자일 뿐만 아니라 이 책이라는 아이의 공동 부모이기도 하다. 그는 이 책을 지지하며 전체 프로젝트의 촉매 역할을 했고 내가 책 속에서 주장을 구성하는 데 전문적인 가이드가 되어 주었다. 프로노이가 내 편이라는 것은 정말 기쁜 일이었고 특권과도 같았다.

그리고 리틀 브라운 앤드 컴퍼니의 모든 팀원들에게도 감사드린다. 판타 디알로, 브루스 니콜스, 린다 아렌즈, 마리아 에스피노사, 스테이시 슈크, 캐서린 에이키, 줄리아나 호바체프스키, 루시 킴, 멜리사 매틀린, 그리고 나의 교열 담당자였던 스콧

윌슨이 그들이다. 이들은 초기 원고를 읽고 짧게 간추렸으며(특히 조너선 밸컴과 바버라 킹과 관련된 부분이 특히 그랬다) 친절한 말만 해 준 것이 아니라 몇 가지 난처한 문제를 발견해 최종 원고에서 수정하도록 이끌었다.

또 이 책을 쓰는 과정에서 인터뷰에 응해 나와 대화를 나눈 여러 전문가들에게도 감사의 말을 전한다. 조디 그린, 댄 아헌, 수잔나 몬소, 세르게이 부다예프, 마이클 할러, 마이크 맥캐스킬, 로렌 스탠턴, 에반 웨스트라가 그들이다. 또 니체의 글이 독일어로부터 제대로 번역되었는지 확인해 준 마리 루이스 테우어카우프와 쇼쇼니어 번역을 확인해 준 마리안나 디 파올로에게도 감사를 전한다.

이 책에는 안드레아 보이드(그리고 그녀의 개 루시와 클로버), 모니카 슈그라프, 마이클 카디널-오코인, 브렌던 아헨을 비롯한 여러 친구들이 등장했는데, 글을 통해 그들을 약간이나마 유명하게 또는 악명 높게 만들도록 허락해 준 데 대해 고마워해야 할 듯하다. 또한 러셀 와이즈, 클레어 포셋, 크리스티 로모어, 더그 알 마이니를 포함해 이 책 속에 등장하는 나의 아이디어에 대해 기꺼이 대화 상대가 되어 준 학구적인 여러 친구들에게도 고마움을 전한다. 또 존 그레이엄 폴(그리고 도로시 랜더도!), 피터 스미스, 앤 루이즈 맥도널드를 포함해 내 책에 대한 초기 아이디어를 지지해 준 작가 모임의 사람들에게 특별히 고마움을 전하고 싶다. 글쓰기 모임의 친구일 뿐 아니라 내 글의 옹호자로 여러 해 동안 조언과 지지를 해준 앵거스 맥코울에 대해서도 감사를 전하고 싶다.

또 지난 몇 년 동안 글쓰기에 대한 나의 야망을 격려해 준 여러 예술적 공모자들과 친구들에게도 감사를 표한다. 로라 티스데일(내 즉흥 연주와 음악의 뮤즈), 리치 그룹(줄리아, 피터, 해리엇), 데이브 로렌스(내 팟캐스트의 뮤즈이자 이 책 전체를 처음 읽은 사람들 중 한 명), 젠 프리들(나의 귀중품 보관소이자 치어리더), 에린 콜, 마이클 링크레터, 스티브 스타마토풀로스, 애슐리 셉하드, 나타샤 맥키넌, 롭 헐, 앨런 브릭스, 우에무라 아야미, 브렌던 루시, 제임스 브링크, 젠 맥도널드가 그들이다. 세상에, 생각해 보니 내가 감사해야 할 사람들이 너무 많다. 모두들 감사하고 사랑한다!

그리고 나와 함께 많은 시간 허튼소리를 나누며 즐거움과 웃음을 주고 책을 집필하는 과정에서 머리를 식히게 해 줬던 제이크 핸런, 폴 타이넌, 보텍 토카르즈, 존 랭던, 세라 오툴, 도노반 퍼셀, 로빈 맥두걸, 벤 레인 스미스, 그레이스 레인 스미스를 포함한 수백 명(아니, 수천 명?)의 술친구들도 다들 고맙다. 책에도 등장한 바 있는 아빠 밴드 친구들도 빼놓을 수 없다. 줄리엔 랜드리, 라이언 루크먼, 코리 비숍, 에이드리언 카메론이 그들이다. 넷플릭스 친구들인 도나 트렘빈스키, 마이클 스피린, 수잔 호크스, 코리 러시턴에게도 고마움을 전한다. 또한 세인트 프란시스 자비에StFX의 여러 동료들과 친구들, 그리고 돌고래 커뮤니케이션 프로젝트의 오랜 친구들과 파트너들에게 특별한 감사

감사의 말

를 표한다. 캐슬린 더진스키, 켈리 멜릴로 스위팅, 존 앤더슨이 그들이다. 여러분은 지난 몇 년간 정말 멋진 동료들이었고 내가 거둔 성공의 대부분은 우리의 협력 덕분이다.

캐나다 여행을 함께해 준 마이케 반 덴 버그와 마르셀 반 덴 버그, 차이멘, 페펀, 마델리에프, 그리고 고향인 뉴잉글랜드와 네덜란드에 있는 가족들, 여러 해 동안 나와 함께 웃고 즐겼던 전 세계의 여러 지인과 친구들에게도 감사한다.

그리고 내가 살면서 만났던 모든 동물들에게 매우 특별한 감사를 전한다. 야생동물이든 가축이든 이토록 여러 동물들과의 관계가 없었다면 이 책은 존재하지 않았을 것이다. 매일 아침 우리 집 데크에서 나를 맞이하는 까마귀들부터 (이 책에도 등장하는) 고양이 오스카, 그리고 나에게 기쁨을 안겨 주는 닭들(에코, 베키 박사, 고스트, 스펙터, 토파즈, 섀도, 미스트, 커퍼, 브라우니, 머핀, 모카, 송, 드래곤)을 여기에서 언급하고 싶다. 내 인생 첫 동물 친구였던 티거도 빠트릴 수 없다.

다들 감사드린다. 나의 다음 책도 기대해 주기 바란다!

주
〰〰〰〰

들어가며

1 Nietzsche, F. W. (1964). *Thoughts out of season, part II* (see "Schopenhauer as Educator"). Trans. A. Collins. Russell and Russell.

2 "모든 시대의 심오한 지성들은 동물들을 불쌍히 여겨 왔다. 왜냐하면 동물들은 고통을 자신으로부터 돌릴 힘이 없고 그들의 존재를 형이상학적으로 이해할 힘이 없기 때문이다." Nietzsche, F. W. (2011). *Thoughts out of season, part II*. Project Gutenberg.

3 3. Nicholsen, S. W. (1997). *Untimely meditations*, trans. R. J. Hollingdale.

4 Hemelsoet, D., Hemelsoet, K., & Devreese, D. (2008). The neurological illness of Friedrich Nietzsche. *Acta neurologica belgica*, *108*(1), 9.

5 *Ecce Homo, Twilight of the Idols*, and *The Antichrist*.

6 Young, J. (2010). *Friedrich Nietzsche: A philosophical biography*. Cambridge University Press, 531.

7 Diethe, C. (2003). *Nietzsche's sister and the will to power: A biography of Elisabeth Förster-Nietzsche* (Vol. 22). University of Illinois Press.

8 니체가 토리노에서 말을 보고 겪었던 이 사건의 출처가 불분명하다는 의견도 있다.

9   Hemelsoet, D., Hemelsoet, K., & Devreese, D. (2008). The neurological illness of Friedrich Nietzsche. *Acta neurologica belgica*, *108*(1), 9.

10 Monett, D. and Lewis, C. W. P. (2018). Getting clarity by defining Artificial Intelligence—A Survey. In Muller, V. C., ed., *Philosophy and Theory of Artificial Intelligence* 2017, volume SAPERE 44. Springer. 212-214.

11 Wang, P. (2008). What do you mean by "AI"? In Wang, P., Goertzel, B., and Franklin, S., eds., *Artificial General Intelligence* 2008. Proceedings of the First AGI Conference, Frontiers in Artificial Intelligence and Applications, volume 171. IOS Press. 362-373.

12 Monett, D., Lewis, C. W., & Thórisson, K. R. (2020). Introduction to the JAGI Special Issue "On Defining Artificial Intelligence"—Commentaries and Author's Response. *Journal of Artificial General Intelligence*, 11(2), 1-100.

13 Spearman, C. (1904). "General Intelligence," objectively determined and measured. *American Journal of Psychology*, 15(2): 201-293. doi:10.2307/1412107

14 aip.org/history-programs/niels-bohr-library/oral-histories/30591-1

15 Lattman, P. (2007, September 27). The origins of Justice Stewart's "I know it when I see it." *Wall Street Journal*. LawBlog. Retrieved December 31, 2014.

16 Diethe, C. (2003). *Nietzsche's sister and the will to power: A biography of Elisabeth Förster-Nietzsche* (Vol. 22). University of Illinois Press.

17 Salmi, H. (1994). Die Sucht nach dem germanischen Ideal. Bernhard Förster (1843-1889) als Wegbereiter des Wagnerismus. *Zeitschrift für Geschichtswissenschaft*, 6, 485-496.

18 Ellison, K. (1998, September 10). 인종적 순수성은 정글 속에서 사라졌다. 정착자들은 파라과이를 아리아계 초인 종족을 탄생시킬 장소로 여겼다. 하지만 그들은 질병과 열병, 근친교배를 고려하지 않았다. *The Baltimore Sun*. Retrieved from baltimoresun.com/news/bs-xpm-1998-09-10-199 8253112-story.html

19 Leiter, B. (2015, December 21). Nietzsche's Hatred of "Jew Hatred." Review of *Nietzsche's Jewish problem: Between anti-Semitism and anti-Judaism* by Robert C. Holub. *The New Rambler*.

20 Nietzsche, F. W. (1901). *Der wille zur macht: versuch einer umwerthung aller werthe (studien und fragmente)*. Vol. 15. CG Naumann.

21 Macintyre, B. (2013). *Forgotten fatherland: The search for Elisabeth Nietzsche*. A&C Black.

22 Santaniello, W. (2012). *Nietzsche, God, and the Jews: His critique of Judeo-Christianity in relation to the Nazi myth*. SUNY Press.

23 Golomb, J., & Wistrich, R. S. (Eds.). (2009). *Nietzsche, godfather of fascism?: On the uses and abuses of a philosophy.* Princeton University Press.

24 Southwell, G. (2009). *A beginner's guide to Nietzsche's Beyond Good and Evil.* John Wiley & Sons.

25 Nietzsche, F. W. (2018). *The twilight of the idols.* Jovian Press.

26 내 이웃이자 니체를 연구하는 학자인 댄 아헨은 니체가 "사람들이 흔히 생각하는 것처럼 인간 혐오자라기보다는 선하고 온화하며 예의 바른 사람"이라고 묘사했다.

27 미국 홀로코스트 기념관 및 박물관(2019년 2월 4일). 이곳에서는 홀로코스트와 나치 박해의 희생자가 몇 명이었는지 기록하고 있다.

1장

1 Nietzsche, F. W. (1887). *Die fröhliche Wissenschaft*: ("*La gaya scienza*"). E. W. Fritzsch. Translated from this passage: "Der Mensch ist allmählich zu einem phantastischen Tiere geworden, welches eine Existenz-Bedingung mehr als jedes andre Tier zu erfüllen hat: der Mensch muß von Zeit zu Zeit glauben, zu wissen, warum er existiert."

2 Ringer에 마이크를 소개해 준 데이비드 힐에게 감사드린다. Hill, D. (2021, February 16). The beach bum who beat Wall Street and made millions on GameStop. The Ringer. theringer.com/2021/2/16/22284786/gamestop-stock-wall-street-short-squeeze-beach-volleyball-referee

3 Gilbert, B. (2020, January 23). The world's biggest video game retailer, GameStop, is dying: Here's what led to the retail giant's slow demise. *Business Insider.* businessinsider.com/gamestop-worlds-biggest-video-game-retailer-decline-explained-2019-7

4 markets.businessinsider.com/news/stocks/gamestop-stock-price-retail-traders-shorts-citron-andrew-left-gme-2021-1-1029994276

5 King, M. (2013, January 13). Investments: Orlando is the cat's whiskers of stock picking. *The Guardian.* theguardian.com/money/2013/jan/13/investments-stock-picking

6 Video game Michael Pachter analyst weighs in on GameStop's earnings call. (2021, March 26) CNBC. youtube.com/watch?v=fOJV_qaJ2ew

7 McBrearty, S., & Jablonski, N. G. (2005). First fossil chimpanzee. *Nature*, 437(7055), 105-108.

8 Karmin, M., et al. (2015). A recent bottleneck of Y chromosome diversity coincides with a global change in culture. *Genome Research*, 25(4), 459-466.

9   인간 두뇌의 정확한 모양은(비록 크기는 아니지만) 10만 년 전에서 3만 5,000년 전 사이에 제자리를 찾아 정착했을 것이다. 하지만 바링고에 살던 우리의 친척들은 오늘날의 인류와 인지능력 면에서 매우 비슷했음이 틀림없다. See Neubauer, S., Hublin, J. J., & Gunz, P. (2018). The evolution of modern human brain shape. *Science Advances*, 4(1), eaao5961.

10 Zihlman, A. L., & Bolter, D. R. (2015). 호모사피엔스와 비교했을 때 보노보의 체성분은 이후 인간의 진화 과정에 영향을 미쳤다. *Proceedings of the National Academy of Sciences*, 112(24), 7466-7471.

11 bbc.com/earth/story/20160204-why-do-humans-have-chins

12 Brown, K. S., et al. (2009). Fire as an engineering tool of early modern humans. *Science*, 325(5942), 859-862.

13 Aubert, M., et al. (2019). Earliest hunting scene in prehistoric art. *Nature*, 576(7787), 442-445.

14 Culotta, Elizabeth. (2009). On the origin of religion. Science, 326(5954). 784-787. 10.1126/science.326_784

15 Snir, A., et al. (2015).The Origin of Cultivation and Proto-Weeds, Long Before Neolithic Farming. *PLOS ONE*, 10(7): e0131422 DOI: 10.1371/journal.pone.0131422

16 *Burrowing bettong*. (n.d.). Australian Wildlife Conservancy. australianwildlife.org/wildlife/burrowing-bettong/

17 Tay, N. E., Fleming, P. A., Warburton, N. M., & Moseby, K. E. (2021). Predator exposure enhances the escape behaviour of a small marsupial, the burrowing bettong. *Animal Behaviour*, 175, 45-56.

18 Visalberghi, E., & Tomasello, M. (1998). Primate causal understanding in the physical and psychological domains. *Behavioural Processes*, 42(2-3), 189-203.

19 Suddendorf, T. (2013). *The gap: The science of what separates us from other animals*. Constellation.

20 Millikan, R. (2006). Styles of rationality. In S. Hurley & M. Nudds (Eds.). *Rational animals?*, 117-126.

21 Jacobs, I. F., & Osvath, M. (2015). The string-pulling paradigm in comparative psychology. *Journal of Comparative Psychology*, 129(2), 89.

22 Heinrich, B. (1995). An experimental investigation of insight in common ravens (Corvus corax). *The Auk*, 112(4), 994-1003.

23 Taylor, A. H., et al. (2010). An investigation into the cognition behind spontaneous string pulling in New Caledonian crows. *PloS one*, 5(2), e9345.

24 Völter, C. J., & Call, J. (2017). Causal and inferential reasoning in animals. In G. M Burghardt, I. M. Pepperberg, C. T. Snowdon, & T. Zentall (Eds). *APA handbook of comparative psychology Vol. 2: Perception, learning, and cognition.* American Psychological Association, 643-671.

25 Owuor, B. O., & Kisangau, D. P. (2006). Kenyan medicinal plants used as anti-venin: a comparison of plant usage. *Journal of Ethnobiology and Ethnomedicine,* 2(1), 7.

26 Luft, D. (2020). Medieval Welsh medical texts. Volume one: the recipes. University of Wales Press, 96 (Welsh text on 97).

27 Harrison, F., et al.. (2015). A 1,000-year-old antimicrobial remedy with anti-staphylococcal activity. MBio, 6(4).

28 Mann, W. N. (1983). G. E. R. Lloyd (ed.). Hippocratic writings. Translated by J. Chadwick. Penguin, 262.

29 이것이 어떤 메커니즘으로 작동하는지는 명확하지 않다. 뱀의 독은 이븐시나를 비롯한 체액설 전문가들에게 뜨겁다고 여겨졌다. 그리고 이븐시나는 닭의 엉덩이 역시 뜨거운 성질을 가진다고 생각했는데, 아마 엉덩이에서 대변이 나오고 대변과 배설물은 뜨거운 것으로 여겨졌을 가능성이 크다. 그렇기에 어쩌면 둘 다 뜨겁다는 이유로 똥이 묻은 닭 엉덩이는 뱀독을 뽑아낸다고 여겨졌을 수 있다. 이런 것들에 대한 전문가인 내 아내는 이 문제에 대해 중세 연구자들과 자칫 충돌하지 않도록 함부로 추측하지 말라고 조언했다. 이 주제에 대한 자세한 내용은 다음 글을 참고하라. Walker-Meikle, K. (2014). Toxicology and treatment: medical authorities and snake-bite in the middle ages. *Korot,* 22: 85-104. Vries, R. de (2019). A short tract on medicinal uses for animal dung. *North American Journal of Celtic Studies,* 3(2), 111-136.

30 Collier, R. (2009). Legumes, lemons and streptomycin: A short history of the clinical trial. *Canadian Medical Association Journal, 180*(1): 23-24.

31 Schloegl, C., & Fischer, J. (2017). Causal reasoning in nonhuman animals. *The Oxford Handbook of Causal Reasoning,* 699-715.

32 Huffman, M. A. (1997). Current evidence for self-medication in primates: A multidisciplinary perspective. *American Journal of Physical Anthropology: The Official Publication of the American Association of Physical Anthropologists,* 104(S25), 171-200.

33 pnas.org/content/111/49/17339

34 Levenson, R. M., Krupinski, E. A., Navarro, V. M., & Wasserman, E. A. (2015). Pigeons (Columba livia) as trainable observers of pathology and radiology breast

cancer images. *PloS one*, *10*(11), e0141357.

35 Morton, S. G., & Combe, G. (1839). *Crania Americana; or, a comparative view of the skulls of various aboriginal nations of North and South America: to which is prefixed an essay on the varieties of the human species.* Philadelphia: J. Dobson; London: Simpkin, Marshall.

36 Cotton-Barratt, O., et al. (2016). Global catastrophic risks. A report of the Global Challenges Foundation/Global Priorities Project.

2장

1 Nietzsche, F. W. (2015). *Über Wahrheit und Lüge im außermoralischen Sinn:* (*"Was bedeutet das alles?"*). Reclam Verlag. Translated from this passage: "Was ist also Wahrheit? Ein bewegliches Heer von Metaphern, Metonymien, Anthropomorphismen, kurz eine Summe von menschlichen Relationen, die, poetisch und rhetorisch gesteigert, übertragen, geschmückt wurden und die nach langem Gebrauch einem Volke fest, kanonisch und verbindlich dünken: die Wahrheiten sind Illusionen, von denen man vergessen hat, daß sie welche sind."

2 Bogus Lancashire vet jailed after botched castration. (2010, January 11). BBC News. news.bbc.co.uk/2/hi/uk_news/england/merseyside/8453020.stm

3 Tozer, J, & Hull, L. (2010, January 12). Bogus doctor and vet who conned patients out of more than £50,000 jailed for 2 years. *The Daily Mail.* dailymail.co.uk/news/article-1242375/Bogus-doctor-conned-patients-50-000-pay-child-maintenance-jailed.html

4 The man who exposed bogus GP Russell Oakes speaks. (2010, January 12). *Liverpool Echo.* liverpoolecho.co.uk/news/liverpool-news/man-who-exposed-bogus-gp-3433329

5 Equine osteopath used forged degree to register as a vet. (2008, March 20). Horse & Hound. horseandhound.co.uk/news/equine-osteopath-used-forged-degree-to-register-as-a-vet-199362

6 The man who exposed bogus GP Russell Oakes speaks. (2010, January 12). Liverpool Echo. liverpoolecho.co.uk/news/liverpool-news/man-who-exposed-bogus-gp-3433329

7 Bogus Lancashire vet jailed after botched castration. (2010, January 11). BBC News. http://news.bbc.co.uk/2/hi/uk_news/england/merseyside/8453020.stm

8 How bogus GP Russell Oakes made others in Merseyside believe his lies. (2010, January 12). Liverpool Echo. liverpoolecho.co.uk/news/liverpool-news/how-bo-

9 Fraudulent vet: The bigger picture (2010, June) RCVS News. The Newsletter of the Royal College of Veterinary Surgeons.

10 Souchet, J., & Aubret, F. (2016). Revisiting the fear of snakes in children: the role of aposematic signalling. *Scientific reports*, 6(1), 1-7.

11 Merriam-Webster. (n.d.). Aichmophobia. In Merriam-Webster. com dictionary. merriam-webster.com/dictionary/aichmophobia

12 Nietzsche, F. W. (1994). *Nietzsche: "On the genealogy of morality" and other writings*. Cambridge University Press.

13 Gallup, G. G. (1973). Tonic immobility in chickens: Is a stimulus that signals shock more aversive than the receipt of shock? *Animal Learning & Behavior*, 1(3), 228-232.

14 다음 자료를 참고하라. Byrne, R. W., & Whiten, A. (1985). Tactical deception of familiar individuals in baboons (Papio ursinus). *Animal Behaviour*, 33(2), 669-673. And also: Whiten, A., & Byrne, R. W. (1988). Tactical deception in primates. *Behavioral and brain sciences*, 11(2), 233-244.

15 Brown, C., Garwood, M. P., & Williamson, J. E. (2012). It pays to cheat: tactical deception in a cephalopod social signalling system. *Biology letters*, 8(5), 729-732.

16 Heberlein, M. T., Manser, M. B., & Turner, D. C. (2017). Deceptivelike behaviour in dogs (Canis familiaris). *Animal Cognition*, 20(3), 511-520.

17 '마음 이론(Theory of mind)'은 1978년 데이비드 프레맥(David Premack)과 가이 우드러프(Guy Woodruff)에 의해 만들어진 용어이다. Premack, D., & Woodruff, G. (1978). Does the chimpanzee have a theory of mind? *Behavioral and Brain Sciences*, 1(4), 515-526.

18 Krupenye, C., & Call, J. (2019). Theory of mind in animals: Current and future directions. *Wiley Interdisciplinary Reviews: Cognitive Science*, 10(6), e1503.

19 Krupenye, C., et al. (2016). Great apes anticipate that other individuals will act according to false beliefs. *Science*, 354(6308), 110-114.

20 Oesch, N. (2016). Deception as a derived function of language. *Frontiers in Psychology*, 7, 1485.

21 여기 등장하는 레오 코레츠의 이야기는 딘 욥(Dean Jobb)이 연구를 거쳐 펴낸 훌륭한 책 『사기의 제국(Empire of Deception)』(Harper Avenue, 2015)에서 확인할 수 있다.

22 Levine, T. R. (2019). *Duped: Truth- default theory and the social science of lying*

and deception. University of Alabama Press.

23 Serota, K. B., Levine, T. R., & Boster, F. J. (2010). The prevalence of lying in America: Three studies of self-reported lies. *Human Communication Research*, 36(1), 2-25.

24 Curtis, D. A., & Hart, C. L. (2020). Pathological lying: Theoretical and empirical support for a diagnostic entity. *Psychiatric Research and Clinical Practice*, appi-prcp.

25 Paige, L. E., Fields, E. C., & Gutchess, A. (2019). Influence of age on the effects of lying on memory. *Brain and Cognition, 133*, 42-53.

26 이것은 증인을 심문하는 실제 방식이다. 다음을 참고하라. Walczyk, J. J., Igou, F. D., Dixon, L. P., & Tcholakian, T. (2013). Advancing lie detection by inducing cognitive load on liars: a review of relevant theories and techniques guided by lessons from polygraph-based approaches. *Frontiers in Psychology, 4*, 14.

27 Chandler, M., Fritz, A. S., & Hala, S. (1989). Small-scale deceit: Deception as a marker of two-, three-, and four-year-olds' early theories of mind. *Child Development*, 60(6), 1263-1277.

28 Talwar, V., & Lee, K. (2008). Social and cognitive correlates of children's lying behavior. *Child Development, 79*(4), 866-881.

29 Jensen, L. A., Arnett, J. J., Feldman, S. S., & Cauffman, E. (2004). The right to do wrong: Lying to parents among adolescents and emerging adults. *Journal of Youth and Adolescence, 33*(2), 101-112.

30 Knox, D., Schacht, C., Holt, J., & Turner, J. (1993). Sexual lies among university students. *College Student Journal*, 27(2), 269-272.

31 다음 논문의 정의를 참고하라. Petrocelli, J. V. (2018). Antecedents of bullshitting. *Journal of Experimental Social Psychology*, 76, 249-258. And Turpin, M. H., et al. (2021). Bullshit Ability as an Honest Signal of Intelligence. *Evolutionary Psychology, 19*(2), 14747049211000317.

32 '트루시니스(진실성)'이라는 단어는 2005년 스티븐 콜버트(Stephen Colbert)의 〈콜버트 보고서(The Colbert Report)〉를 통해 세상에 처음 등장했으며, 이후 2006년 미리엄 웹스터 사전에서 '올해의 단어'로 뽑혔다. 여기에 제공된 정의는 옥스퍼드 사전에서 뽑아 수록했다.

33 Turpin, M. H., et al. (2021). Bullshit ability as an honest signal of intelligence. *Evolutionary Psychology*, 19(2), 14747049211000317.

34 Templer, K. J. (2018). Dark personality, job performance ratings, and the role of political skill: An indication of why toxic people may get ahead at work. *Person-*

ality and Individual Differences, 124, 209-214.

35 Templer, K. (2018). Why do toxic people get promoted? For the same reason humble people do: Political skill. *Harvard Business Review*, 10.

36 cnn.com/2017/10/17/politics/russian-oligarch-putin-chef-troll-factory/index. html

37 Rosenblum, N. L., & Muirhead, R. (2020). *A lot of people are saying: The new conspiracism and the assault on democracy*. Princeton University Press.

38 Department of Justice. (2018). Grand jury indicts thirteen Russian individuals and three Russian companies for scheme to interfere in the United States political system. Department of Justice.

39 Broniatowski, D. A., et al. (2018). Weaponized health communication: Twitter bots and Russian trolls amplify the vaccine debate. *American Journal of Public Health*, 108(10), 1378-1384.

40 Reinhart, R. (2020, January 14). Fewer in US continue to see vaccines as important. *Gallup*.

41 callingbullshit.org/syllabus.html

42 Bergstrom, C. T., & West, J. D. (2020). *Calling bullshit: The art of skepticism in a data-driven world*. Random House.

43 Henley, J. (2020, January 29). How Finland starts its fight against fake news in primary schools. *The Guardian*. theguardian.com/world/2020/jan/28/fact-from-fiction-finlands-new-lessons-in-combating-fake-news

44 Lessenski, M. (2019). Just think about it. Findings of the Media Literacy Index 2019. Open Society Institute Sophia. osis. bg/?p=3356&lang=en

45 헛소리 탐지에 대한 유용한 기법에 대해서는 1995년에 출간된 칼 세이건의 저서인 『악령이 출몰하는 세상』의 한 챕터, 「헛소리를 탐지하는 기술」과 사회 심리학자 존 페트로첼리의 『우리가 혹하는 이유』를 참고하라.

3장

1 Nietzsche, F. W. (1887). *Die fröhliche Wissenschaft: ("La gaya scienza")*. E. W. Fritzsch. Translated from this passage: "Wie seltsam, daß diese einzige Sicherheit und Gemeinsamkeit fast gar nichts über die Menschen vermag und daß sie am weitesten davon entfernt sind, sich als die Brüderschaft des Todes zu fühlen!"

2 Selk, A. (August 12, 2018). Update: Orca abandons body of her dead calf after a heartbreaking, weeks- long journey. *The Washington Post*. washingtonpost. com/news/animalia/wp/2018/08/10/the-stunning-devastating-weeks-long-jour-

ney-of-an-orca-and-her-dead-calf/

3   Orcas now taking turns floating dead calf in apparent mourning ritual. (2018, July 31). CBC Radio. cbc.ca/radio/asithappens/as-it-happens-tuesday-edition-1.4768344/orcas-now-appear-to-be-taking-turns-floating-dead-calf-in-apparent-mourning-ritual-1.4768349

4   Mapes, L. W. (2018, August 8). "I am sobbing": Mother orca still carrying her dead calf—16 days later. *The Seattle Times*. seattle times.com/seattle-news/environment/i-am-sobbing-mother-orca-still-carrying-her-dead-calf-16-days-later/

5   Howard, J. (2018, August 14). The "grieving" orca mother? Projecting emotions on animals is a sad mistake. *The Guardian*. theguardian.com/commentisfree/2018/aug/14/grieving-orca-mother-emotions-animals-mistake

6   Darwin, C. (1871). *The descent of man*. London, UK: John Murray.

7   King, B. J. (2013). *How animals grieve*. University of Chicago Press.

8   Gonçalves, A., & Biro, D. (2018). Comparative thanatology, an integrative approach: exploring sensory/cognitive aspects of death recognition in vertebrates and invertebrates. *Philosophical Transactions of the Royal Society B: Biological Sciences, 373*(1754), 20170263.

9   Mayer, P. (2013, May 27). Questions for Barbara J. King, author of "How animals grieve." NPR. npr.org/2013/05/27/185815445/questions-for-barbara-j-king-author-of-how-animals-grieve

10   Monsó, S., & Osuna-Mascaró, A. J. (2021). Death is common, so is understanding it: The concept of death in other species. *Synthese*, 199, 2251-2275.

11   Monsó, S., & Osuna-Mascaró, A. J. (2021). Death is common, so is understanding it: the concept of death in other species. *Synthese*, 199, 2251-2275.

12   Nicholsen, S. W. (1997). *Untimely Meditations*, trans. R. J. Hollingdale.

13   de Winter, N. J., et al. (2020). Subdaily-scale chemical variability in a Torreites sanchezi rudist shell: Implications for rudist paleobiology and the Cretaceous day-night cycle. *Paleoceanography and Paleoclimatology, 35*(2), e2019PA003723.

14   수면에 대한 자세한 내용은 다음의 훌륭한 책을 참고하라. Walker, M. (2017). *Why we sleep: Unlocking the power of sleep and dreams*. Simon and Schuster.

15   Suddendorf, T., & Corballis, M. C. (2007). The evolution of foresight: What is mental time travel, and is it unique to humans? *Behavioral and brain sciences*, 30(3), 299-313.

16   다음 글에서 제공한 정의를 채용했다. Hudson, J. A., Mayhew, E. M., & Prabhakar, J. (2011). The development of episodic foresight: Emerging concepts and

methods. *Advances in Child Development and Behavior*, 40, 95-137.

17 유타 대학교와 WRMC 쇼쇼니 언어 프로젝트 및 아메리카 원주민 언어 센터의 책임자인 마리안나 디 파올로(Marianna Di Paolo)에게 감사드린다. 파올로 덕분에 이 새의 쇼쇼니어 명칭을 확인할 수 있었다. 그에 따르면 "투코치라는 단어는 쇼쇼니 족의 땅 전역에서 널리 사용되며, 아마 1,000년도 넘는 먼 옛날부터 그렇게 쓰였을 것"이다.

18 Ogden, L. (2016, November 11). Better know a bird: The Clark's nutcracker and its obsessive seed hoarding. *Audubon*. audubon.org/news/better-know-bird-clarks-nutcracker-and-its-obsessive-seed-hoarding

19 Hutchins, H. E., & Lanner, R. M. (1982). The central role of Clark's nutcracker in the dispersal and establishment of whitebark pine. *Oecologia*, 55(2), 192- 201.

20 Balda, R. P., & Kamil, A. C. (1992). Long-term spatial memory in Clark's nutcracker, Nucifraga columbiana. *Animal Behaviour*, 44(4), 761-769.

21 Suddendorf, T., & Redshaw, J. (2017). Anticipation of future events. *Encyclopedia of Animal Cognition and Behavior*, 1-9.

22 McCambridge F. (n.d.). This is why chimpanzees throw their poop at us. The Jane Goodall Institute of Canada. janegoodall.ca/our-stories/why-chimpanzees-throw-poop-at-us/

23 Osvath, M. (2009). Spontaneous planning for future stone throwing by a male chimpanzee. *Current Biology*, 19(5), R190-R191.

24 Osvath, M., & Karvonen, E. (2012). Spontaneous innovation for future deception in a male chimpanzee. *PloS One*, 7(5), e36782.

25 Osvath, M. (2010). Great ape foresight is looking great. *Animal Cognition*, 13(5), 777-781.

26 Biotechnology and Biological Sciences Research Council. (2007, February 26). Birds found to plan for the future. *ScienceDaily*. sciencedaily.com/releases/2007/02/070222160144.htm

27 Raby, C. R., Alexis, D. M., Dickinson, A., & Clayton, N. S. (2007). Planning for the future by western scrub- jays. *Nature*, 445(7130), 919- 921.

28 Anderson, J. R., Biro, D., & Pettitt, P. (2018). Evolutionary thanatology. *Philosophical Transactions of the Royal Society B: Biological Sciences*, 373(1754): 20170262.

29 Anderson, J. R. (2018). Chimpanzees and death. *Philosophical Transactions of the Royal Society B: Biological Sciences*, 373(1754), 20170257.

30 Varki, A., & Brower, D. (2013). *Denial: Self- deception, false beliefs, and the ori-*

gins of the human mind. Hachette UK.

31 Varki, A. (2009). Human uniqueness and the denial of death. *Nature, 460*(7256), 684.

32 Becker, E. (1997). *The denial of death*. Simon and Schuster.

33 Depression. (2021, 13 September). The World Health Organization. who.int/news-room/fact-sheets/detail/depression

4장

1 Nietzsche, F. W. (1881). Morgenröthe. Translated from this passage: "Wir halten die Tiere nicht für moralische Wesen. Aber meint ihr denn, daß die Tiere uns für moralische Wesen halten? — Ein Tier, welches reden konnte, sagte: »Menschlichkeit ist ein Vorurteil, an dem wenigstens wir Tiere nicht leiden.'"

2 사카이 사건에 대한 자세한 설명은 다음 책을 참고하라. Bargen, D. G. (2006). *Suicidal honor: General Nogi and the writings of Mori Ogai and Natsume Soseki*. University of Hawaii Press.

3 De Waal, F. (2013) *The bonobo and the atheist: In search of humanism among the primates*. W. W. Norton.

4 이 행동에 대한 설명은 드 발의 다음 논문을 참고하라. de Waal, F. B. M., & R. Ren (1988). Comparison of the reconciliation behavior of stumptail and rhesus macaques. *Ethology*, 78: 129-142.

5 나는 2021년 6월 앤드루스와 웨스트라가 조직한 '규범적 동물 온라인 콘퍼런스'에서 웨스트라의 발표를 듣고 이 정의를 처음 접했다. 이 내용은 「규범의 심리학을 위한 새로운 틀(A New Framework for the Psychology of Norms)」이라는 두 사람의 학술 논문에 실릴 예정이다.

6 일부 철학자들과 동물 행동을 연구하는 과학자들은 행동 규범과 정교한 감정에 의존하는 동물들을 설명하는 과정에서 '도덕적'이라는 용어를 사용한다. 인지 행동학자 마크 베코프(Marc Bekoff)와 철학자 제시카 피어스(Jessica Pierce)는 『야성의 정의(Wild Justice)』에서 동물의 규범적 행동을 이끄는 감정으로 이타주의, 관용, 용서, 공정성을 꼽으며 이것은 도덕의 수준으로 올라갈 만큼 복잡하다고 주장한다. Bekoff, M., & Pierce, J. (2009). *Wild justice: The moral lives of animals*. University of Chicago Press. 또 철학자 마크 롤랜드(Mark Rowlands)는 저서 『동물은 도덕적 존재가 될 수 있는가(Can Animals Be Moral)』에서 "동물들은 도덕적 감정에 기초해 행동할 수 있다는 의미에서 도덕적인 행동이 가능하다"라고 주장한다. 이러한 도덕적 감정 가운데는 브로스넌과 드 발이 꼬리감는원숭이에 대해 묘사한 '공정성'뿐만 아니라 "공감과 연민, 친절, 관용, 인내, 그리고 분노와 분개, 악의 같은 부정

적인 감정들도 포함된다." Rowlands, M. (2015). *Can animals be moral?* Oxford University Press.

7   Hsu, M., Anen, C., & Quartz, S. R. (2008). The right and the good: distributive justice and neural encoding of equity and efficiency. *Science, 320*(5879), 1092-1095.

8   Reingberg, S. (2008). Fairness is a hard-wired emotion. ABC News. abcnews. go.com/Health/Healthday/story?id=4817130&page=1

9   De Waal, F. (2013). *The bonobo and the atheist: In search of humanism among the primates.* W. W. Norton.

10 구약성경 레위기 11장 27절.

11 Tomasello, M. (2016). *A natural history of human morality.* Harvard University Press.

12 Boesch, C. (2005). Joint cooperative hunting among wild chimpanzees: Taking natural observations seriously. *Behavioral and Brain Sciences, 28*(5), 692-693.

13 Truth and Reconciliation Commission of Canada. (2015). *Honouring the truth, reconciling for the future: Summary of the final report of the Truth and Reconciliation Commission of Canada.* Canada: McGill-Queen's University Press.

14 Truth and Reconciliation Commission of Canada. (2015). *Honouring the truth, reconciling for the future: Summary of the final report of the Truth and Reconciliation Commission of Canada.* Canada: McGill-Queen's University Press.

15 Graham, E. (1997). *The mush hole: Life at two Indian residential schools.* Heffle Pub.

16 cbc.ca/news/canada/toronto/mississauga-pastor-catholic-church-residential-schools-1.6077248

17 Wolfe, R. (1980). Putative threat to national security as a Nuremberg defense for genocide. *The Annals of the American Academy of Political and Social Science, 450*(1), 46-67.

18 Rheault, D. (2011). Solving the "Indian problem": Assimilation laws, practices & Indian residential schools. *Ontario Metis Family Records Center.*

19 Wrangham, R. W., & Peterson, D. (1996). *Demonic males: Apes and the origins of human violence.* Houghton Mifflin Harcourt.

20 Hrdy, S. B. (2011). *Mothers and others.* Harvard University Press.

21 Associated Press. (1968, February 8). Major describes moves. Associated Press.

22 Hrdy, S. B. (2011). *Mothers and others.* Harvard University Press.

23 Young, L. C., Zaun, B. J., & VanderWerf, E. A. (2008). Successful same-sex

pairing in Laysan albatross. *Biology Letters*, *4*(4), 323-325.

24 Resko, J. A., et al. (1996). Endocrine correlates of partner preference behavior in rams. *Biology of Reproduction*, *55*(1), 120-126.

25 Leupp, Gary P. *Male colors*. University of California Press, 1995.

26 economist.com/open-future/2018/06/06/how-homosexuality-be-came-a-crime-in-the-middle-east

27 Glassgold, J. M., et al. (2009). Report of the American Psychological Association Task Force on appropriate therapeutic responses to sexual orientation. *American Psychological Association*.

28 Flores, A. R., Langton, L., Meyer, I. H., & Romero, A. P. (2020). Victimization rates and traits of sexual and gender minorities in the United States: Results from the National Crime Victimization Survey, 2017. *Science Advances*, 6(40), eaba6910.

29 조사 내용은 다음 웹사이트에서 확인할 수 있다. wciom.ru/analytical-reviews/analiticheskii-obzor/teoriya-zagovora-protiv-rossii-

30 nbcnews.com/feature/nbc-out/1-5-russians-want-gays-lesbians-eliminated-survey-finds-n1191851

31 Graham, R., et al. (2011). The health of lesbian, gay, bisexual, and transgender people: Building a foundation for better understanding. Washington, DC: Institute of Medicine.

32 Gates, G. J. (2011). How many people are lesbian, gay, bisexual and transgender? The Williams Institute.

5장

1 Nietzsche, F. W. (1977). *Nachgelassene Fragmente: Juli 1882 bis Winter 1883-1884*. Walter de Gruyter. Translated from this passage: "Was kümmert mich das Schnurren dessen, der nicht lieben kann, gleich der Katze."

2 Nagel, T. (1974). What is it like to be a bat? *Philosophical Review*, 83, 435-450.

3 Dennett, D. C. (1988). Quining Qualia. In: Marcel, A., & Bisiach, E. (eds.) *Consciousness in Modern Science*, Oxford University Press.

4 van Giesen, L., Kilian, P. B., Allard, C. A., & Bellono, N. W. (2020). Molecular basis of chemotactile sensation in octopus. *Cell*, *183*(3), 594-604.

5 The Cambridge Declaration on Consciousness (Archive). (2012, July 7). Written by Low, P., and edited by Panksepp, J., Reiss, D., Edelman, D., Van Swinderen, B., Low, P., and Koch, C. University of Cambridge.

6   Siegel, R. K., & Brodie, M. (1984). Alcohol self-administration by elephants. *Bulletin of the Psychonomic Society, 22*(1), 49-52.

7   Bastos, A. P., et al. (2021). Self-care tooling innovation in a disabled kea (Nestor notabilis). *Scientific Reports, 11*(1), 1-8.

8   Corlett, E. (2021, September 10). "He has adapted": Bruce the disabled New Zealand parrot uses tools for preening. *The Guardian*. theguardian.com/environment/2021/sep/10/the-disabled-new-zealand-parrot-kea-using-tools-for-preening-aoe

9   Edelman, D. B., & Seth, A. K. (2009). Animal consciousness: a synthetic approach. *Trends in Neurosciences, 32*(9), 476-484.

10 Chittka, L., & Wilson, C. (2019). Expanding consciousness. *American Scientist, 107*, 364-369.

11 Queen Mary, University of London. (2009, November 18). Bigger not necessarily better, when it comes to brains. ScienceDaily. sciencedaily.com/releases/2009/11/091117124009.htm

12 Barron, A. B., & Klein, C. (2016). What insects can tell us about the origins of consciousness. *Proceedings of the National Academy of Sciences, 113*(18), 4900-4908.

13 Loukola, O. J., Perry, C. J., Coscos, L., & Chittka, L. (2017). Bumblebees show cognitive flexibility by improving on an observed complex behavior. *Science, 355* (6327), 833-836.

14 Chittka, L. (2017). Bee cognition. *Current Biology*, 27(19), R1049-R1053.

15 Shohat-Ophir, et al. (2012). Sexual deprivation increases ethanol intake in Drosophila. *Science, 335*(6074), 1351-1355.

16 Chittka, L., & Wilson, C. (2019). Expanding consciousness. *American Scientist, 107*, 364-369.

17 Barron, A. B., & Klein, C. (2016). What insects can tell us about the origins of consciousness. *Proceedings of the National Academy of Sciences, 113*(18), 4900-4908.

18 This improv show model of the mind is loosely based on Global Workspace Theory — first proposed by Bernard Baars. See Baars, B. J. (1997). *In the Theater of Consciousness*. Oxford University Press.

19 Langer, S. K. (1988). *Mind: An essay on human feeling (abridged edition)*. Baltimore, MD: Johns Hopkins University Press.

20 Panksepp, J. (2004). *Affective neuroscience: The foundations of human and animal*

emotions. Oxford University Press.

21 Davis, K. L., & Montag, C. (2019). Selected principles of Pankseppian affective neuroscience. *Frontiers in Neuroscience*, 12, 1025.

22 프란스 드 발의 책 『동물의 감정에 관한 생각』에 느낌 대 감정 사이의 비교가 실려 있다. Frans de Waal. De Waal, F. (2019). *Mama's last hug: Animal emotions and what they tell us about ourselves*. W. W. Norton & Company.

23 foodplot. (2011, March 8). Denver official guilty dog video. https://www.youtube.com/watch?v=B8ISzf2pryI

24 이것은 철학자 데이비드 드그라지아(David DeGrazia)가 다음 논문에서 논의한 내용을 아주 느슨하게 각색한 것이다. DeGrazia, D. (2009). Self-awareness in animals. In Lutz, R. W. (Ed.). *The Philosophy of Animal Minds*. Cambridge, England: Cambridge University Press, 201-217.

6장

1 Nietzsche, F. W. (1894). *Menschliches, allzumenschliches: ein Buch für freie Geister* (Vol. 1). C. G. Naumann. Translated from this passage: "Die Presse, die Maschine, die Eisenbahn, der Telegraph sind Prämissen, deren tausendjährige Konklusion noch niemand zu ziehen gewagt hat."

2 A Capable Sheriff. (nd). capabilitybrown.org/news/capable-sheriff/

3 Milesi, C., et al. (2005). A strategy for mapping and modeling the ecological effects of US lawns. *J. Turfgrass Manage*, *1*(1), 83-97.

4 Ingraham, C. (2015, August 4). Lawns are a soul-crushing timesuck and most of us would be better off without them. *Washington Post*. washingtonpost.com/news/wonk/wp/2015/08/04/lawns-are-a-soul-crushing-timesuck-and-most-of-us-would-be-better-off-without-them/

5 Brown, N. P. (2011, March). When grass isn't greener. *Harvard Magazine*. harvardmagazine.com/2011/03/when-grass-isnt-greener

6 Martin, S. J., Funch, R. R., Hanson, P. R., & Yoo, E. H. (2018). A vast 4,000-year-old spatial pattern of termite mounds. *Current Biology*, *28*(22), R1292-R1293.

7 Santos, J. C., et al. (2011). Caatinga: the scientific negligence experienced by a dry tropical forest. Tropical Conservation Science, 4(3), 276-286.

8 Kenton, W., (2021) Conspicuous consumption. Investopedia. investopedia.com/terms/c/conspicuous-consumption.asp

9 Reduce Your Outdoor Water Use. (2013). The U.S. Environmental Protection

Agency. 19january2017snapshot.epa.gov/www3/watersense/docs/factsheet_outdoor_water_use_508.pdf

10 Miles, C., et al. (2005). Mapping and modeling the biogeochemical cycling of turf grasses in the United States. *Environmental Management, 36*(3):426-438. Christensen, A., Westerholm, R., & Almén, J. (2001). Measurement of regulated and unregulated exhaust emissions from a lawn mower with and without an oxidizing catalyst: A comparison of two different fuels. *Environmental Science and Technology, 35*(11), 2166-2170.

11 2011년의 데이터는 다음 글을 참고했다. epa.gov/sites/production/files/2015-09/documents/banks.pdf

12 Kahneman, D. (2011). *Thinking, fast and slow*. Macmillan.

13 Ariely, D. (2008, May 5). 3 main lessons of psychology. danariely.com/2008/05/05/3-main-lessons-of-psychology/

14 Johnson, E. J., & Goldstein, D. (2003). Do defaults save lives?. *Science, 302* (5649), 1338-1339. DOI: 10.1126/science.1091721

15 Ariely, D. (2017, March 10). When are our decisions made for us? NPR. npr.org/transcripts/519270280

16 Gangestad, S. W., Thornhill, R., & Garver-Apgar, C. E. (2005). Women's sexual interests across the ovulatory cycle depend on primary partner developmental instability. *Proceedings of the Royal Society B: Biological Sciences, 272*(1576), 2023-2027.

17 Eberhardt, J. L., Goff, P. A., Purdie, V. J., & Davies, P. G. (2004). Seeing Black: Race, crime, and visual processing. *Journal of Personality and Social Psychology, 87* (6), 876-893. doi.org/10.1037/0022-3514.87.6.876

18 Iyengar, S. S., & Lepper, M. R. (2000). When choice is demotivating: Can one desire too much of a good thing? *Journal of Personality and Social Psychology, 79* (6), 995.

19 Wasserman, E. (2020, August 4). Surviving COVID-19 may mean following a few simple rules. Here's why that's difficult for some. NBC News. nbcnews.com/think/opinion/surviving-covid-19-means-following-few-simple-rules-here-s-nc-na1235802

20 Cotton-Barratt, O., et al. (2016). Global catastrophic risks. A report of the Global Challenges Foundation/Global Priorities Project.

21 Global Risks. (n.d.). Global Challenges Foundation. globalchallenges.org/global-risks/

22 globalzero.org/updates/scientists-and-the-bomb-the-destroyer-of-worlds/

23 Robinson, E., & Robbins, R. C. Sources, abundance, and fate of gaseous atmospheric pollutants. Final report and supplement. United States.

24 이 보고서의 사본은 온라인상에 제공된다. 자세한 내용은 다음 글에서 확인할 수 있다. Clark, M. (2014, April 1). ExxonMobil acknowledges climate change risk to business for first time. *International Business Times*. ibtimes.com/exxon-mobil-acknowledges-climate-change-risk-business-first-time-1565836

25 데이터는 다음 글에서 찾을 수 있다. Ritchie, H., & Roser, M. (2020). Energy. ourworldindata.org/energy. 가끔씩 채굴 속도가 늦춰지는 현상은 석유 공급과 가격 변동을 반영할 뿐이며, 기후변화 정책에 발맞춰 채굴량을 줄이려는 산업계의 노력은 아니다.

26 Global catastrophic risks 2020 (2020). A report of the Global Challenges Foundation/Global Priorities Project.

27 Thunberg, G. (2019, January 25). "Our house is on fire": Greta Thunberg, 16, urges leaders to act on climate. The Guardian. theguardian.com/environment/2019/jan/25/our-house-is-on-fire-greta-thunberg16-urges-leaders-to-act-on-climate

28 unfccc.int/news/full-ndc-synthesis-report-some-progress-but-still-a-big-concern

29 Milman, O., Witherspoon, A., Liu, R., & Chang, A. (2021, October 14). The climate disaster is here. *The Guardian*. theguardian.com/environment/ng-interactive/2021/oct/14/climate-change-happening-now-stats-graphs-maps-cop26

30 Quoted in: Carrington, D. (2021, September 28) "Blah, blah, blah": Greta Thunberg lambasts leaders over climate crisis. *The Guardian*. theguardian.com/environment/2021/sep/28/blah-greta-thunberg-leaders-climate-crisis-co2-emissions

31 Rourke, A. (2019, September 2). Greta Thunberg responds to Asperger's critics: "It's a superpower." *The Guardian*. theguardian.com/environment/2019/sep/02/greta-thunberg-responds-to-aspergers-critics-its-a-superpower

32 툰베리, G. (2019, 8월 31일). "혐오자들이 여러분의 외모와 차이를 지적하고 집착한다면, 그들이 더 이상 갈 곳이 없다는 뜻이다. 이제 여러분은 여러분이 이기고 있다는 사실을 알 수 있다! 나는 아스퍼거 증후군을 앓고 있으며 그건 내가 이따금 보통 사람들과는 조금 다르다는 의미다. 그리고 적절한 상황에서 남과 다른 건 나에게 초인적인 힘을 준다." #aspiepower. Twitter. twitter.com/GretaThunberg/status/1167916177927991296?

7장

1 Nietzsche, F. W. (1892) *Zur Genealogie der Moral*. C. G. Naumann. Leipzig, Germany, 38. Translated from this passage: "Alle Wissenschaften haben nunmehr der Zukunfts-Aufgabe des Philosophen vorzuarbeiten: diese Aufgabe dahin verstanden, dass der Philosoph das Problem vom Werthe zu lösen hat, dass er die Rangordnung der Werthe zu bestimmen hat."

2 Allen, M. (1997, July 13). Reston man, 22, dies after using bungee cords to jump off trestle. *The Washington Post*. washingtonpost.com/archive/local/1997/07/13/reston-man-22-dies-after-using-bungee-cords-to-jump-off-trestle/f9a074b2-837d-4008-a0a7-687933268f62/

3 Downer, J. (Writer) Downer, J. (Director). (2017). "Mischief" (Season 1, Episode 4) *Spy in the Wild*. BBC Worldwide

4 Roth, S., et al. (2019). Bedbugs evolved before their bat hosts and did not co-speciate with ancient humans. *Current Biology*, *29*(11), 1847-1853.

5 Hentley, W. T., et al. (2017). Bed bug aggregation on dirty laundry: A mechanism for passive dispersal. *Scientific Reports*, *7*(1), 11668.

6 북아메리카의 빈대 퇴치에 대한 역사는 다음 책을 참고하라. Doggett, S. L., Miller, D. M., & Lee, C. Y. (Eds.). (2018). *Advances in the biology and management of modern bed bugs*. John Wiley & Sons.

7 Longnecker, M. P., Rogan, W. J., & Lucier, G. (1997). The human health effects of DDT (dichlorodiphenyltrichloroethane) and PCBS (polychlorinated biphenyls) and an overview of organochlorines in public health. *Annual Review of Public Health*, *18*(1), 211-244.

8 해충 방제 전문가들에 따르면 빈대들의 울음소리가 여름에 급증한다고 한다. (n.d.). pestworld.org/news-hub/press-releases/pest-control-professionals-see-summer-spike-in-bed-bug-calls/

9 DDT no longer used in North America. (n.d.). Commission for Environmental Cooperation of North America. cec.org/islandora/en/item/1968-ddt-no-longer-used-in-north-america-en.pdf

10 DDT (Technical Fact Sheet, 2000). National Pesticide Information Centre. npic.orst.edu/factsheets/archive/ddttech.pdf

11 Cirillo, P. M., La Merrill, M. A., Krigbaum, N. Y., & Cohn, B. A. (2021). Grandmaternal perinatal serum DDT in relation to granddaughter early menarche and adult obesity: Three generations in the child health and development studies cohort. *Cancer Epidemiology and Prevention Biomarkers*, 30(8), 1430-

1488.

12 Researchers link DDT, obesity. (2013, October 22) *Science-Daily*. Washington State University. sciencedaily.com/releases/2013/10/131022205119.htm

13 Sender, R., Fuchs, S., & Milo, R. (2016). Revised estimates for the number of human and bacteria cells in the body. *PLoS biology, 14*(8), e1002533.

14 이것은 최선의 추정치이다. Stephen, A. M., & Cummings, J. H. (1980). The microbial contribution to human faecal mass. *Journal of Medical Microbiology, 13* (1), 45-56.

15 Planet bacteria (1998, August 26). BBC. news.bbc.co.uk/2/hi/science/nature/158203.stm

16 Brochu, C. A. (2003). Phylogenetic approaches toward crocodylian history. *Annual Review of Earth and Planetary Sciences, 31*(1), 357-397.

17 Dinets, V. (2015). Play behavior in crocodilians. *Animal Behavior and Cognition, 2*(1), 49-55.

18 Dinets, V., Brueggen, J. C., & Brueggen, J. D. (2015). Crocodilians use tools for hunting. *Ethology Ecology & Evolution, 27*(1), 74-78.

19 Huntley, J., et al. (2021). The effects of climate change on the Pleistocene rock art of Sulawesi. *Scientific Reports* 11, 9833.

20 Balcombe, J. (2006). *Pleasurable kingdom: Animals and the nature of feeling good.* St. Martin's Press.

21 Balcombe, J. (2009). Animal pleasure and its moral significance. *Applied Animal Behaviour Science, 118*(3-4), 208-216.

22 Bentham, J. (1970). *An introduction to the principles of morals and legislation* (1789). J. H. Burns & H. L. A. Hart (eds.).

23 Slobodchikoff, C. N., Paseka, A., & Verdolin, J. L. (2009). Prairie dog alarm calls encode labels about predator colors. *Animal Cognition, 12*(3), 435-439.

24 Zuberbühler, K. (2020). Syntax and compositionality in animal communication. *Philosophical Transactions of the Royal Society B, 375*(1789), 20190062.

25 Benson- mram, S., Gilfillan, G., & McComb, K. (2018). Numerical assessment in the wild: Insights from social carnivores. *Philosophical Transactions of the Royal Society B: Biological Sciences, 373*(1740), 20160508.

26 Bisazza, A., Piffer, L., Serena, G., & Agrillo, C. (2010). Ontogeny of numerical abilities in fish. *PLoS One, 5*(11), e15516.

27 Chittka, L., & Geiger, K. (1995). Can honey bees count landmarks? *Animal Behaviour, 49*(1), 159-164.

28 UN Report: Nature's dangerous decline "unprecedented"; Species extinction rates "accelerating." (2019, May 6). United Nations. un.org/sustainabledevelopment/blog/2019/05/nature-decline-unprecedented-report/

29 Roser, M., & Ritchie, H. (2013). Hunger and undernourishment. ourworldindata.org/hunger-and-undernourishment

30 Roser, M., Ortiz-Ospina, E., & Ritchie, H. (2013). Life expectancy. ourworldindata.org/life-expectancy

31 World report 2024: Rights trends in Central African Republic. (2024). Human Rights Watch. hrw.org/world-report/2024/country-chapters/central-african-republic

32 Weintraub, K. (2018). Steven Pinker thinks the future is looking bright. *The New York Times*. nytimes.com/2018/11/19/science/steven-pinker-future-science.html

33 Pinker, S. (2019). Steven Pinker: what can we expect from the 2020s? *Financial Times*. ft.com/content/e448f4ae-224e-11ea-92da-f0c92e957a96

34 Nicholsen, S. W. (1997). *Untimely meditations*. Trans. R. J. Hollingdale.

나가며

1 Frasch, P. D. (2017). Gaps in US animal welfare law for laboratory animals: Perspectives from an animal law attorney. *ILAR Journal, 57*(3), 285-292.

2 Nietzsche, F. W. (1894). *Jenseits von Gut und Böse: Vorspiel einer Philosophie der Zukunft* (Vol. 1). Naumann. Translated from this passage: "Was aus Liebe gethan wird, geschieht immer jenseits von Gut und Böse."

니체가 일각돌고래라면

1판 1쇄 인쇄	2024년 4월 15일
1판 1쇄 발행	2024년 4월 29일
지은이	저스틴 그레그
옮긴이	김아림
발행인	황민호
본부장	박정훈
외주편집	김선도
기획편집	강경양 김사라 이예린
마케팅	조안나 이유진 이나경
국제판권	이주은 한진아
제작	최택순
발행처	대원씨아이㈜
주소	서울특별시 용산구 한강대로15길 9-12
전화	(02)2071-2019
팩스	(02)749-2105
등록	제3-563호
등록일자	1992년 5월 11일
ISBN	979-11-7245-051-9 (03100)